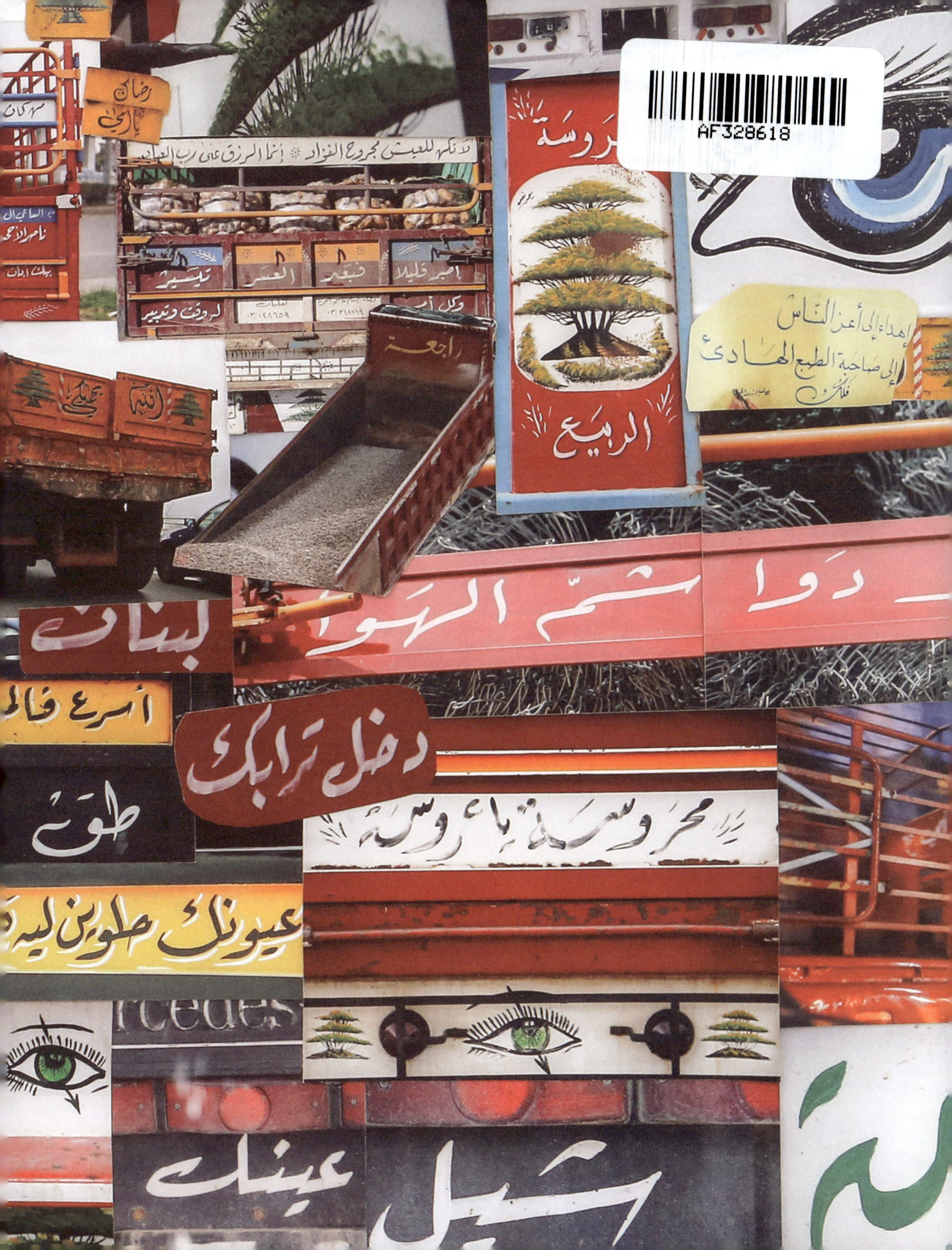
رضاك ياربي
لبنان
راجعة
الربيع
إهداء إلى أعز الناس إلى صاحبة الطبع الهادى
دخل ترابك
أسرع فالـ
طو
عيونك طوال ليه
محروسة يا روسة
شيل عينك
AF328618

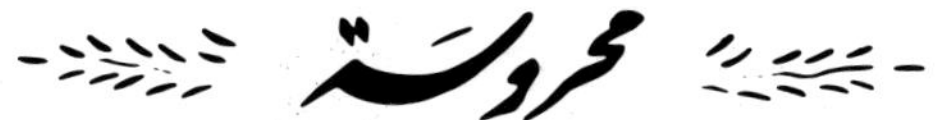

MAHROOSEH

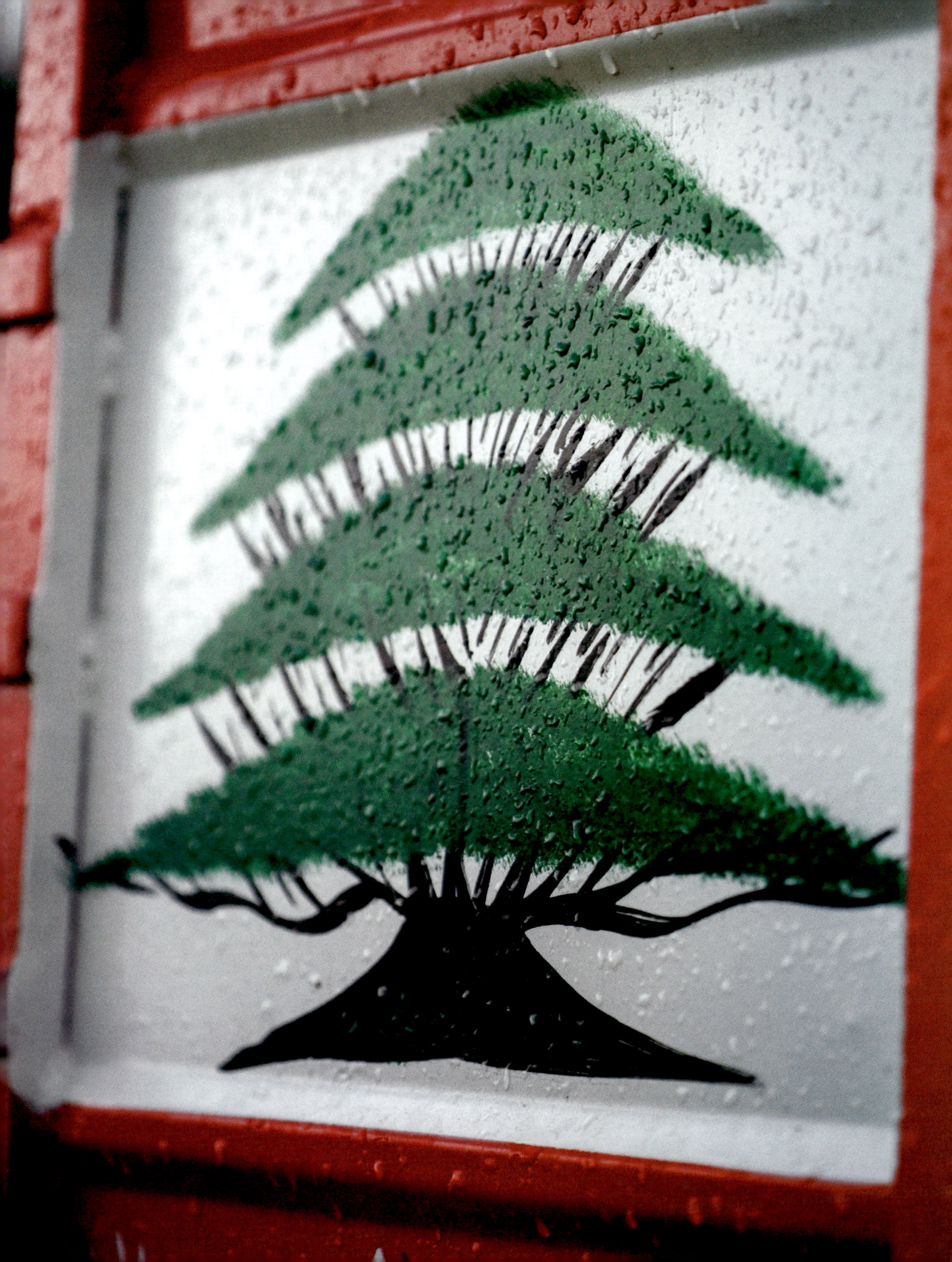

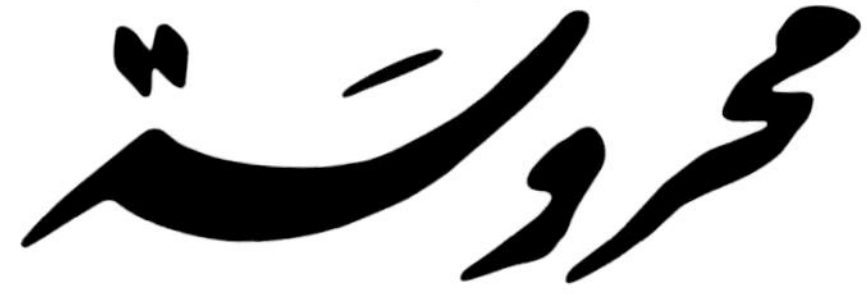

MAHROOSEH

LEBANON'S ART ON THE ROAD

FALAK SHAWWA

RIMAL BOOKS

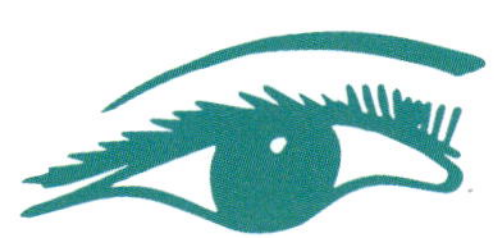

To my family

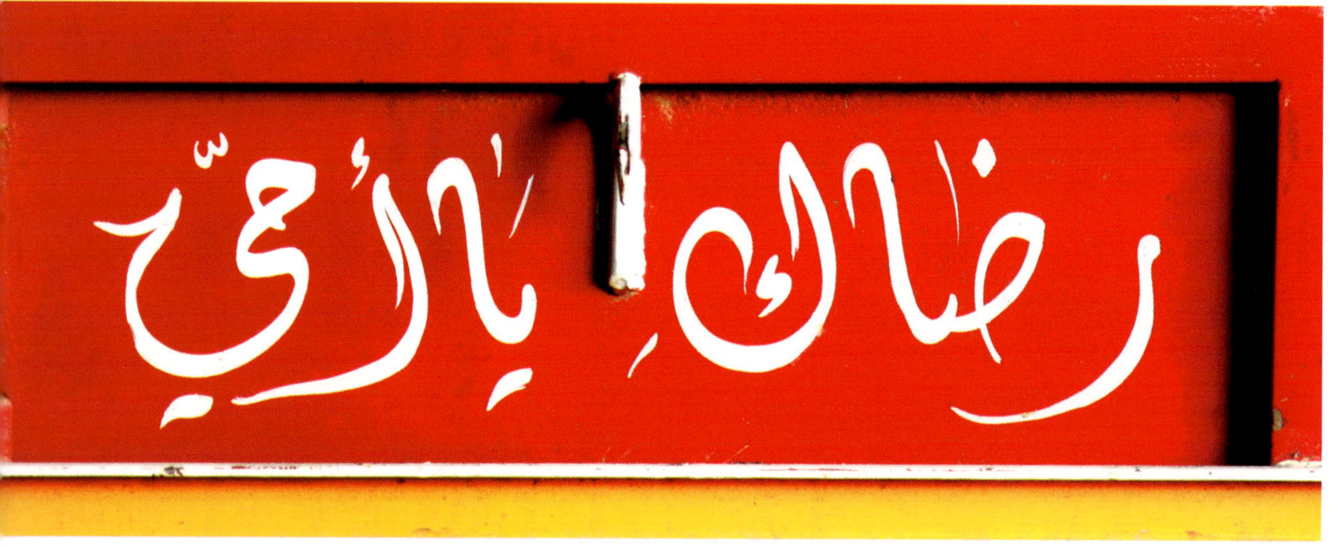

رضاكِ يَا أُمّي

Your blessings mother

It was just like any other day, being stuck in Beirut traffic with nothing to do but look around when I noticed the Arabic word *Mahrooseh* (protected) on the back of a large truck in front of me. As I was there for a while, I started noticing the detailed art and hand-drawn vernacular calligraphy, the evil eye, the cedars and many decorative patterns. That was when I was inspired to begin this journey of photographing and documenting as many trucks as I could all over Lebanon.

كان يوم مثل باقي الأيام في زحمة سير بيروت، أنتظر بملل وأنظر حولي حتى لفت انتباهي كلمة «محروسة» على حافلة نقل كبيرة أمامي. بعدها بدأت ألاحظ الرسوم والخط من عين الحسود، إلى الأرزة ورسوم فنية أخرى. قررت عندها بدء هذه الرحلة لتصوير أكبر عدد من الحافلات في جميع مناطق لبنان.

Lebanon, this country that is small in size, yet large in its cultural diversity and civilizations, its many religions and sects, has enshrined within its fabric a richness in folklore and traditions.

From these rare and beautiful traditions are the sayings on most trucks, especially the ones for goods tansportation that are common across the country. Wherever you are you will rarely find a truck without a proverb painted on it; be it a saying, a joke, part of a song, or a passing thought. They are beautifully decorated to elaborate the meaning. But most of them are used to ward off the evil eye.

I hope this book will be the best expression of this tradition that signifies the Lebanese's attachment to everything that is happy and reflects what concerns them most.

— Mrs. Khanom Khaddaj

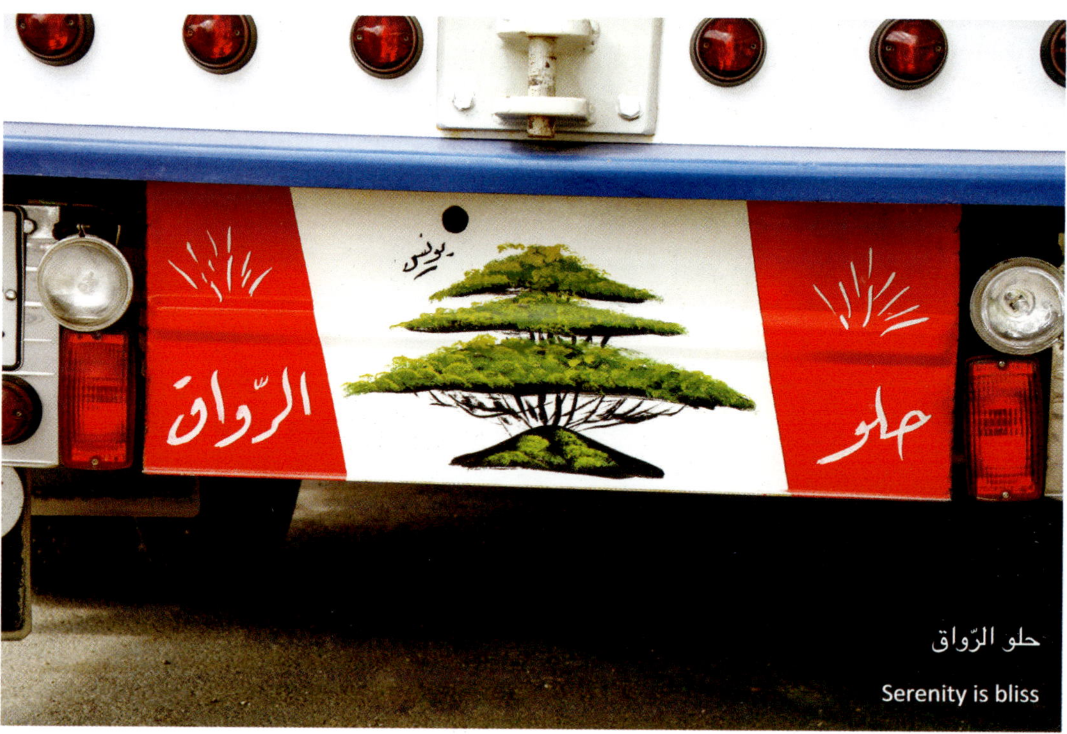

حلو الرّواق

Serenity is bliss

لبنـان، هـذا البلد الصغير بمسـاحته، الكبيـر بتعـدُّد حضاراته وثقافاته كذلك بأديانه ومذاهبه وبتنوّع عادات شـعبه وتقاليده.

مـن هـذه التقاليـد الجميلـة النـادرة مـا يُكتب على معظم عربات النقل، خصوصاً تلك التي تُسـتعمل لنقل الركاب أو لنقل البضائـع، وهـو تقليد شـبه مشـترك بـين معظم مناطقـه. فأينما ذهبت وحيثما حللت فإنك قلّما تجد حافلة أو سـيارة نقل كبيرة تخلو مـن مَثلٍ شـعبي: قد يكون حكمة أو نكتة أو أغنية أو فكرة خطرت في بال صاحبها، تزيّنها رسـوم جميلة تزيد المعنى غنىً؛ وأكثرها ما يكون لردّ الحسـد وحجب العين وإبعاد ضررها.

أتمنى أن يكون هـذا الكتاب خير معبّر عن هذه العادة التي إن دلّت على شـيء فإنها تدلّ على تعلّق اللبناني بكل مـا هـو مفرح وينطوي في آن على معانٍ تهم أكثر الناس.

— السيدة المربية خانم عامر خدّاج

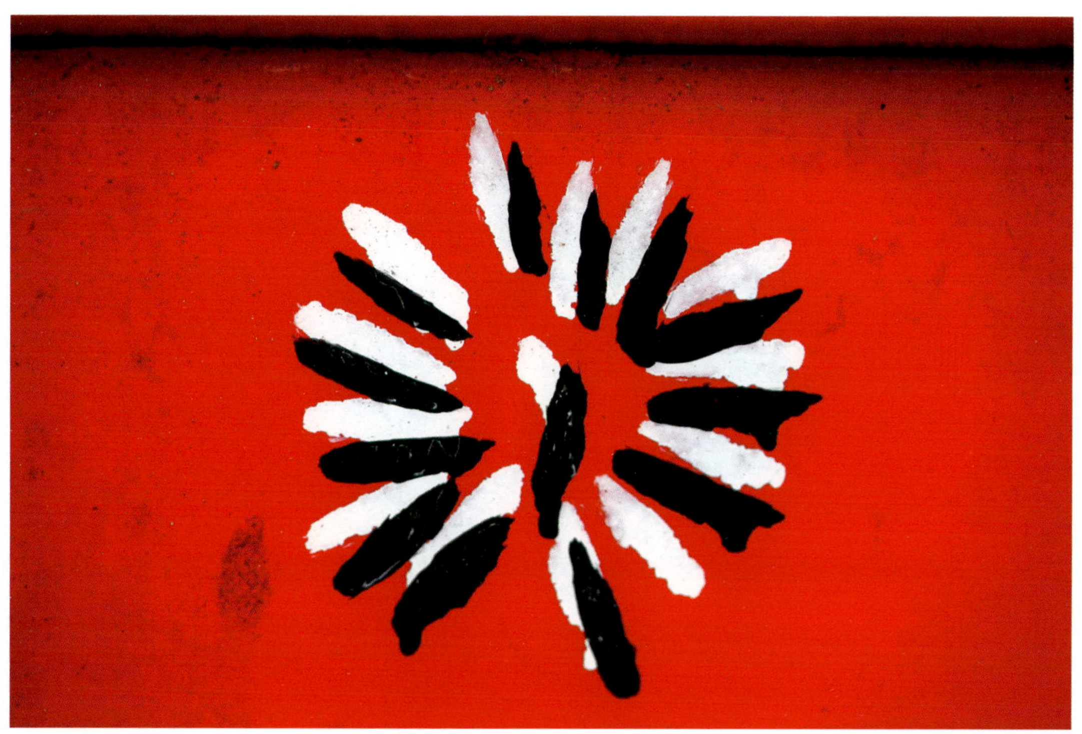

عَروسَة الربيع

The bride of spring

العِزّة لله

Glory to God

وبالشّكر تدوم النِعم

And with gratitude, blessings last

يخزي العَين

Protect from the evil eye

محروسة

Protected

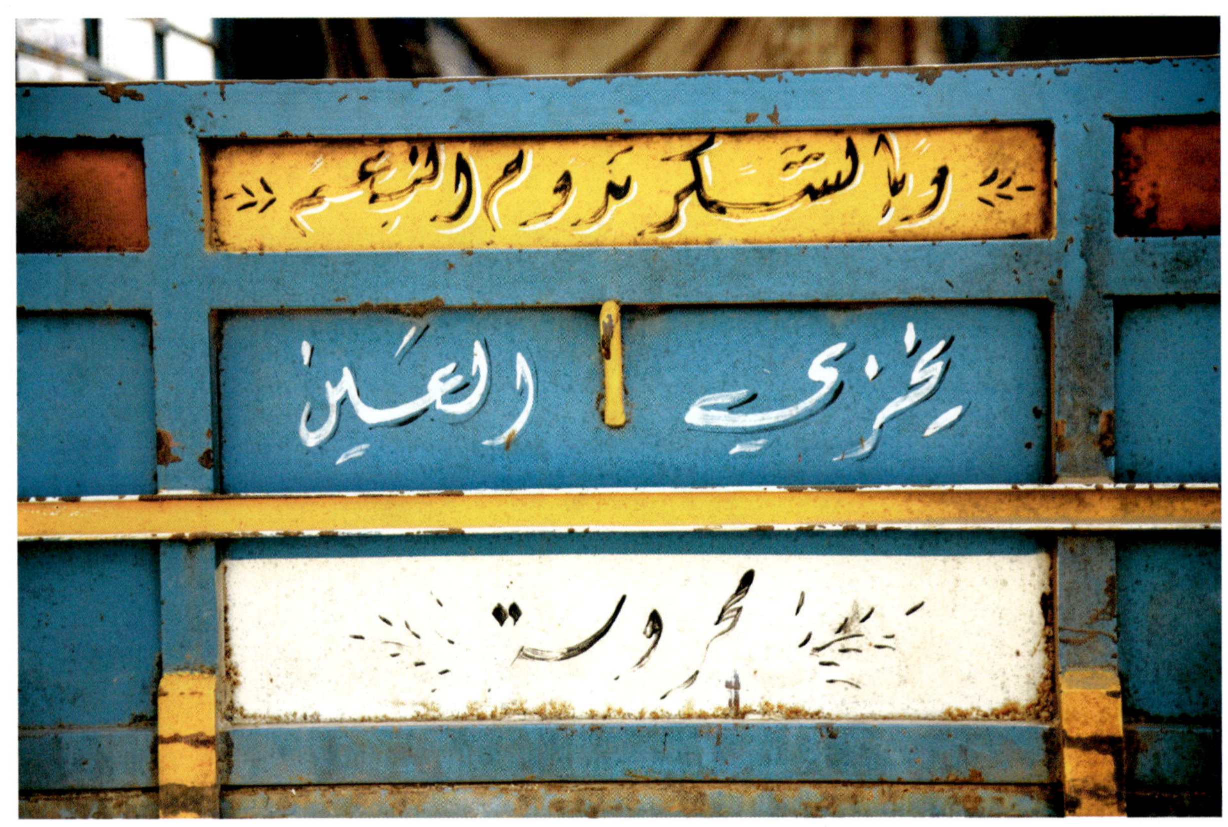

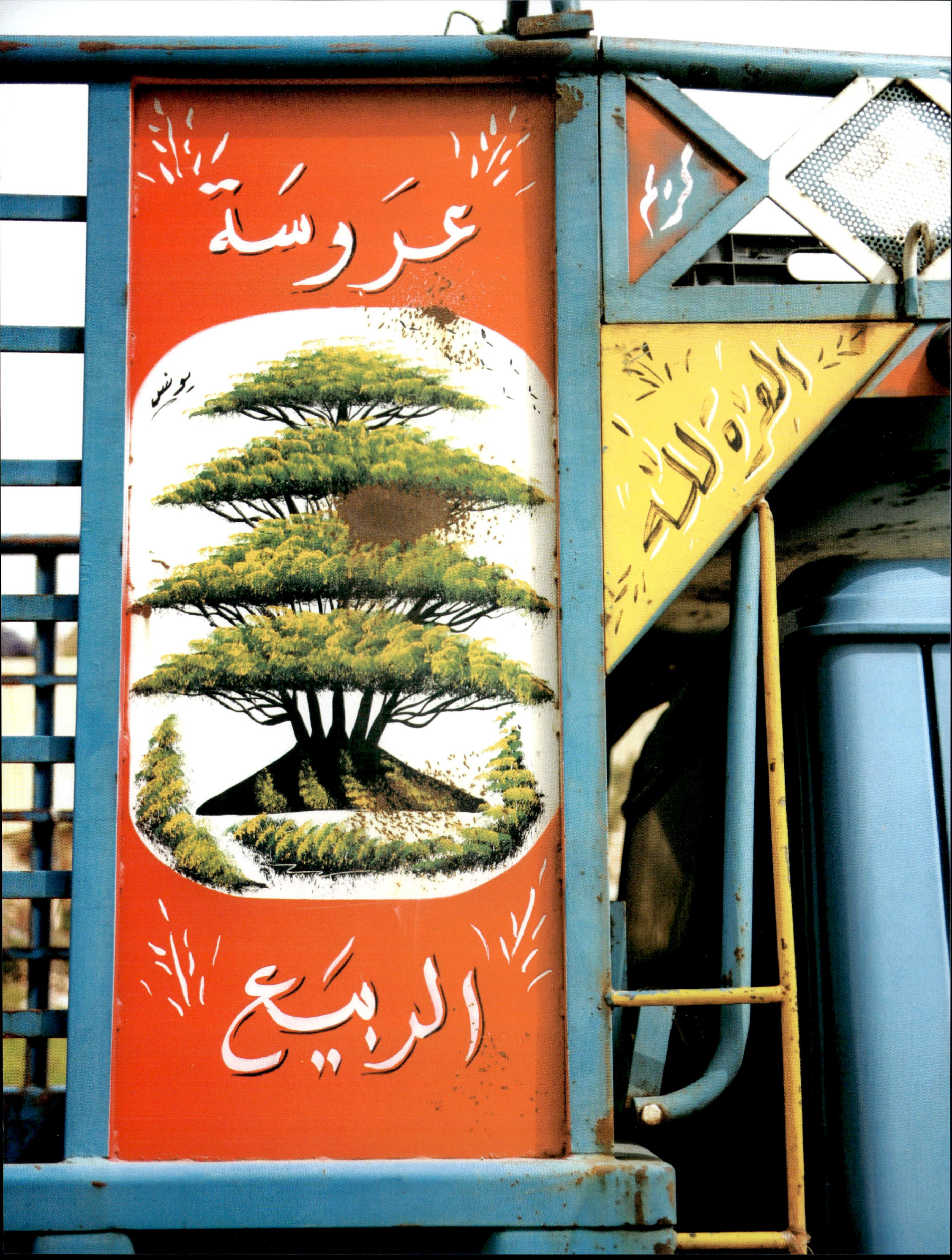
عَرُوسَة
يونس
الرّبيع

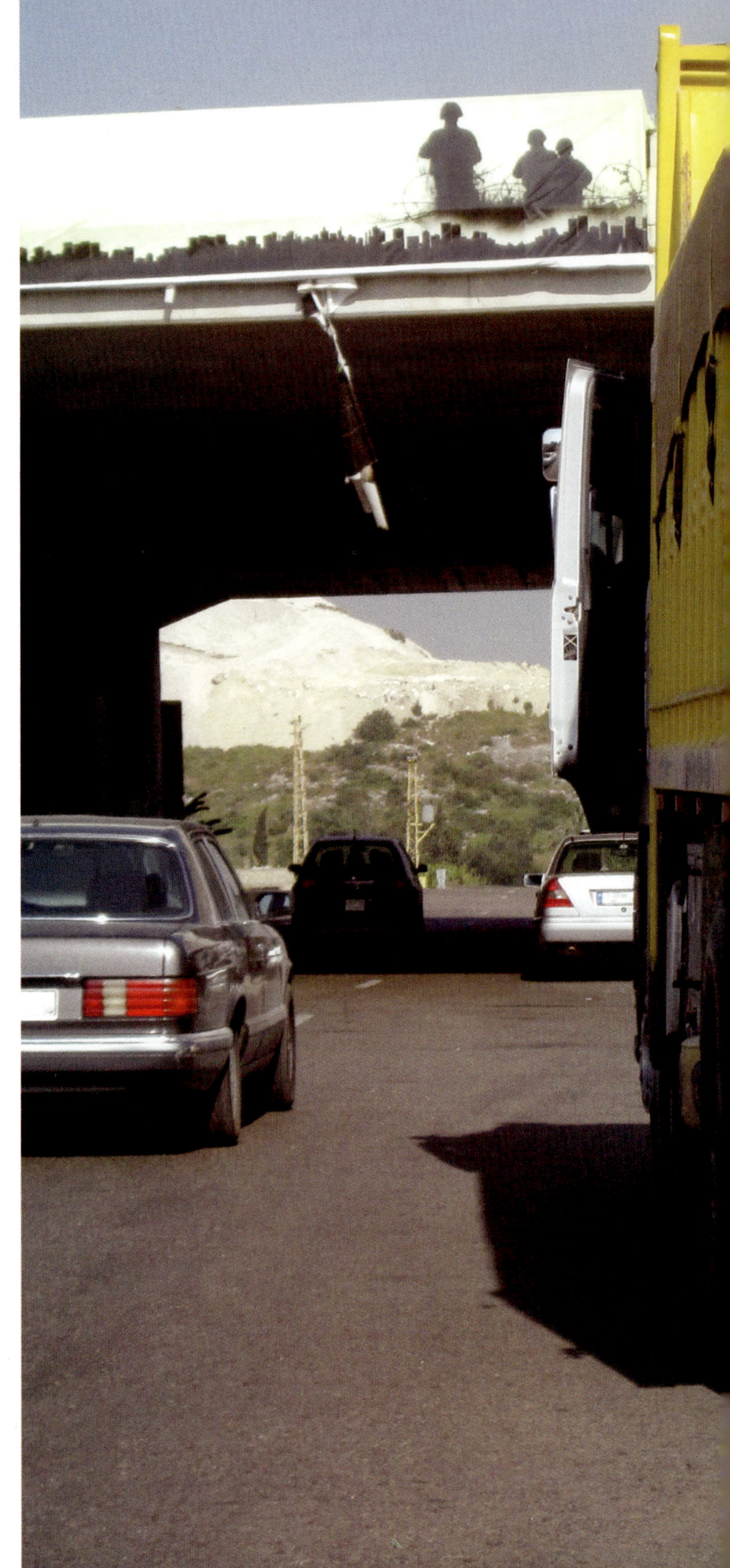

على مَهلك يَا هَوَى عَلى قلبي

Love be gentle with my heart

كيفك اليوم

How are you today

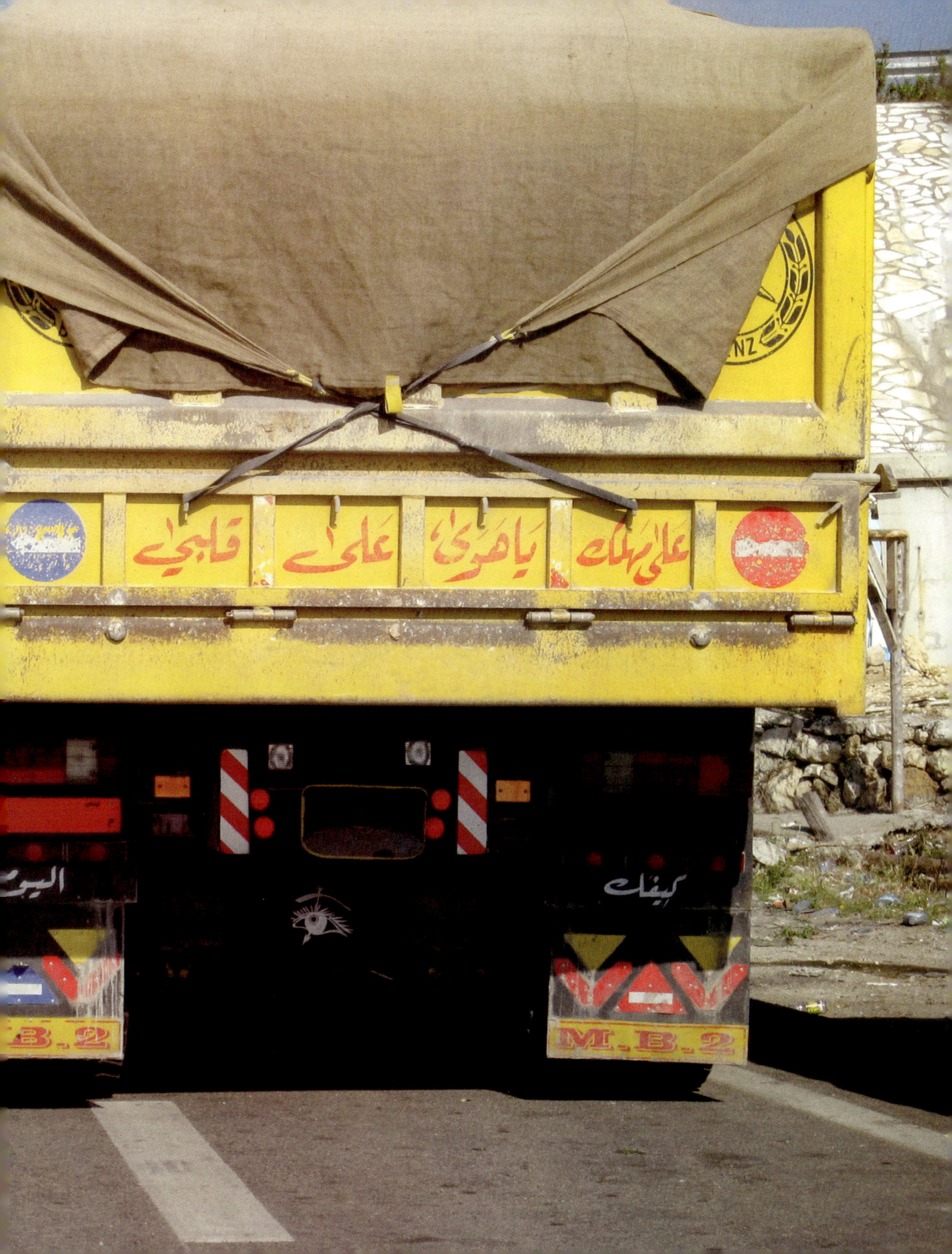

على مهلك ياهوى على قلبي
اليوم
كيفك
M.B.2
M.B.2

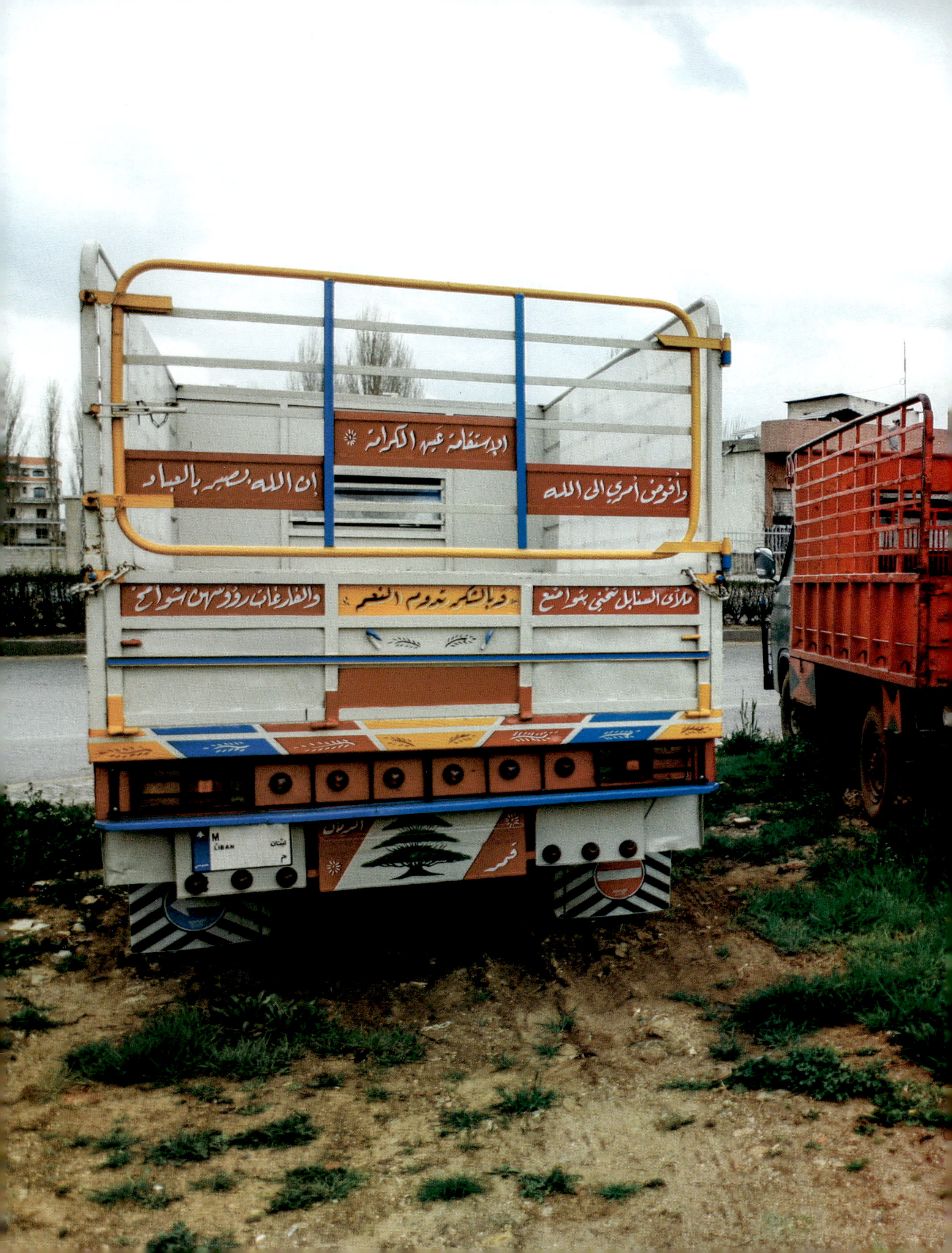
الاستقامة عين الكرامة
وأفوض أمري الى الله
إن الله بصير بالعباد
ملأى السنابل تنحني بتواضع
وبالشكر تدوم النعم
والفارغات رؤوسهن شوامخ
لبنان M LIBAN م
الرحمن
قمر

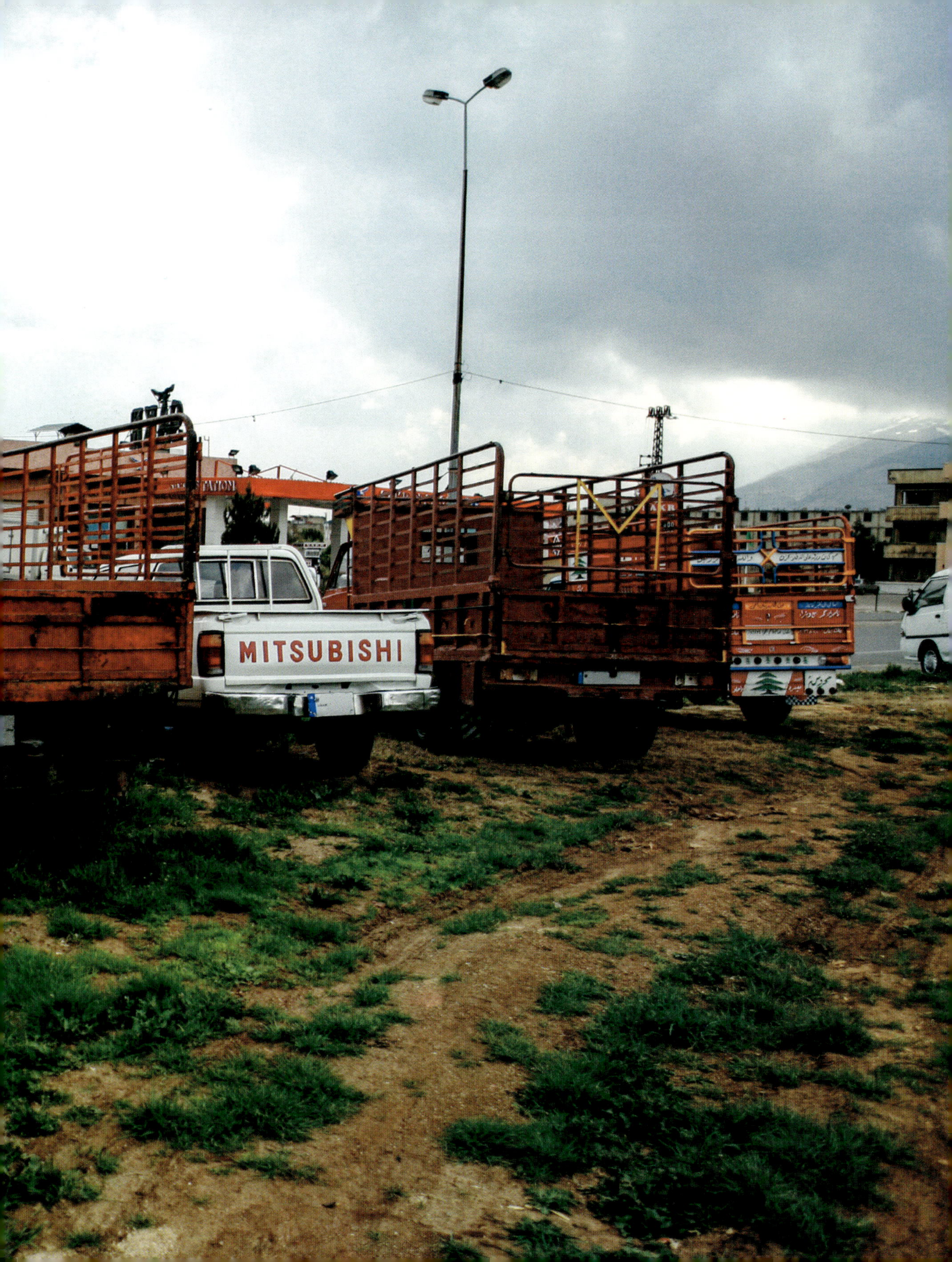

MITSUBISHI

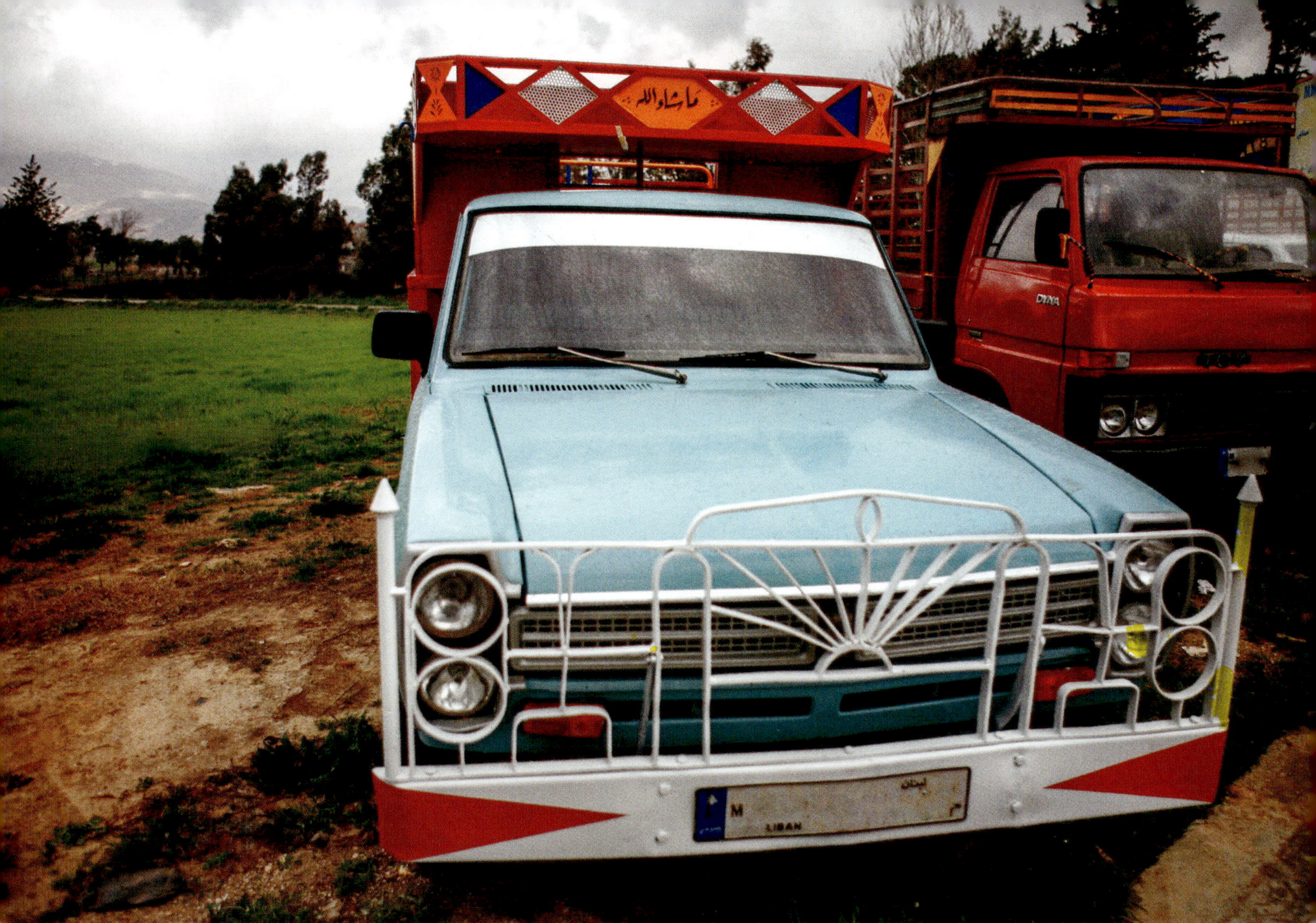

ما شاء الله

May God Bless

Previous page

الإستقامة عين الكرامة

Integrity is dignity

وأفوّض أمري إلى الله، إن الله بصير بالعباد

I surrender my fate to God, for he is discerning of all

ملأى السنابل تنحني بتواضع، والفارغات رؤوسهن شوامخ

Abundant wheat spikes bow humbly, and the hollow ones stand tall

وبالشكر تدوم النعم

And with gratitude, blessings last

ON THE ROAD

Calling Husam…

"*Alo!*"

"Hi Husam, *Mashghool* (busy)?"

"Hi Falak, *La' ileely* (no, tell me)."

"*Shoo ra'yak nrooh mishwar* (How about we go for a drive)?"

"*Yalla mishwar el tareeq bkoon 3andik* (on my way to you)."

"*Yalla bastannak, bas d'illy* missed call *bas towsal* (waiting for you; just give me a missed call* when you get here)."

This phone call started off every weekend for the first couple of months, and then became as frequent as three times a week.

I would stand outside my building, waiting for Husam, with my camera cradled in my arms, my charged batteries and memory cards tucked safely in my pockets, all ready for our adventurous road trip.

Husam would pick me up in his taxi and we would drive to *Jisr el Cola* (Cola Bridge - a large intersection located in southeast Beirut).

الاتصال في حسام...

– آلو؟

– مرحبا حسام، مشغول؟

– مرحبا فلك، لا قليلي.

– شو رأيك نروح مشوار؟

– يلا مشوار الطريق بكون عندك.

– يلا بستناك، بس دقللي «مِسد كول» بس توصل.

– كانت هالمكالمة تصير كل يوم سبت أو أحد لكم شهر، وبعدين صار المشوار تلات مرات بالأسبوع.

كنت أوقف تحت البناية أستنى حسام، حاضنة الكاميرا، ومعي بطاريات زيادة، وفي جيبي كروت الذاكرة للكاميرا، جاهزة للمشوار.

بس يوصل حسام بسيارته التاكسي كنا نروح عجسر الكولا.

*Missed calls are a common way to communicate when a call is an unnecessary expense.

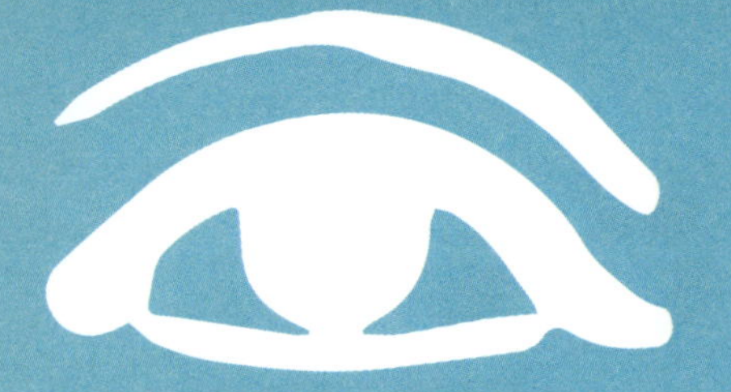

"*tnain espresso lao samaht, wahad sada wa wahad wasat* (two espressos please, one without sugar and one with)."

Coffee in hand, we take our first sip before he puts the car into first gear and starts driving.

"*Shukran* (thank you) Husam "

"*Tikram Ainik* (you are most welcome – in Lebanese slang)"

"*Shoo Falak, Lawain el-yom? Ay tareek?* (So Falak, where to today? Which direction?)"

"*binshoof wein awwal kamyoon byakhidna, shoo ra'yak?* (we'll see where the first truck will take us, what do you think?)"

"*Hader, yalla* (Of course, let's go)"

Our journey went on for the next four years, chasing trucks.

– اتنين اسبرسو، لو سمحت، واحد سادة وواحد وسط.

بعد أول رشفة قهوة بنبدا المشوار

– شكراً حسام.

– تكرم عَينك. شو فلك لوين اليوم؟ أي طريق؟

– بنشوف وين أول كميون بياخدنا، شو رأيك؟

– حاضر، يلا...

دام مشوارنا أربع سنين... نلحق كميونات...

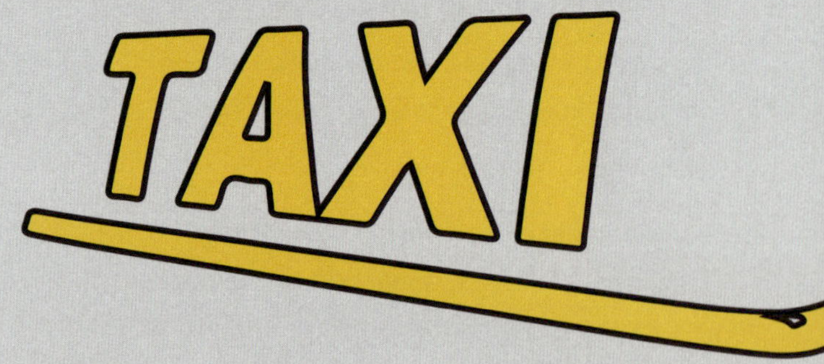

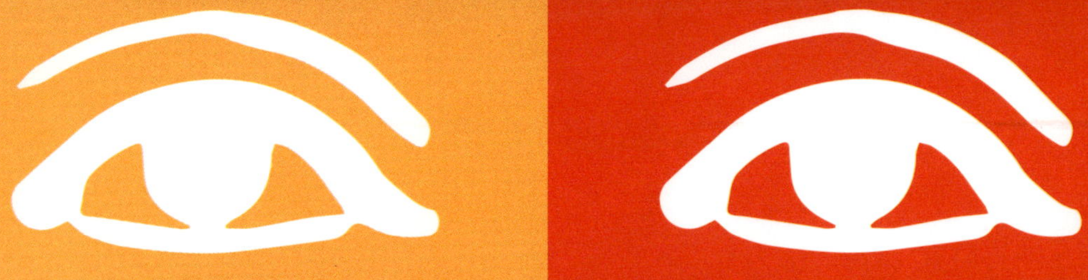

We drove from Beirut to Tyre, Zahle,
Baalbek, Tripoli and back. We discovered
most of Lebanon and its beautiful villages
and towns along the way. One truck
would lead us to another and another,
and it was up to us at one point to follow
one instead of the other.

Husam and I met when I trained as
a photographer and photo editor at
Thompson Reuters in Beirut. We barely
spoke a word to one another.

Our communication was limited, and
consisted of two calls a day: a missed call
from him letting me know that he's under
my building, and my call to him in the late
afternoon to pick me up.

رحنا من بيروت لصور، لزحلة، لطرابلس،
واكتشفنا أحلى الضيع والمدن اللبنانية.
كان كل كميون يوصلنا للتاني، وكنّا إحنا نقرر
أي واحد نلحق.

تعرّفت على حسام لما كنت أتدرب في رويترز
بيروت في قسم التصوير. وقليل ما كنّا نحكي
بالسيارة.

اتصالنا ببعض كان مرتين باليوم: «مِسد كول»
منه الصبح إنه وصل تحت البناية، واتصالي بعد
الظهر لتوصيلي للبيت.

Husam was always on time, never
made me wait. Very decent, respectful,
extremely polite and quiet. I would sit
in the back seat looking out my window
until I got home.

After two months of the same routine, I
felt awkward sitting silently. I was quite
curious knowing that, as a taxi driver,
he must have many stories to share. I
could only imagine how many interesting
people he meets and how many oddities
he encounters all day and everyday. I
always wanted to ask him about his day,
but never did. At the time, I was not very
comfortable with my Arabic, and he spoke
no English. The most we would say after
our brief greetings was some comment
about the weather.

كان حسام دايماً عالوقت، ما عمري نطرت.
وكمان كان مؤدب، محترم وساكت. كنت أقعد في
الكرسي الورّاني وأتفرج من الشباك، حتى أوصل
بيتي.

بعد شهرين، حسّيت إني غلطانة بسكوتي،
ومتأكدة إنه عنده كتير قصص كسوّاق تاكسي.
اتخيلت كمية الناس اللي بيقابلهم كل يوم،
والمواقف الغريبة اللي بتصير معه. كنت حابة
أسأله عن يومه، بس ما قدرت، لأنه أيامها كنت
مش مرتاحة كتير بلغتي العربية، وهو ما بيعرف
إنكليزي. أكتر شي، بعد السلام، كنا نحكي جملة
عن الطقس.

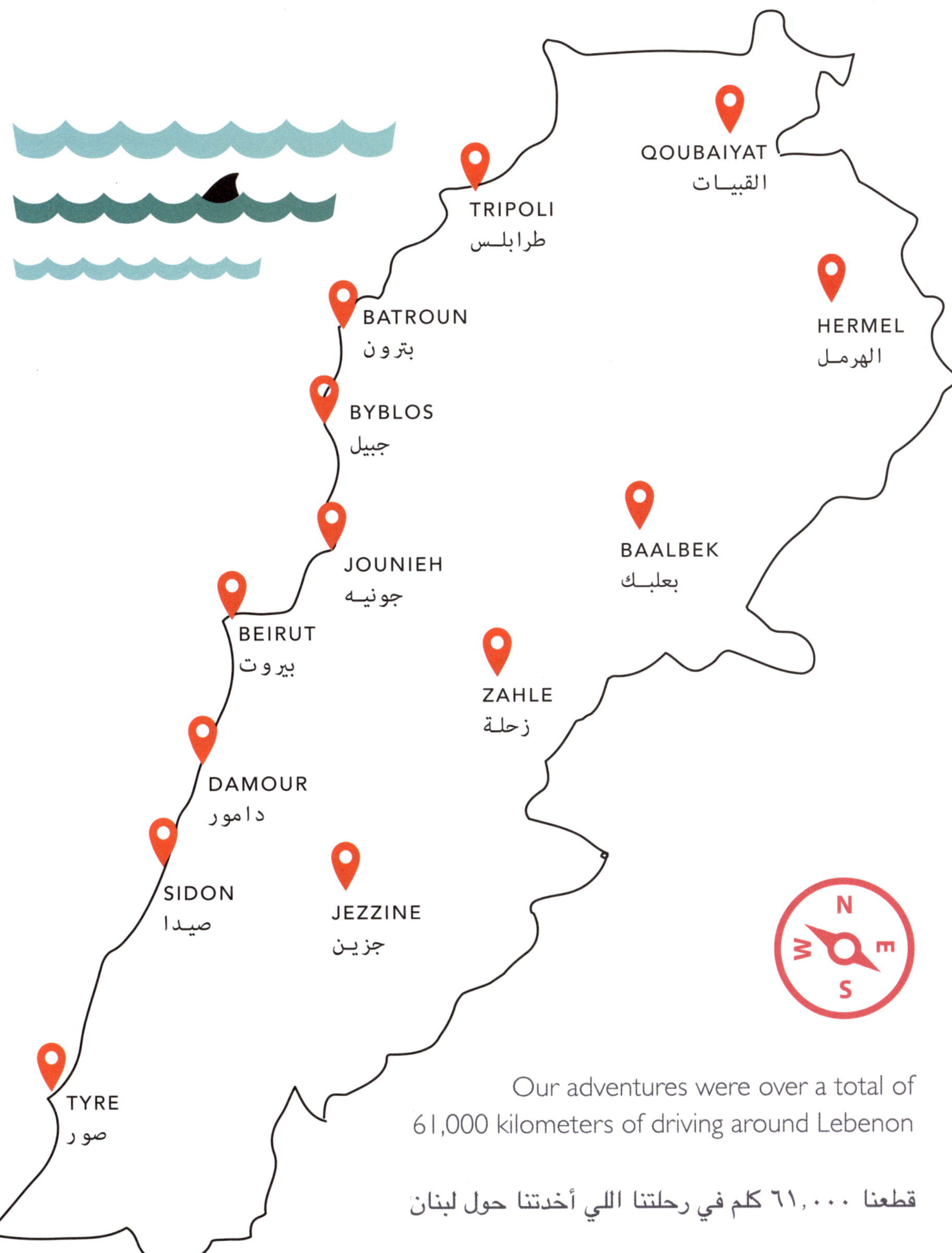

Our adventures were over a total of
61,000 kilometers of driving around Lebenon

قطعنا ٦١,٠٠٠ كلم في رحلتنا اللي أخدتنا حول لبنان

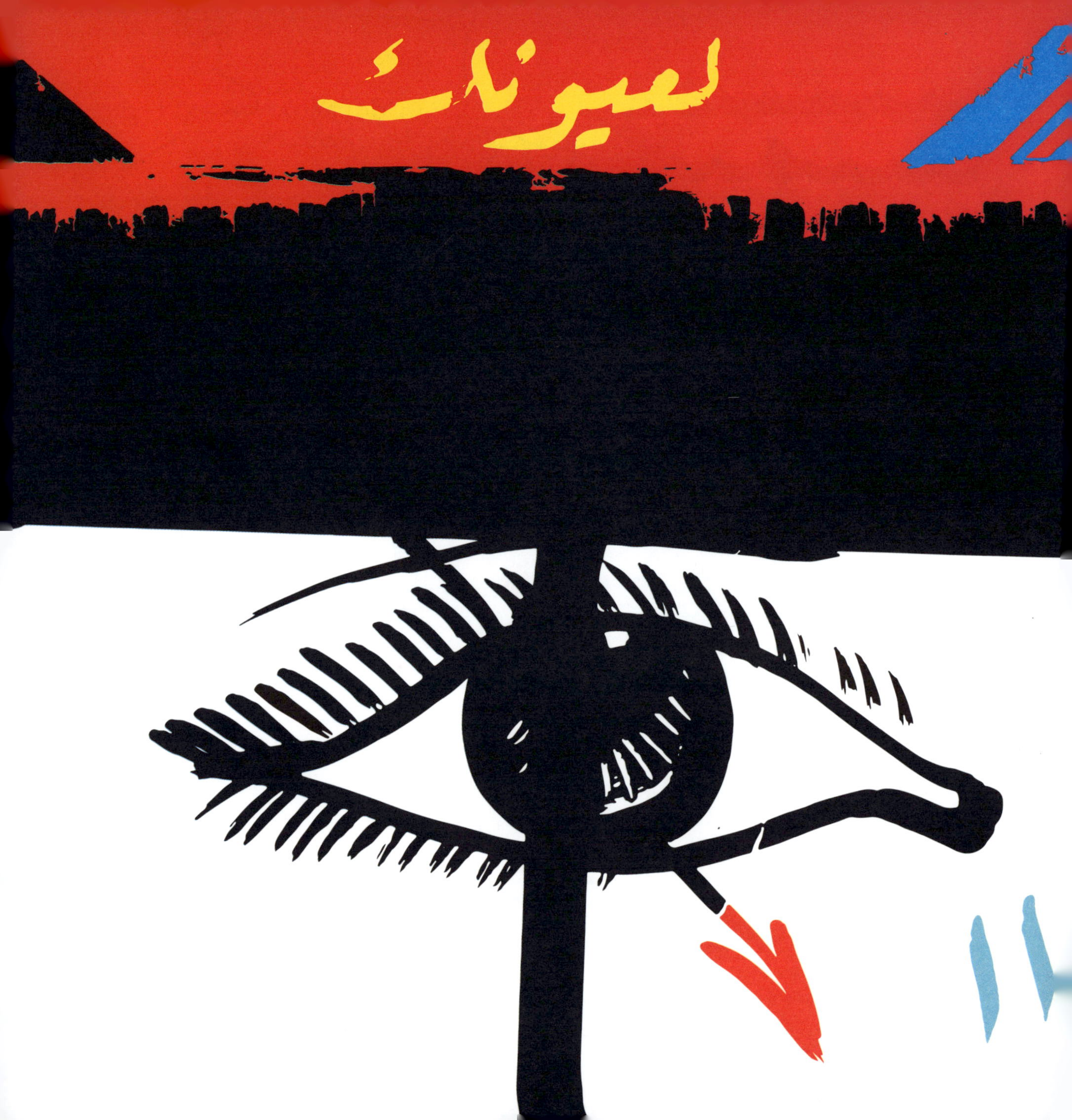
لعيونك

Towards my last month at work, I got into the car and sat in the front seat, and my first question was, "how was your day?"

From that day onwards, I was a stranger to the back seat and the hundreds of stories that we shared and laughter exchanged was the beginning of a wonderful friendship. It's been 13 years since we have met. We still laugh at the days when we didn't say a word to one another and we haven't spoken about the weather since.

عند آخر شهر بالشغل، دخلت السيارة وقعدت بالكرسي جنب حسام، وأول سؤال كان: كيف كان يومك؟

من هداك اليوم صرت غريبة عن الكرسي الوراني، وكمية القصص والضحك بيناتنا كان بداية أحلى صداقة. صارلنا صحاب ١٣سنة، ولليوم بنضحك على الأيام اللي ما كنا نحكي كلمة مع بعض فيها. ومن يومها ما بنجيب سيرة الطقس.

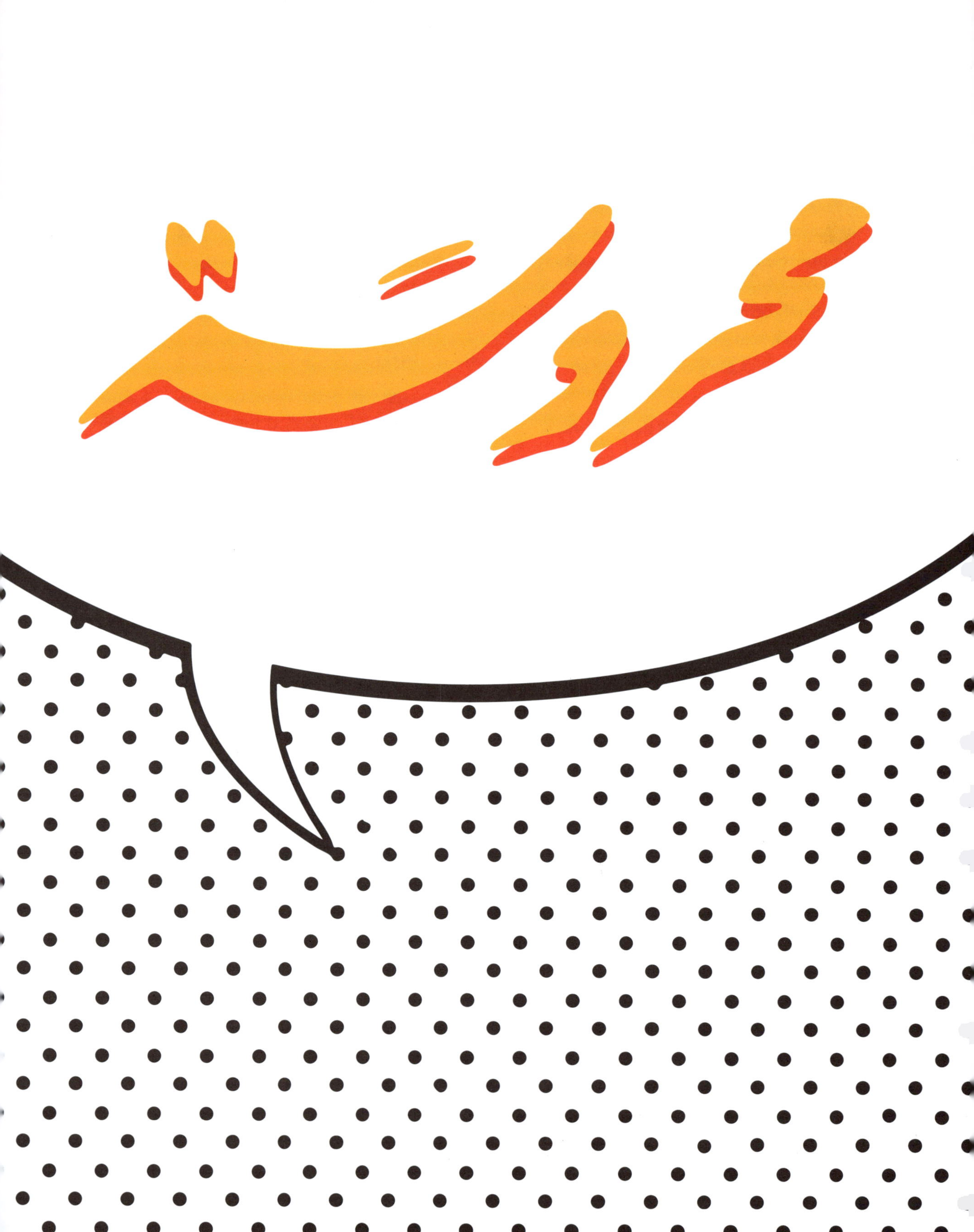
مجردست

يـــونس الخطـــاط

Falak   - I am really happy to finally meet you. I have been following trucks with art signed with your name all over Lebanon. So, where are you from?

Younis   - Glad to meet you too, I am from Sarafand (in the south near Sidon).

- Can you tell me more about how you started?

- I started drawing when I was about six or seven years old. My first drawings were on carton, then I bought drawing paper and sketched scenes from nature. Over time, I began to draw faces.

In school I took lessons in art and calligraphy. This is when I started looking out for billboards and trucks passing by that had calligraphy on them. I would try to copy what I had read, and I kept practicing until I perfected it. When I finished high school they advised me to work in lithograph as I was good in art, but I told them that I want to work in the billboard business and draw people. So I started calligraphy on billboards and drawing portraits. From these paintings I became known in Sidon and from there on to the Bekaa valley, Tyre, Beirut and all over the south. I'm grateful for having my work spread all over Lebanon.

فلك   - كتير مبسوطة إني أخيراً تعرّفت عليك. لحقت كميونات في كل لبنان عليهم إمضايتك، من وين إنت؟

يونس   - أهلاً فيكي، أنا من صرفند، جنوب صيدا.

- قديه كان عمرك لما بديت ترسم؟

- بلشت أرسم من سن ٦ أو ٧ سنين. أول رسماتي كانت على كرتون وبعدين اشتريت ورق رسم وصرت أرسم مناظر طبيعة، ومع الوقت صرت أرسم وجوه أشخاص.

في المدرسة أخذت دروس رسم وخط، وبديت أتابع لوحات الدعاية والكميونات على الطريق، وأقلّد المكتوب والمرسوم عليهم. لما تخرّجت من المدرسة نصحوني اشتغل في محل طباعة، لكن فضّلت الشغل في مصلحة اليافطات، ومن هاليافطات صرت معروف من صيدا للبقاع، وصور وبيروت، والحمد لله اسمي بلبنان كله.

- All this before you opened your shop?

- Of course! This shop is over ten years old and its name has already reached
  Germany, where some Lebanese people opened restaurants and wanted drawings
  of a cedar. I would have the drawings ready and packed for the clients to take back
  with them.

(*Younis paused and stared at the tin full of brushes*)

I feel very happy and content when I am working with the brush. In my profession,
like any other, one has to love what he does, otherwise he will fail. Art is about
good taste and manners, and to have very calm nerves, otherwise the brush will
make one a nervous wreck. As you are in love with the camera, I am in love with
the brush.

- What is one of your favorite sayings?

- There are many. One of them is:

  - Life is but an hour, be pious.

I memorize proverbs and poetry, and have a notebook that I write in all that I read
and hear.

- How long does it take you to draw on a truck?

- About half an hour.

- Where are most of your clients from?

- Most of my clients are from Sidon, Bekaa and Beirut.

**- I noticed that most of the trucks I photographed are signed by Younis. But the
second most popular signature I found was Ali. Do you how I can reach him?**

- I am smiling because when I first started drawing on trucks on location, I would
  sign my first name which is *Ali*, and when I opened my shop *Younis*, I started
  signing under that. So, you have found Ali. (he laughs)

**- Wow! That's amazing. I don't think a lot of people would have thought that Ali
and Younis are the same artist. So, what inspired you to start?**

- Long time ago, a colleague from Maghdouché, near Sidon, used to paint on the
  trucks and I was inspired by what he did. He is well known in the industrial area.

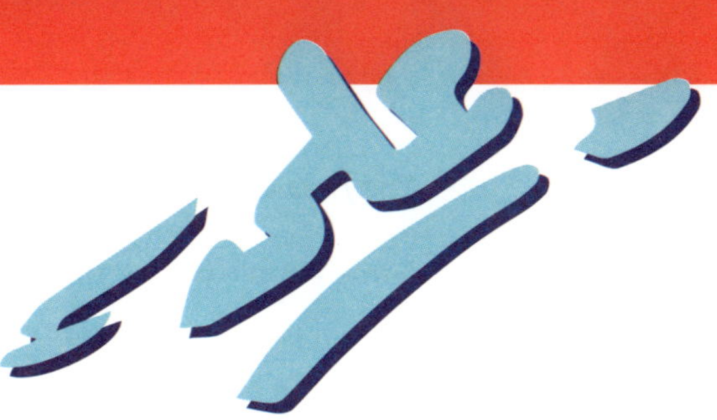

- هادا قبل ما تفتح المحل؟

- طبعاً، المحل صار له ٩ سنين، وإسمه وصل ألمانيا، في لبنانيين بيفتحوا مطاعم وبدهم رسمة أرزة، برسمها وبلفها وبياخدوها معهم.

(سرح يونس بعلبة الفراشي)

كتير بكون مبسوط ومرتاح وأنا الريشة بإيدي، في مصلحتي الواحد لازم يحب شغله، ولّا بيفشل. الفن ذوق وأخلاق، ومحتاج برودة أعصاب. متل ما إنتي بتحبي ومولعة بالكاميرا، أنا مولع بالريشة.

- شو أفضل شعر عندك؟

- في أشعار كتير واحد منهم: الدنيا ساعة، إجعلها طاعة. حافظ أقوال، وحكم، وأشعار. عندي دفتر بدوّن فيه كل شي بسمعه أو أقراه.

- قديه وقت بياخدك ترسم عالكميون؟

- شي نص ساعة.

- من وين أكتر الزباين؟

- أكترهم من صيدا، البقاع وبيروت.

- لاحظت إنه أكتر الكميونات اللي صورتها عليها إمضاء يونس، بس الإسم المعروف التاني هو علي، بتعرف كيف بقدر أوصل له؟

- عم أبتسم لأني لما بلشت أرسم على الكميونات كنت أمضي إسمي، علي، ولما فتحت محل صرت أمضي يونس، يعني لقيتي، علي. (يضحك)

- مش معقول، أكيد مش كتار اللي بيعرفوا إنه علي هو نفسه يونس، كيف بلشت؟

- من زمان إلي صديق من مغدوشة، قريب من صيدا، كان يرسم على الكميونات، وعجبتني الفكرة وشغله كتير معروف.

- They say that you can create this art with computer graphics now, is that true?

- Some people do use the computer, but I use the brush. I have a computer; I
  bought it for the billboards mostly. The computer cannot draw calligraphy on
  trucks. Calligraphy by computers is too structured; I draw inside the writings and
  make the art more ornamental.

- While you are lettering on a truck what would you be thinking?

- I only think of how to do the best and most beautiful art, and that gives me
  immense pleasure.

- And how do you feel about your name being all over Lebanon on the trucks?

- I feel fortunate and blessed to be doing this for many years. I know that I have
  completed more than 1,500 trucks this year. Once they wanted me to go to the
  Bekaa for two trucks, and I spent the night up there and worked on six trucks,
  although it was cold and snowing.

- Thank you Younis.

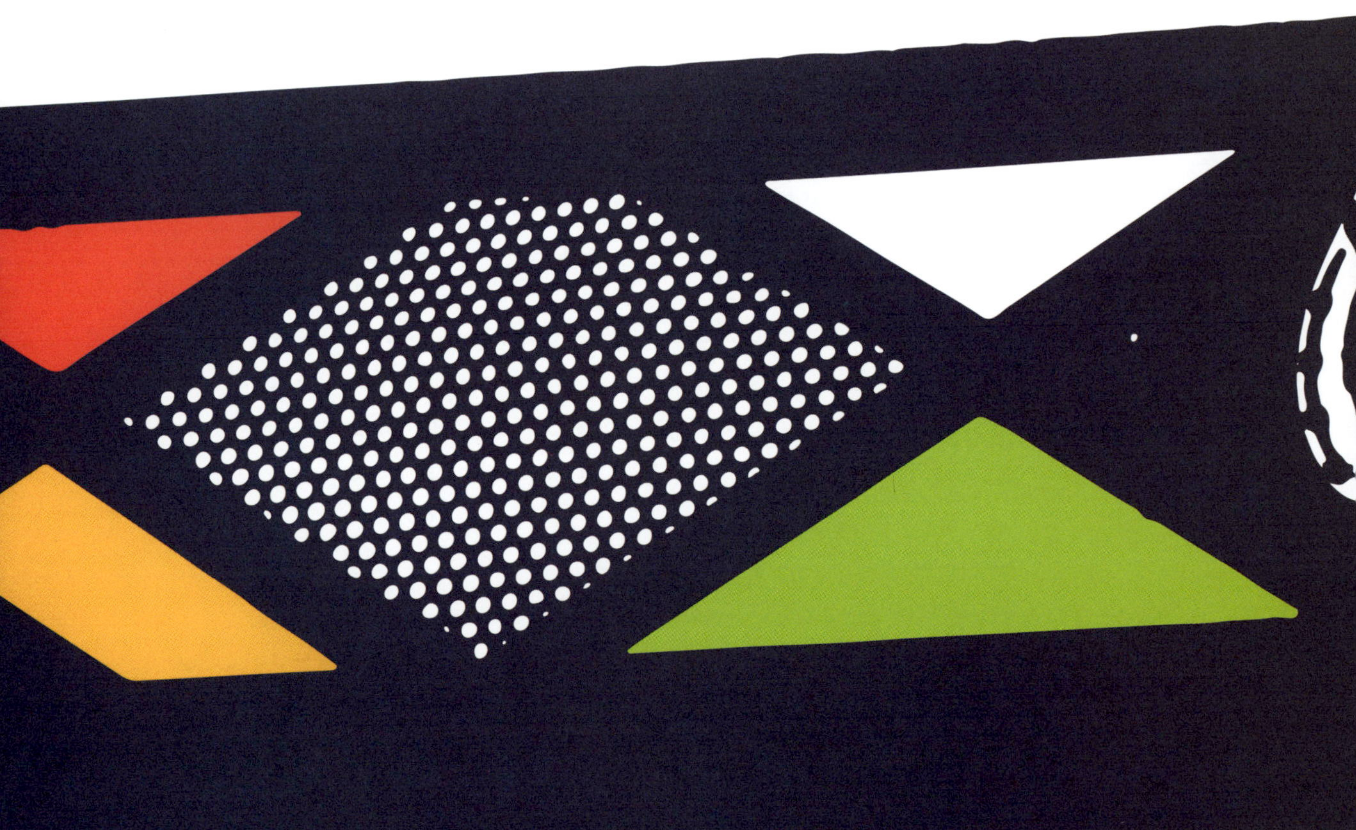

- بيقولوا صار بتقدر ترسم عالكومبيتر.

- في ناس بيستعملوا الكومبيوتر بس أنا بحب الفرشاي. اشتريت كومبيوتر لليافطات بس مش للكميونات. لأنه بالفرشاي بقدر أرسم جوّا الكلمة بطريقة فنية.

- وإنت عم تخطط على الكميون بشو بتكون عم تفكر؟

- بيكون همي يطلع شي حلو، وبحس بسعادة.

- كيف بتحس لما تشوف اسمك في كل لبنان على الكميونات؟

- الحمد لله صار لي سنين بخطط على الكميونات، يعني صاروا أكتر من ١٥٠٠ مرة طلبوني للبقاع منشان كميونين بس اشتغلت على ٦ مع إنه كانت عم تتلج وبرد.

- شكراً يونس.

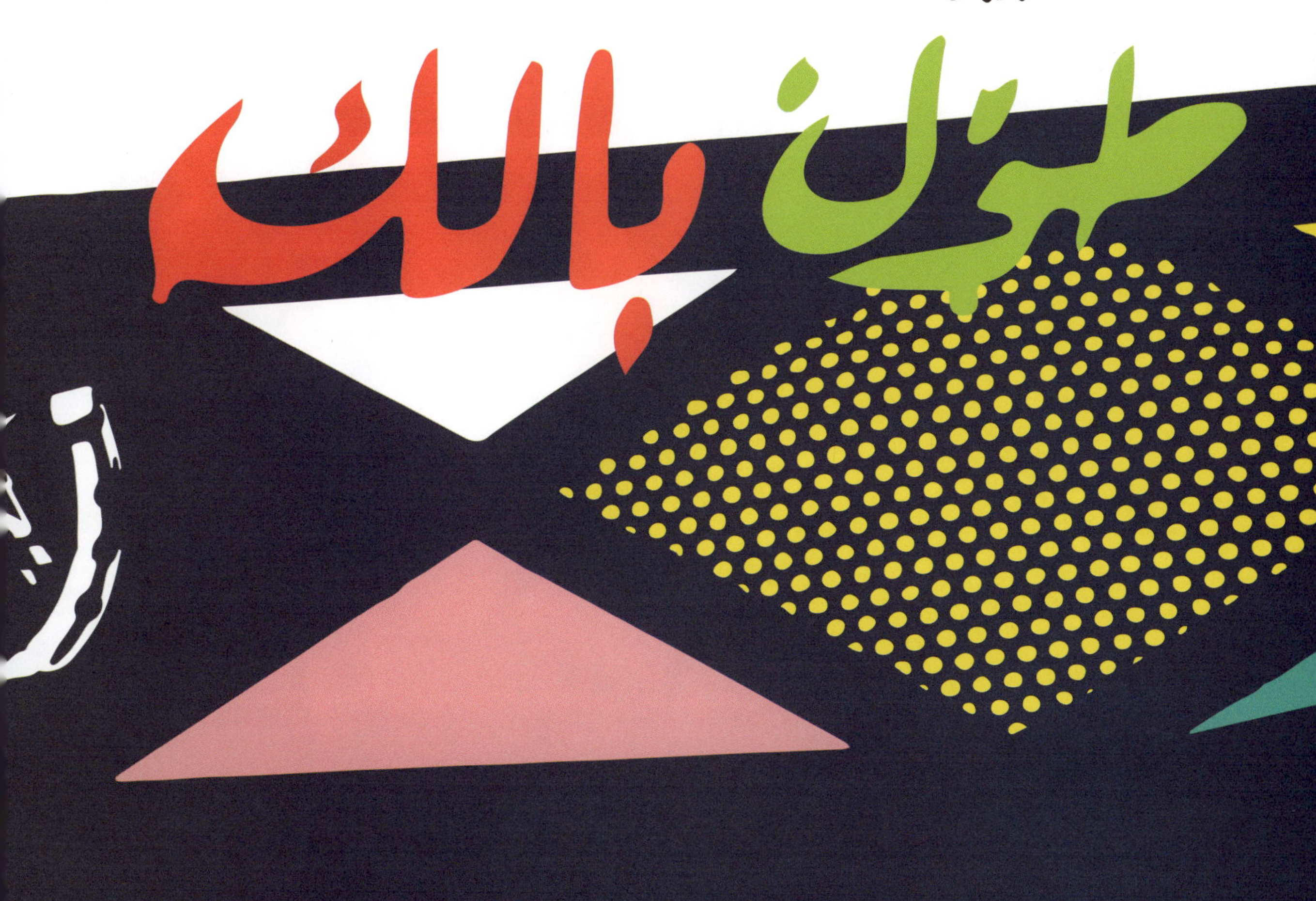

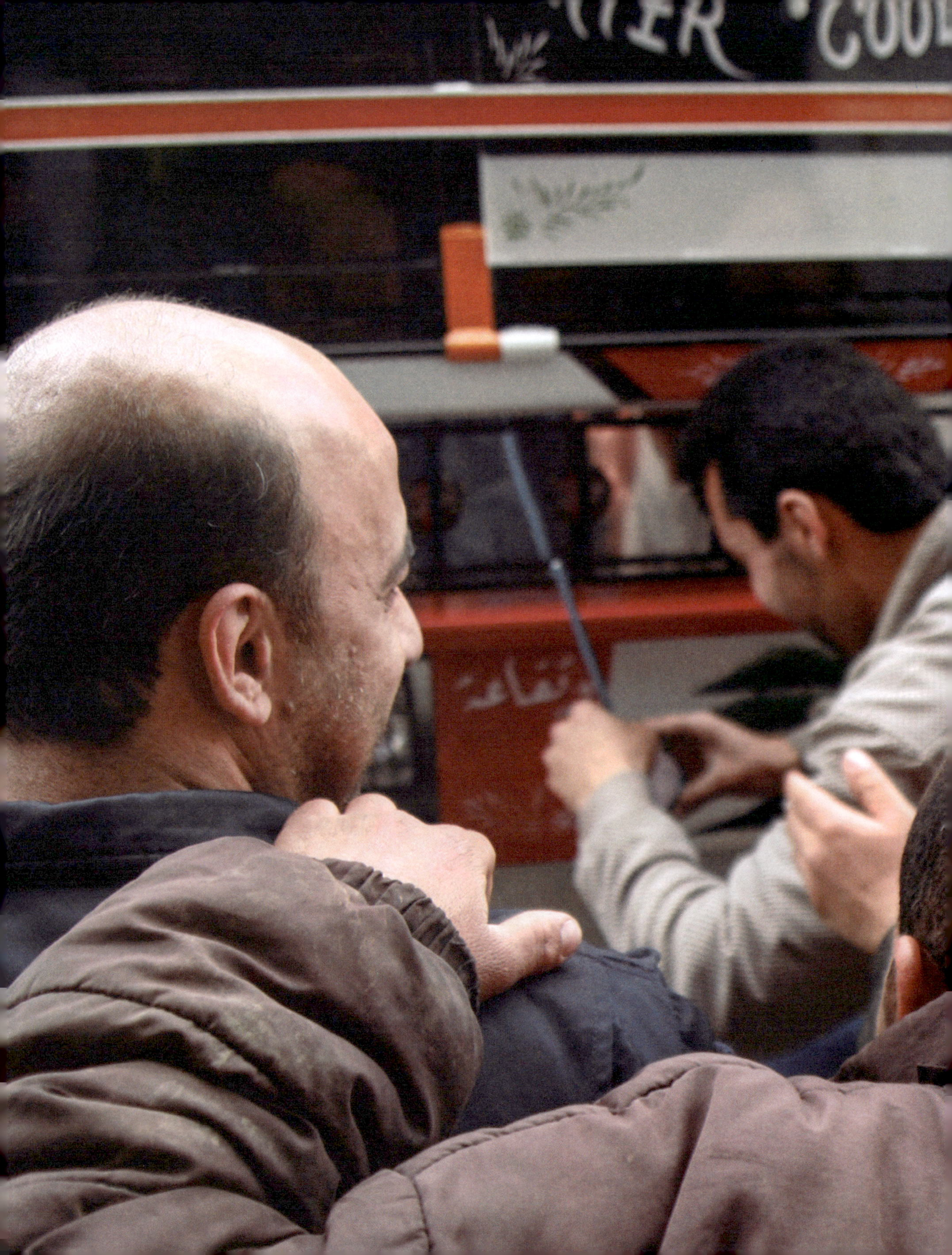

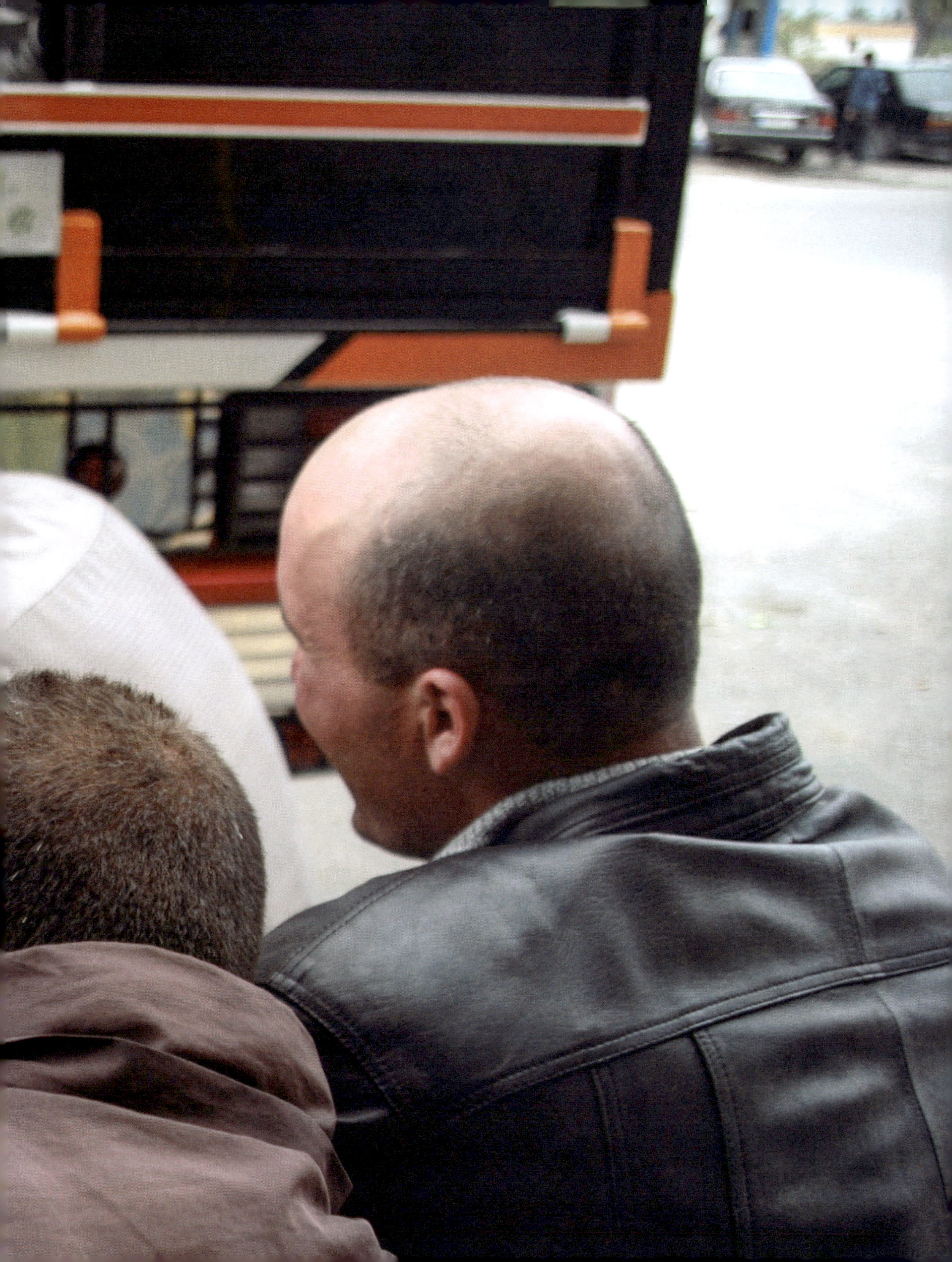

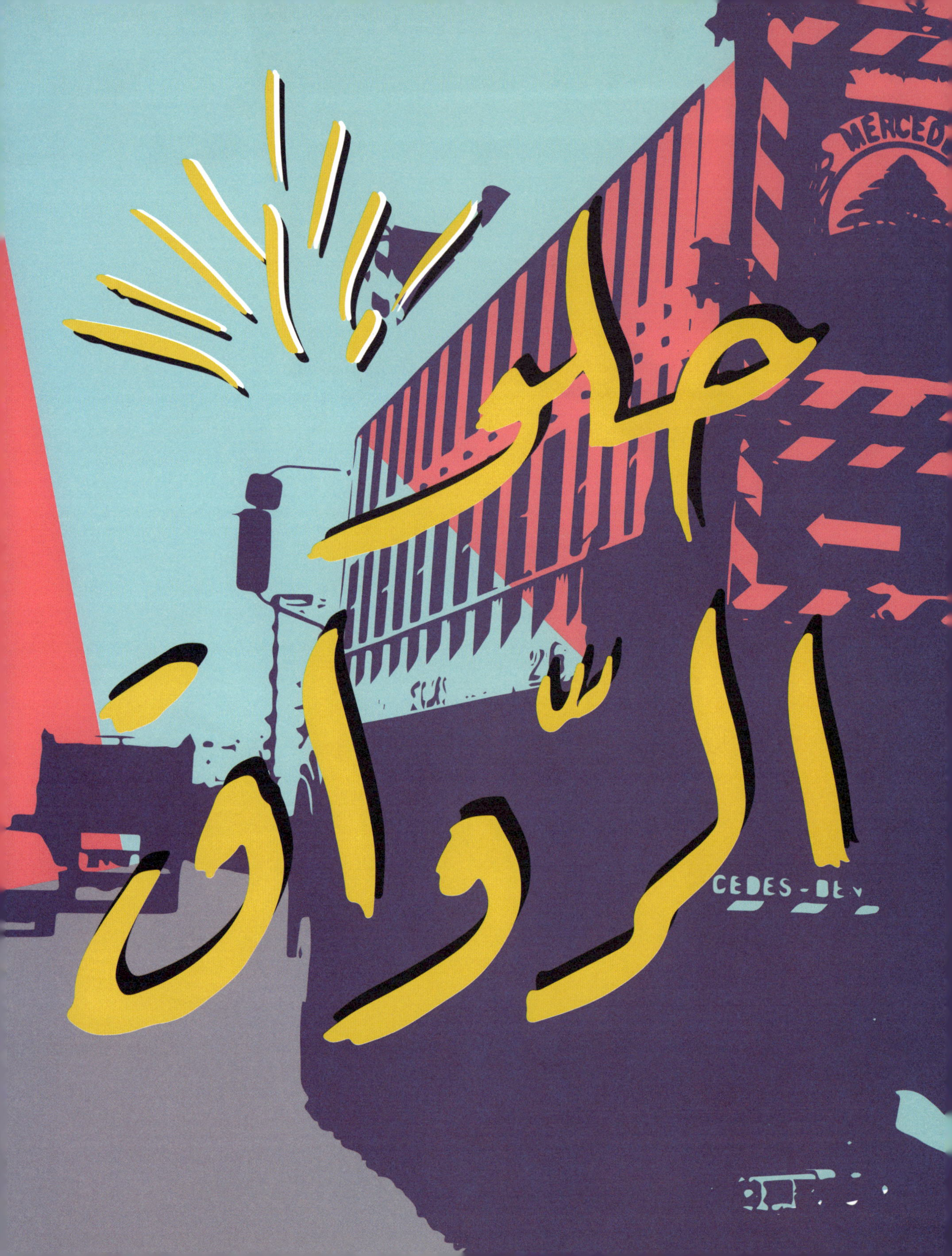

معرض الرواد
MERCEDES
CEDES-BE

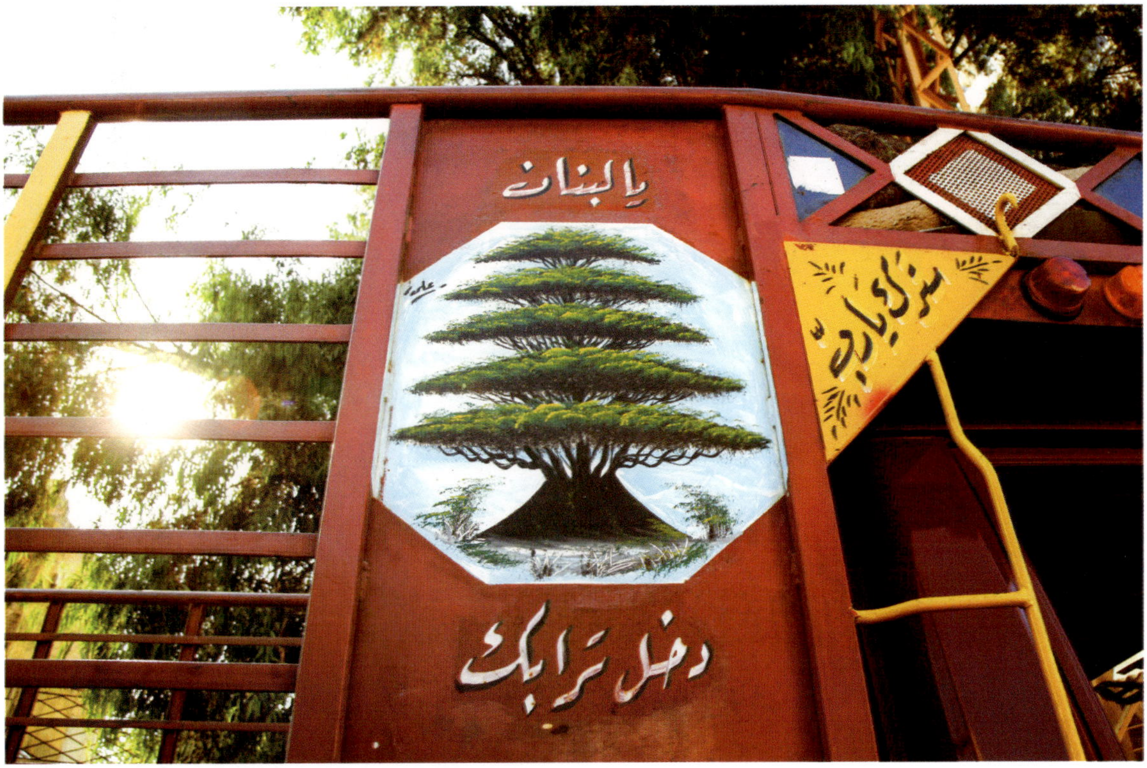

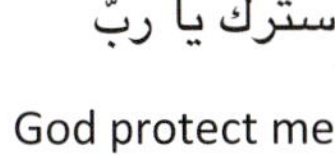

God protect me

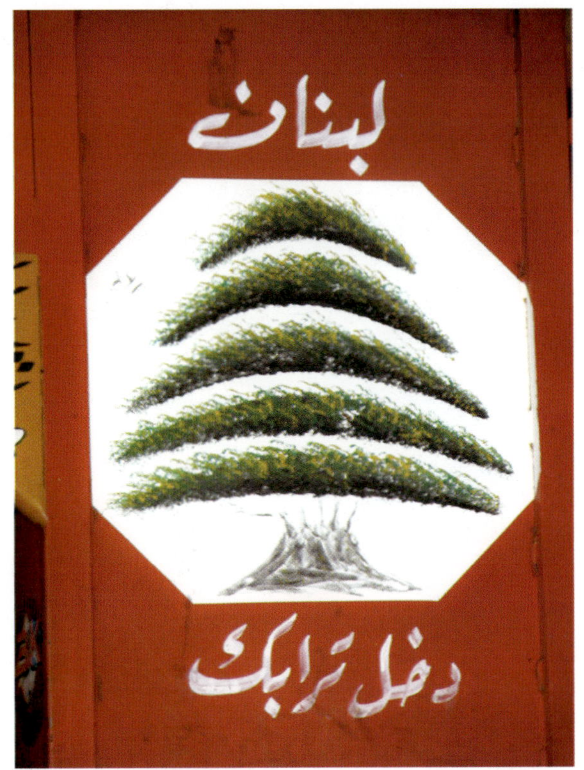

لبنان دخل ترابك

Bless your land Lebanon

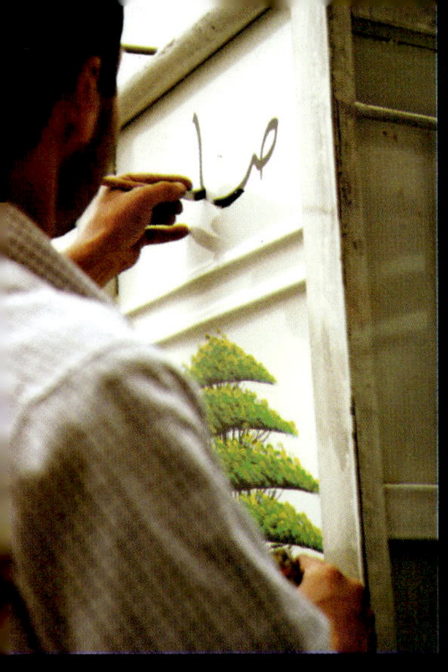
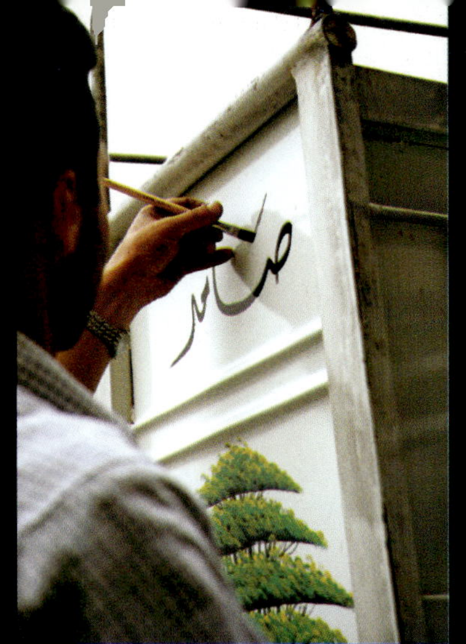
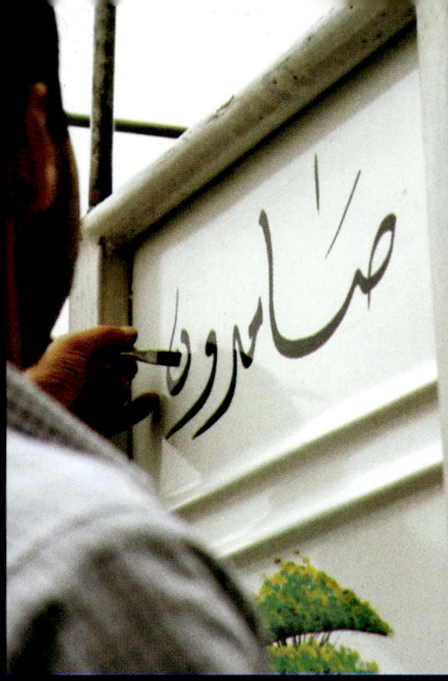

صامدون كالأرز

Resilient as the Cedars

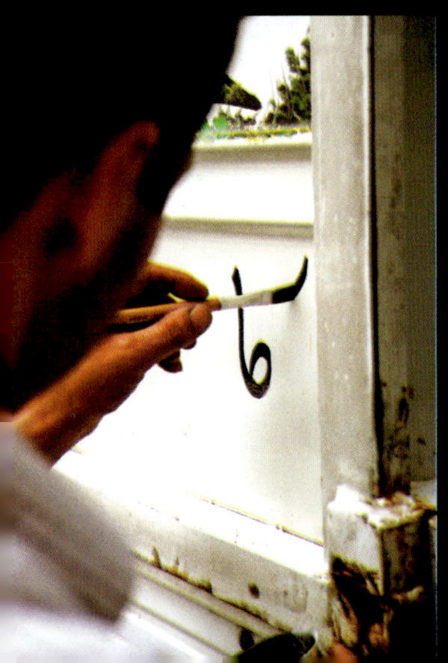
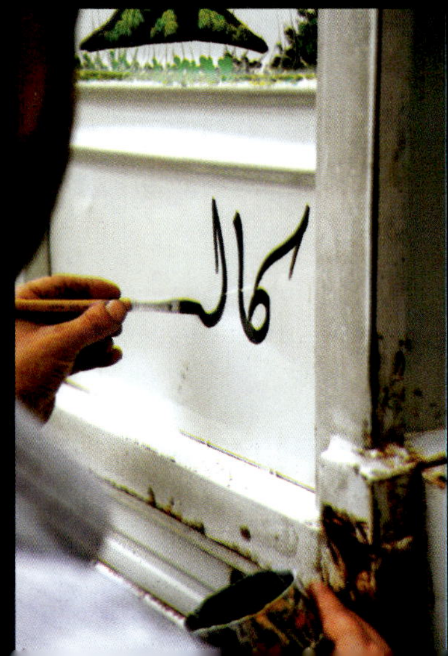
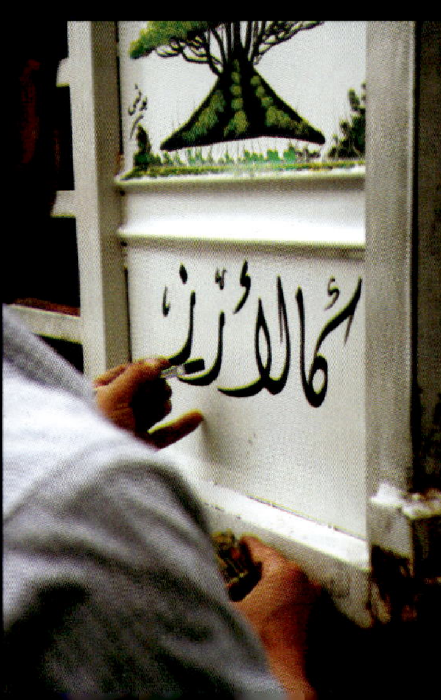

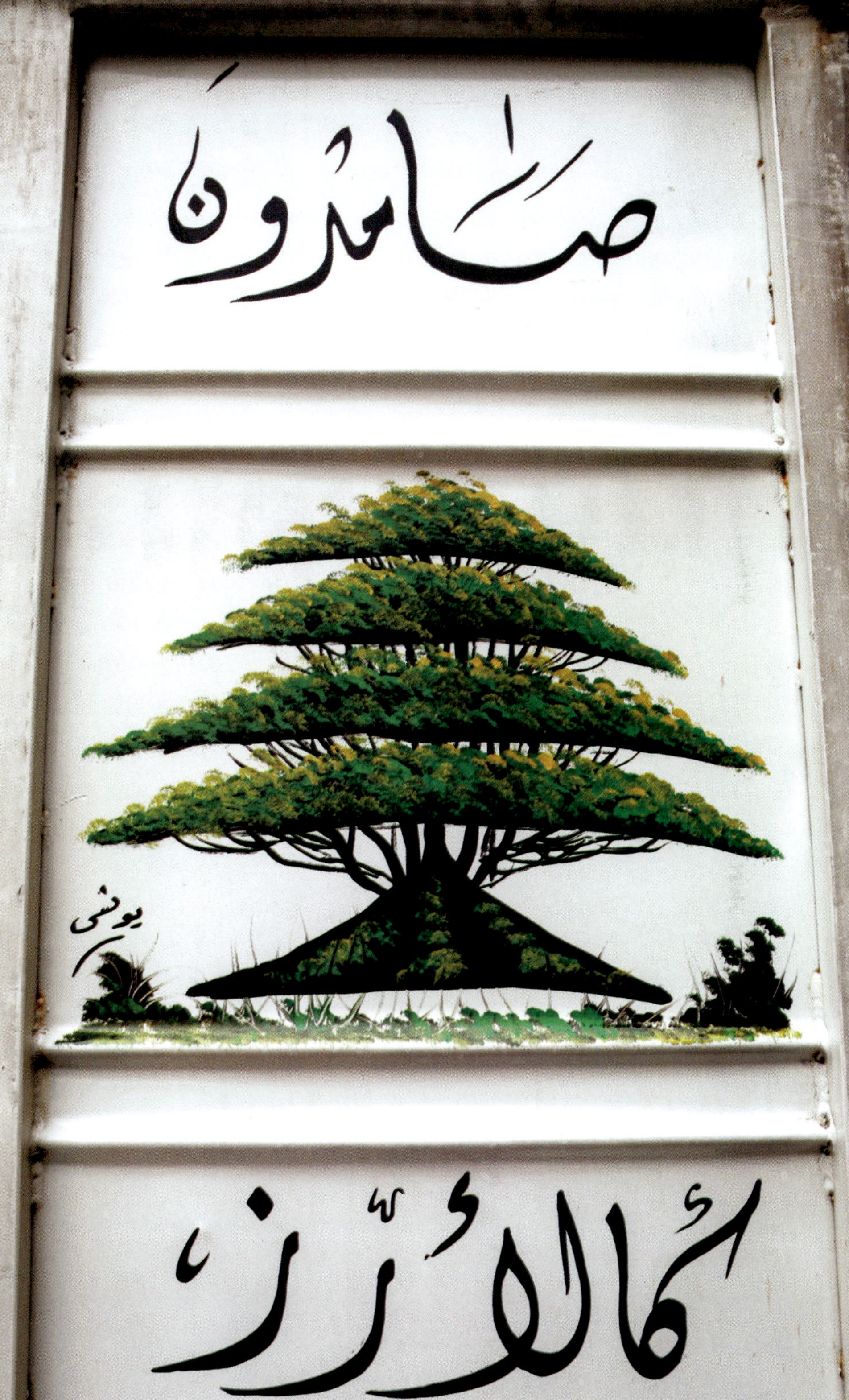
صامدون
كالأرز

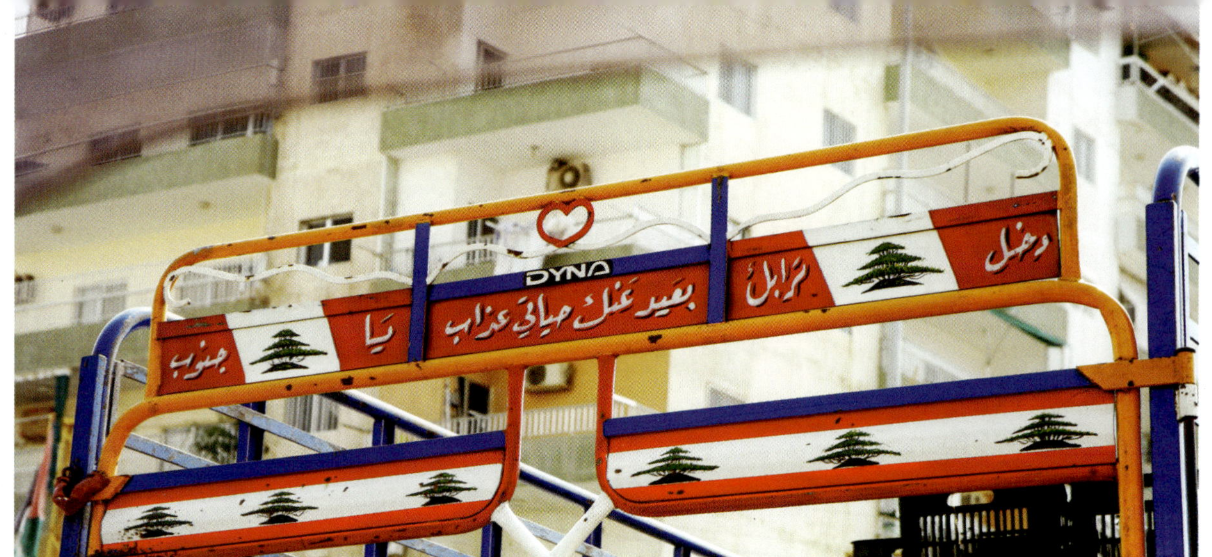

أنظر بعينك وارحم بقَلبك

Look with your eyes and be merciful with your heart

جنوبية وريحتها فلّ، حارقة قلوب الكل

She is a jasmine - scented Southerner, and the envy of all

الله يحميها ويحمي مَن فيها

May God protect her and all within

يخزي العين

Protect from the evil eye

دلّوعَة حَمّودي

Hamoudi's darling

دخـل ترابك يا جنوب	ست الحلوين
Bless your soil, oh South	The beauty of all beauties
بعيد عنك حياتي عذاب	إدلّع يا كايدهم
Away from you my life is miserable	Flaunt it

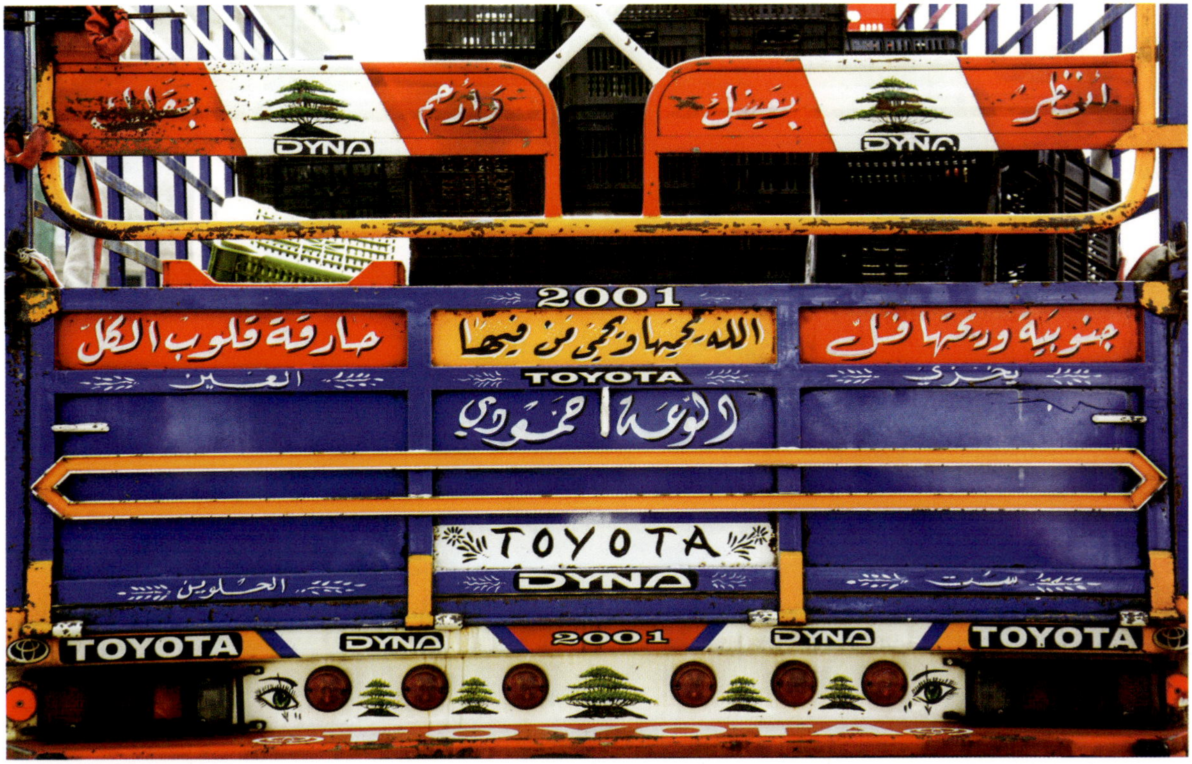

DYNA
DYNA
2001
TOYOTA
TOYOTA
DYNA
TOYOTA
DYNA
2001
DYNA
TOYOTA
TOYOTA

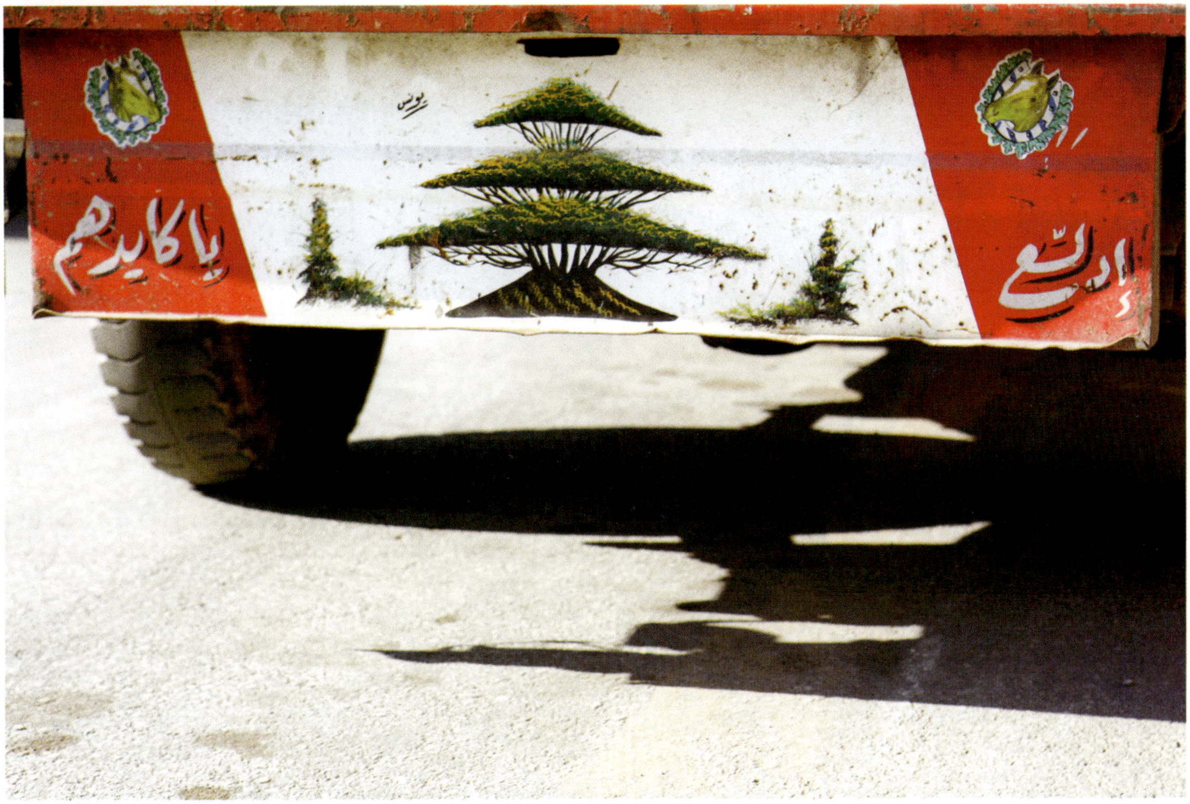

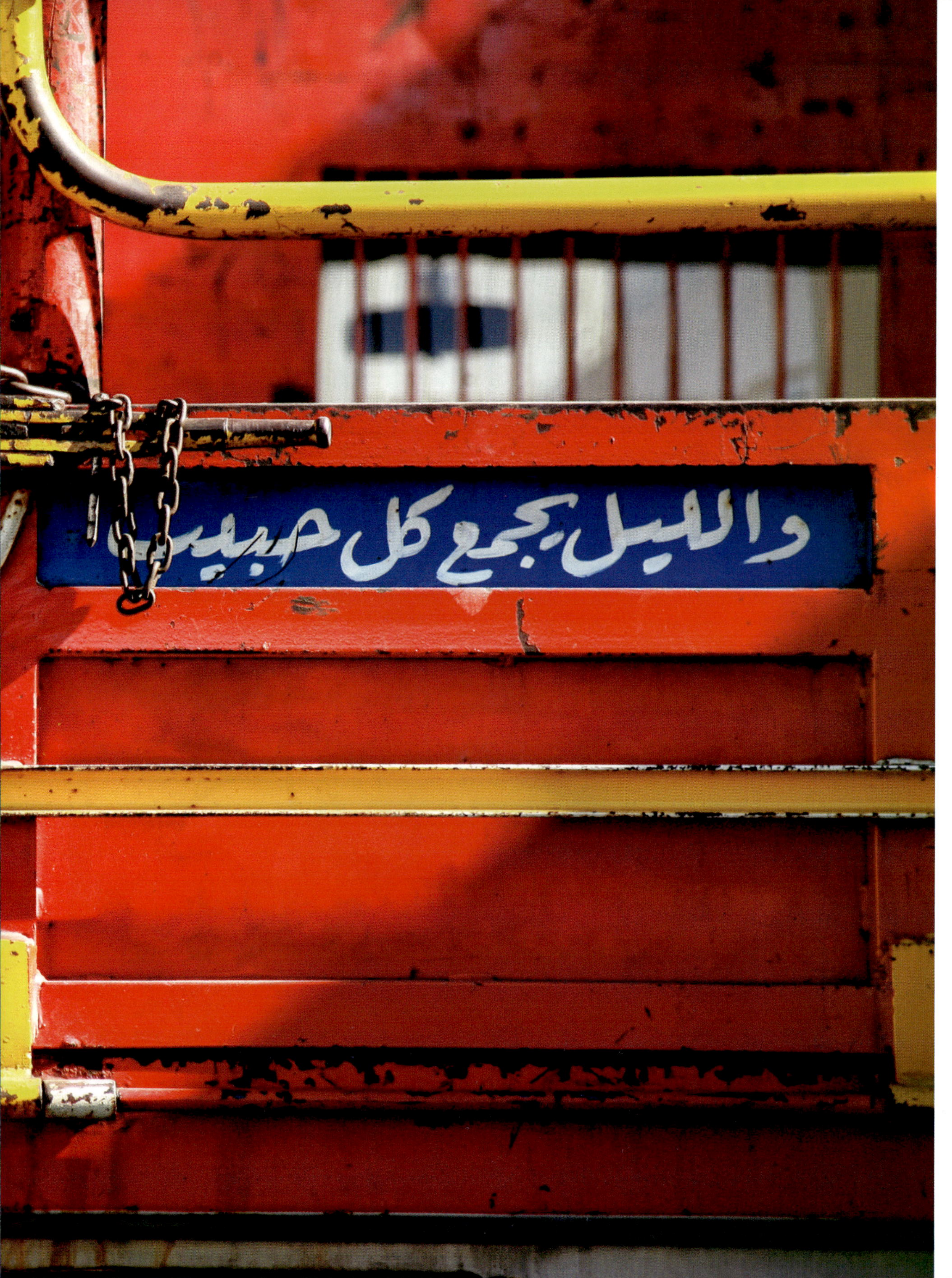
والليل يجمع كل حبيب

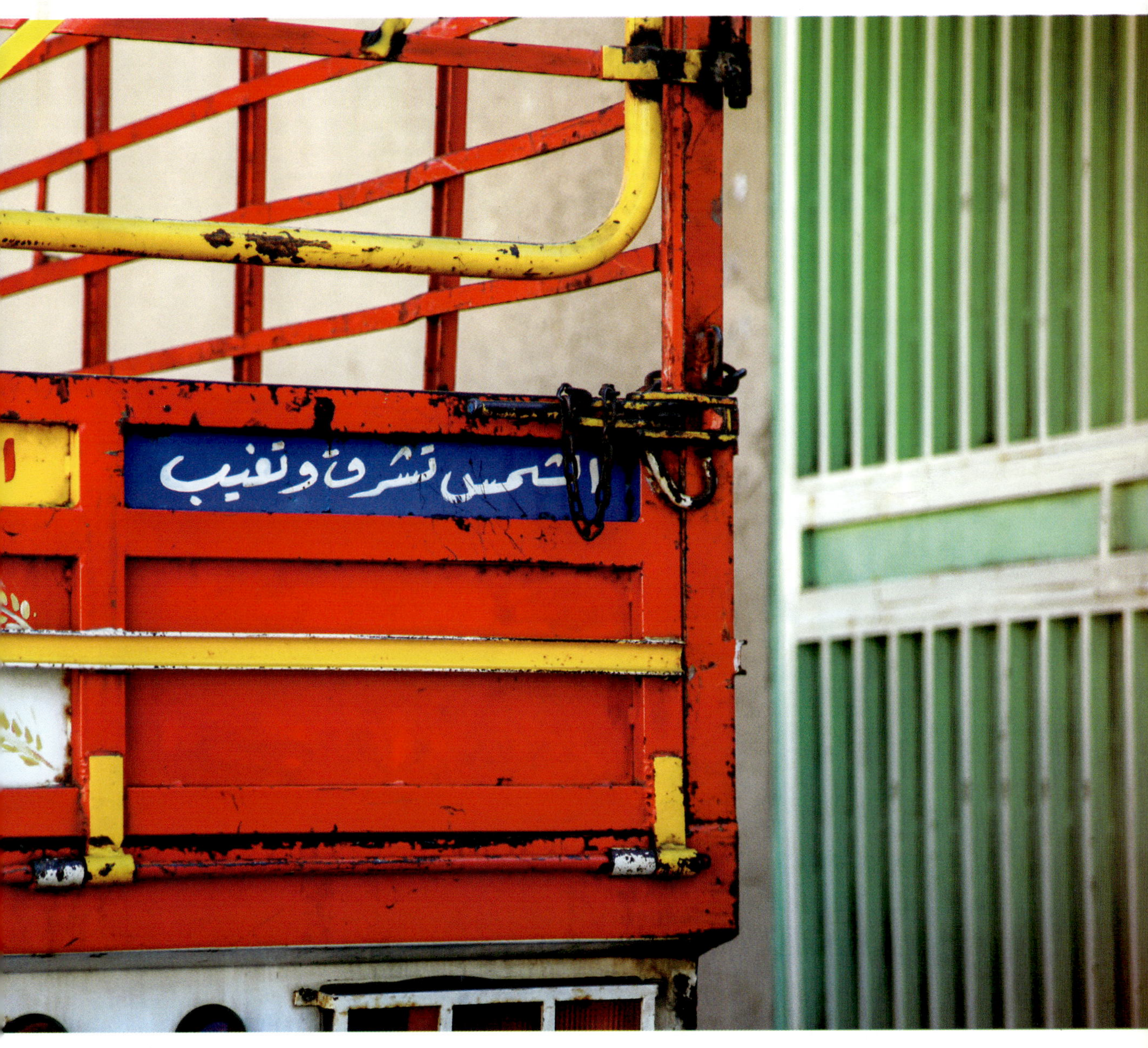

الشـمس تشـرق وتغيب، والليـل يجمع كل حبيب

The sun rises and sets, and the night gathers all lovers

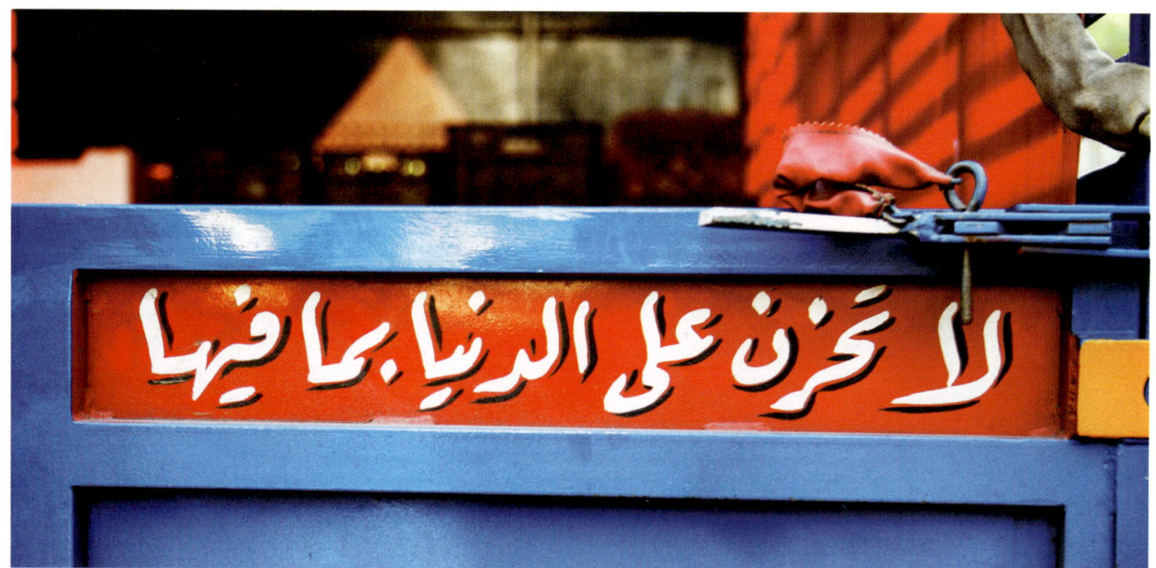

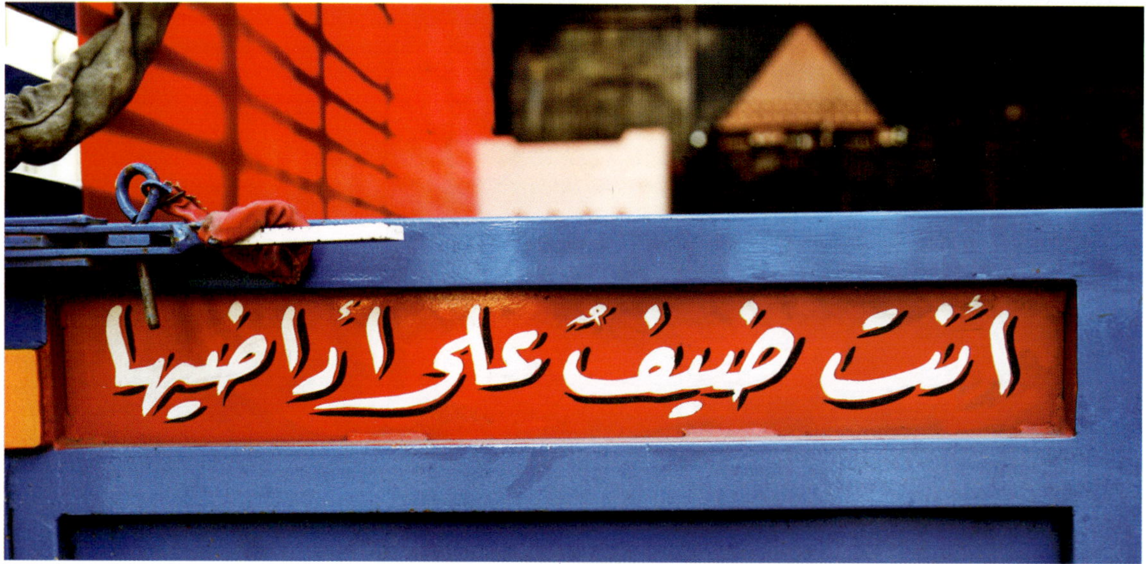

لا تحزن على الدنيا بما فيها، أنت ضيفٌ على أراضيها

Don't grieve life, you are a mere visitor in it

لبنان

Lebanon

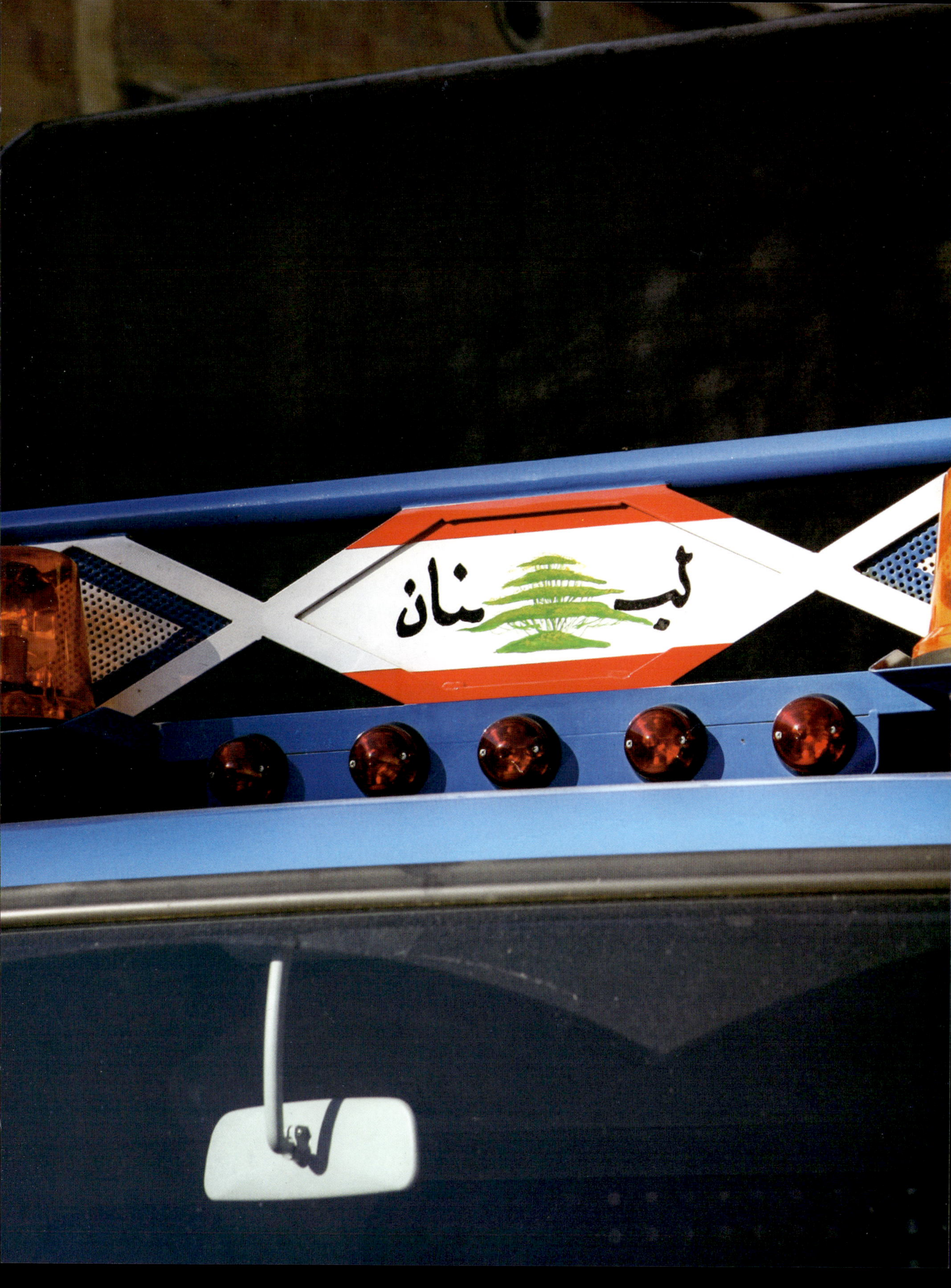
لبنان

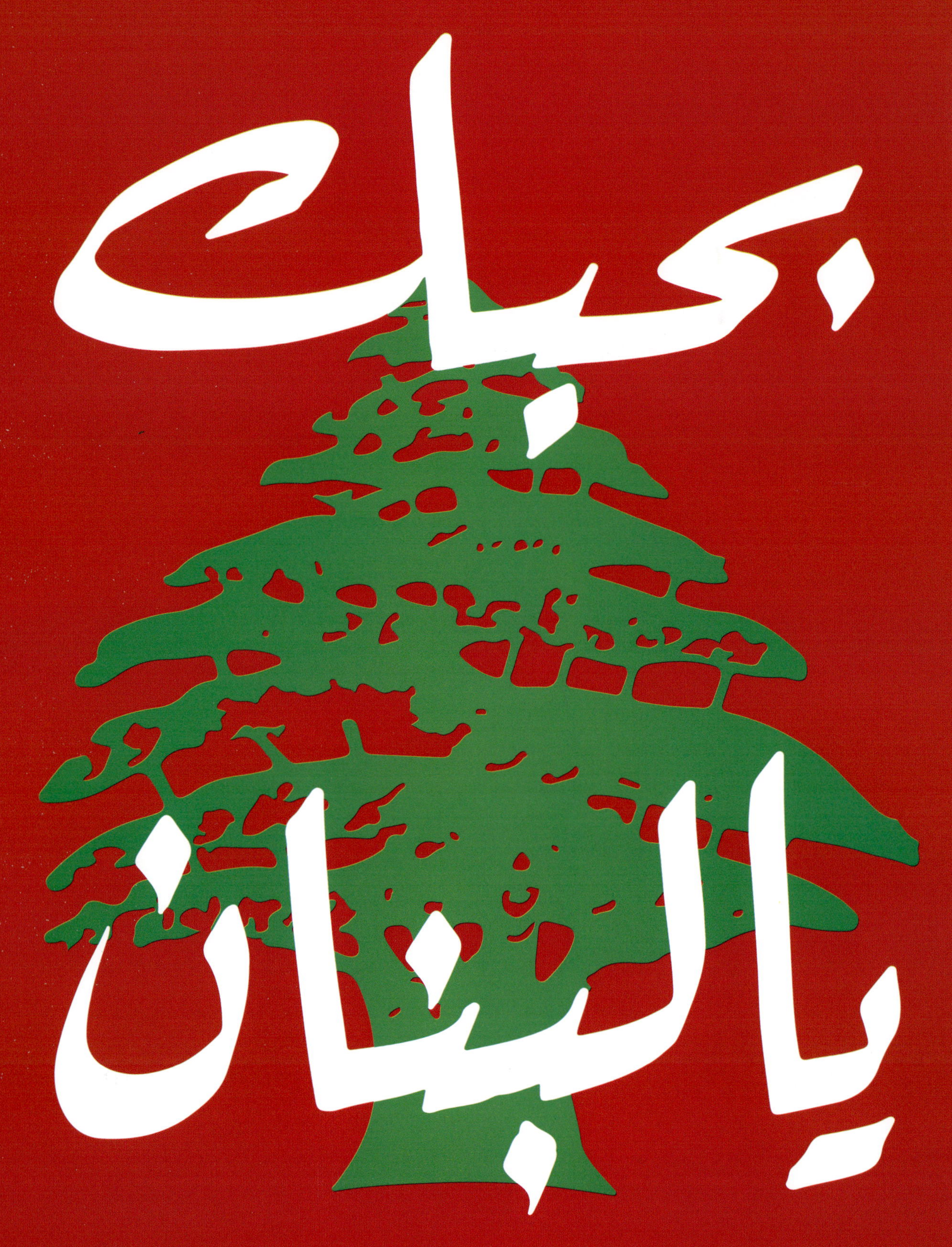

بحبك
يا لبنان

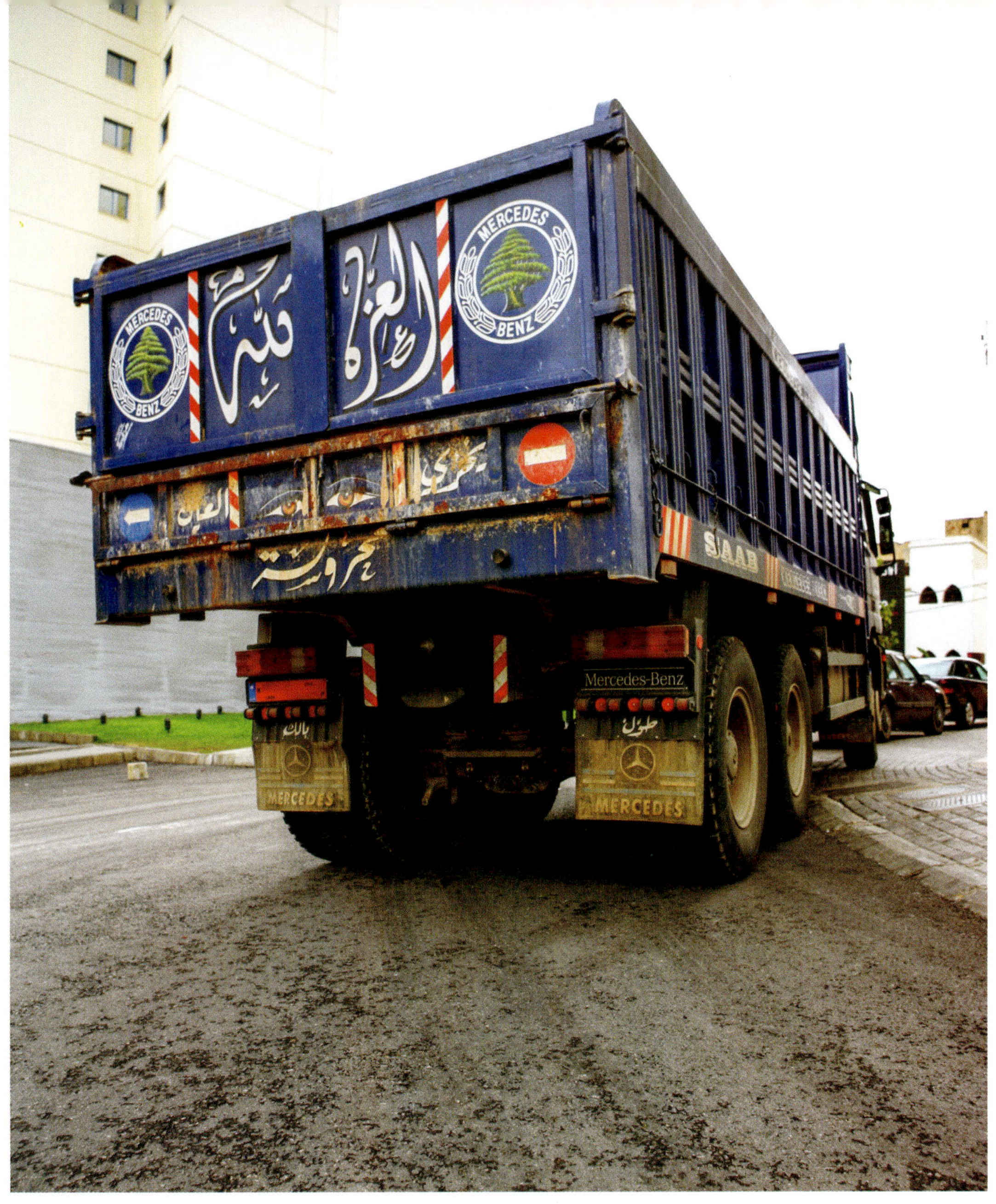

يخزي العين

Protect from the evil eye

العِزّة لله   طوّل بالك   بحبك يا لبنان

I love you Lebanon   Be patient   Glory is to God

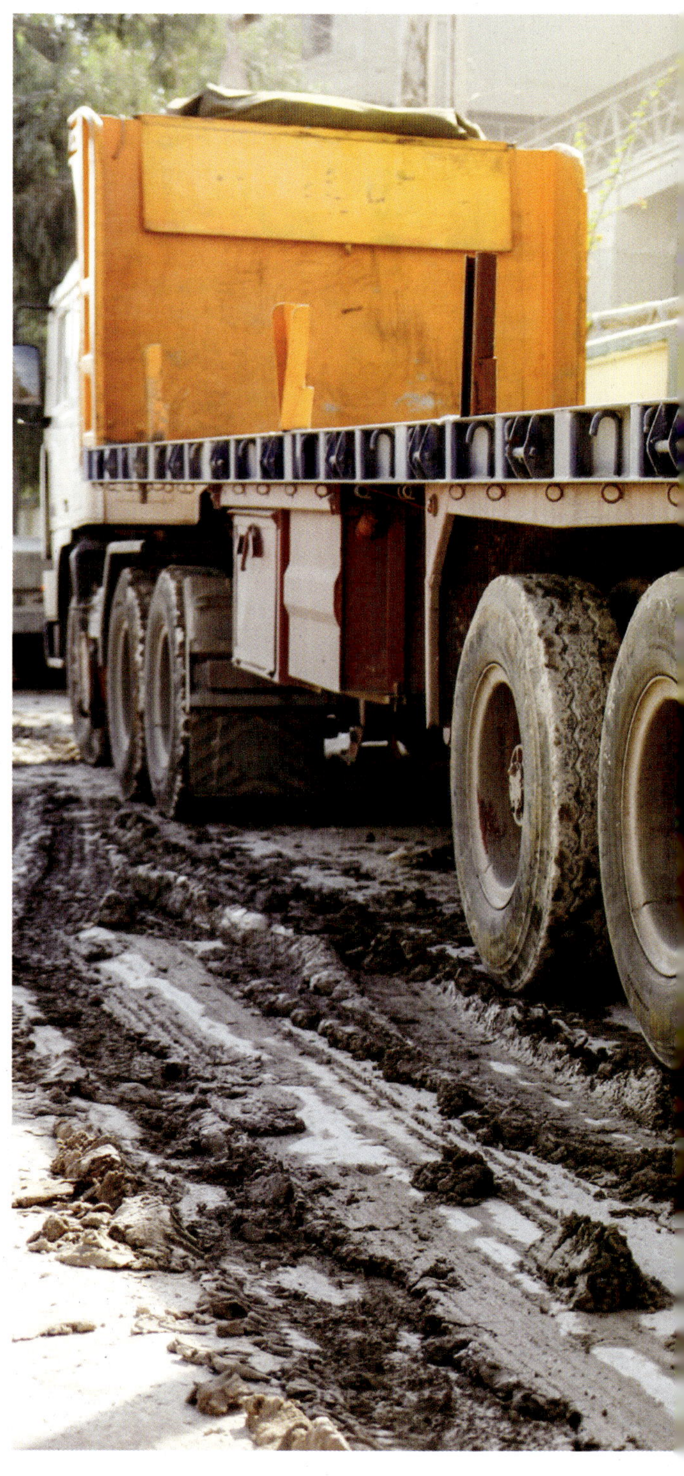

بقاعيـة وريحتهـا فـلّ، وحارقة قلوب الكل

She is jasmine-scented from Bekaa,
and the envy of all

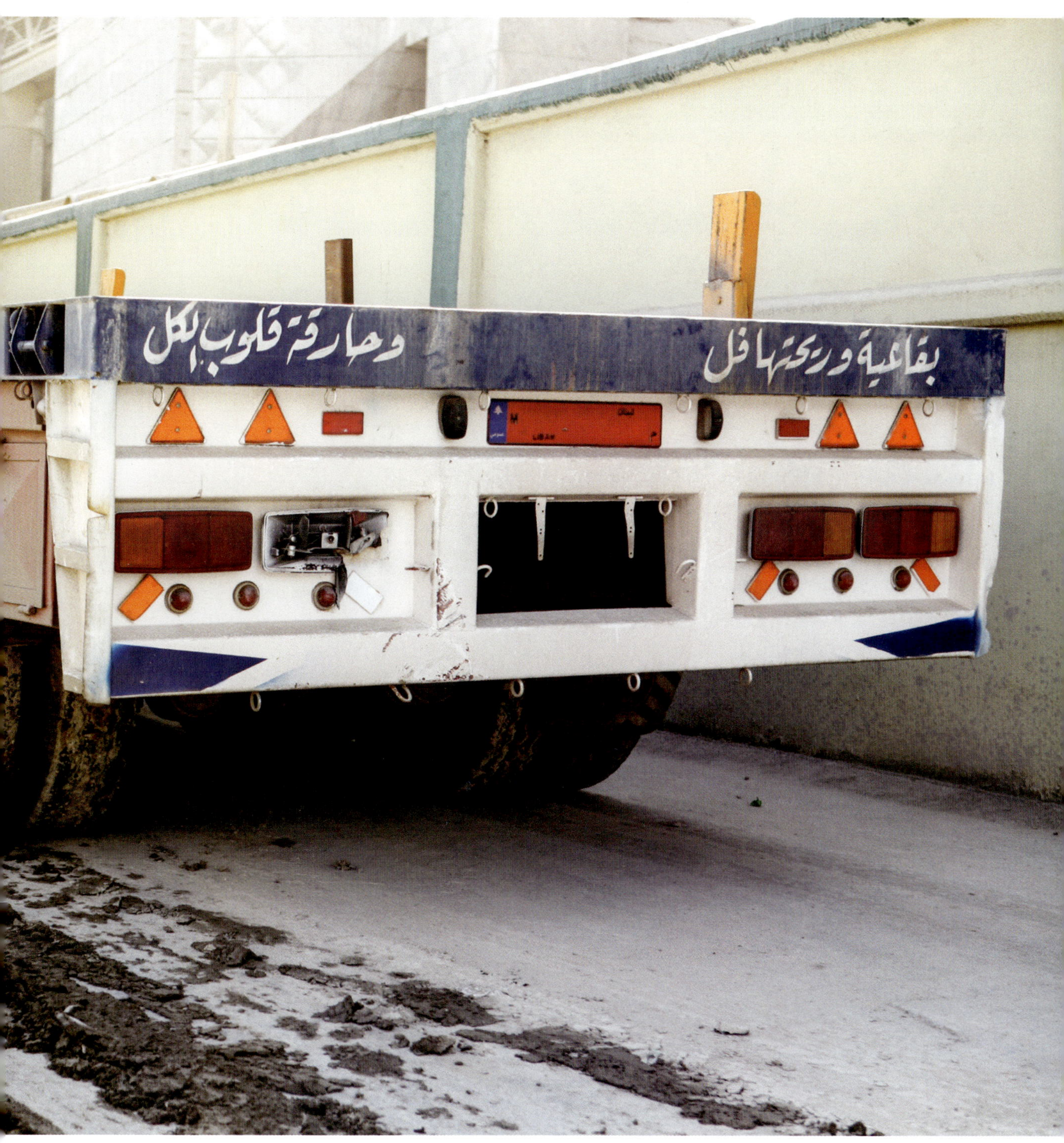

بقاعية وريحتها فل
وحارقة قلوب الكل

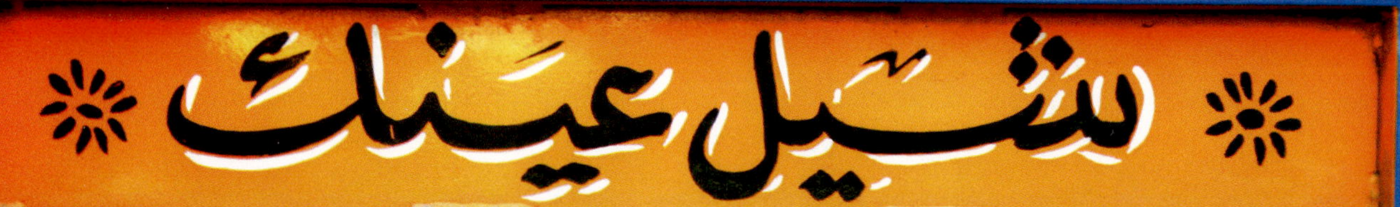

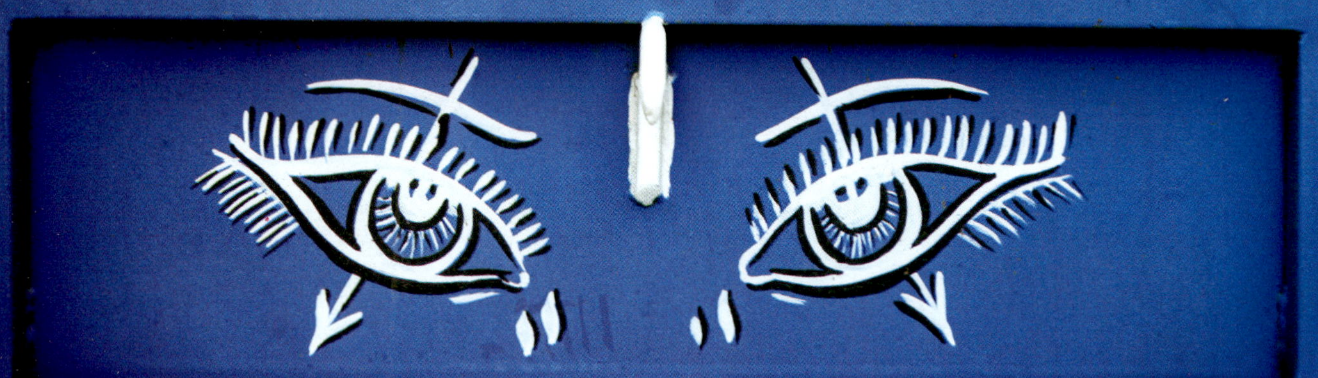

شيل عينك

Look away

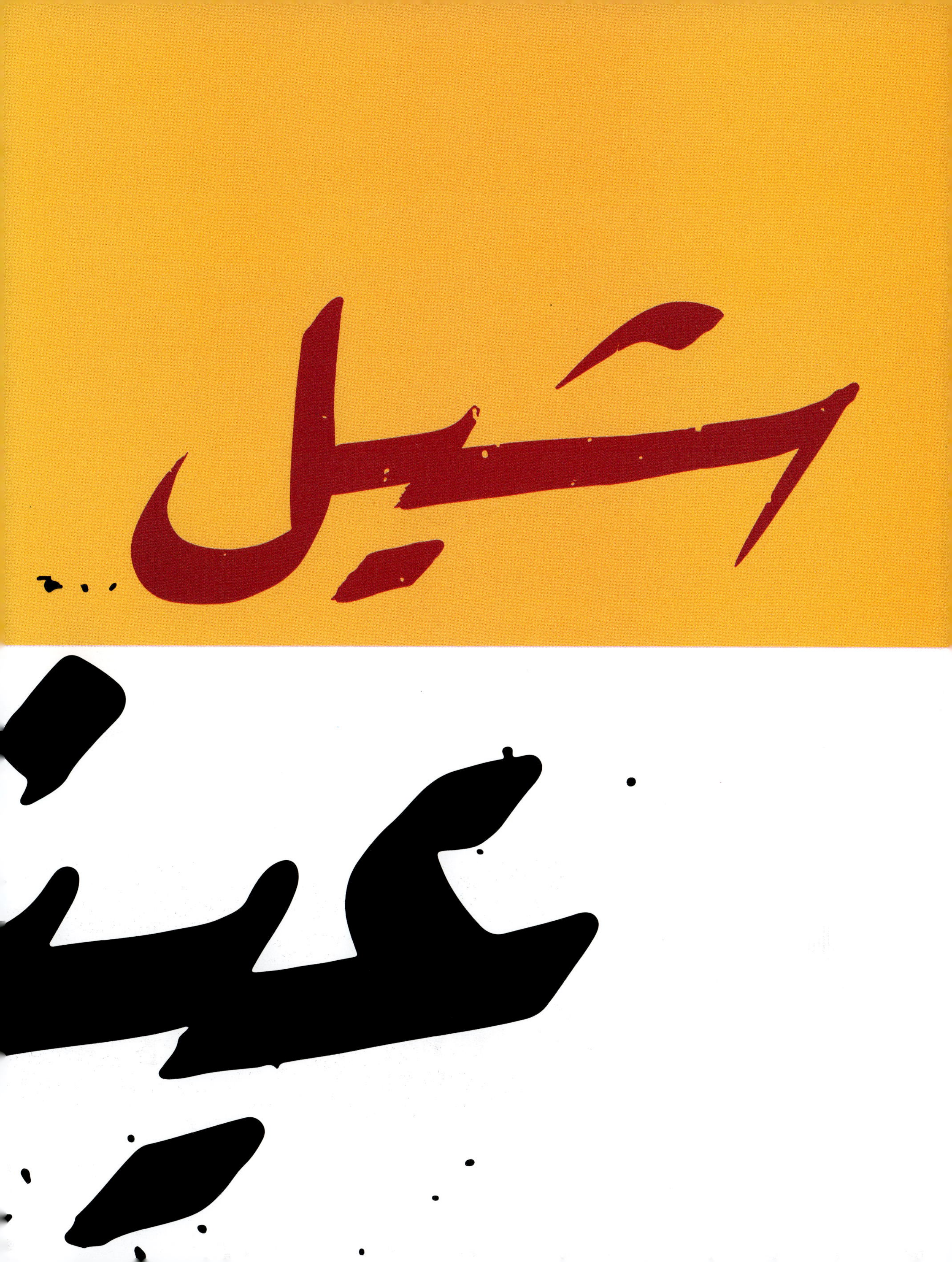

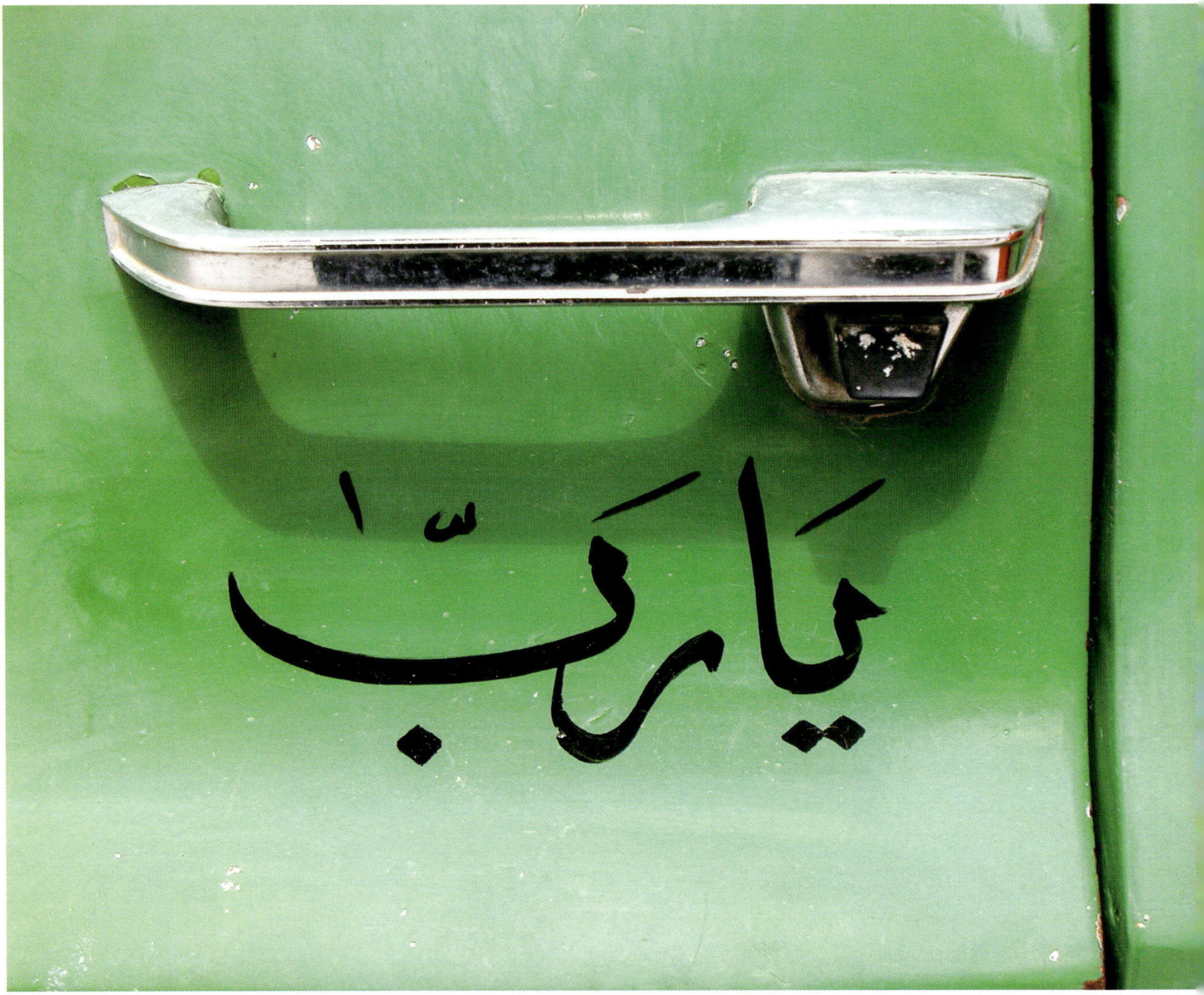

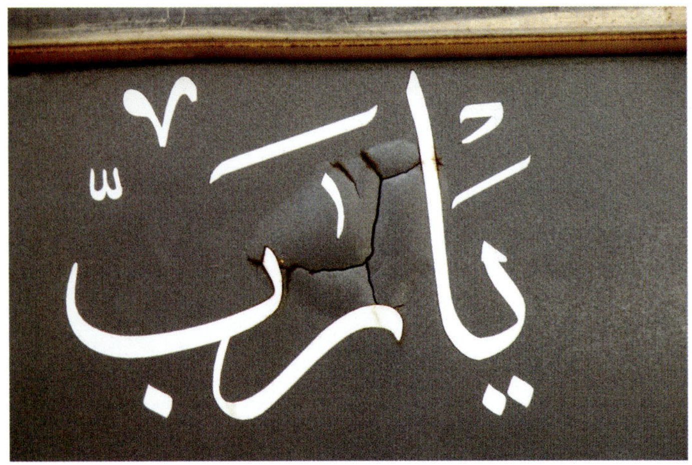

يَا رَبّ

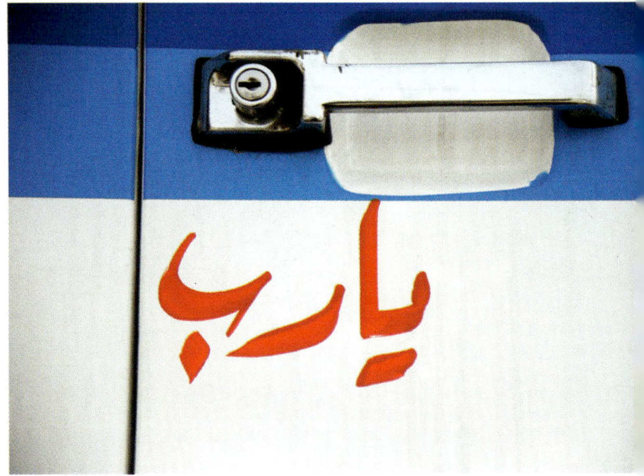

يا رب

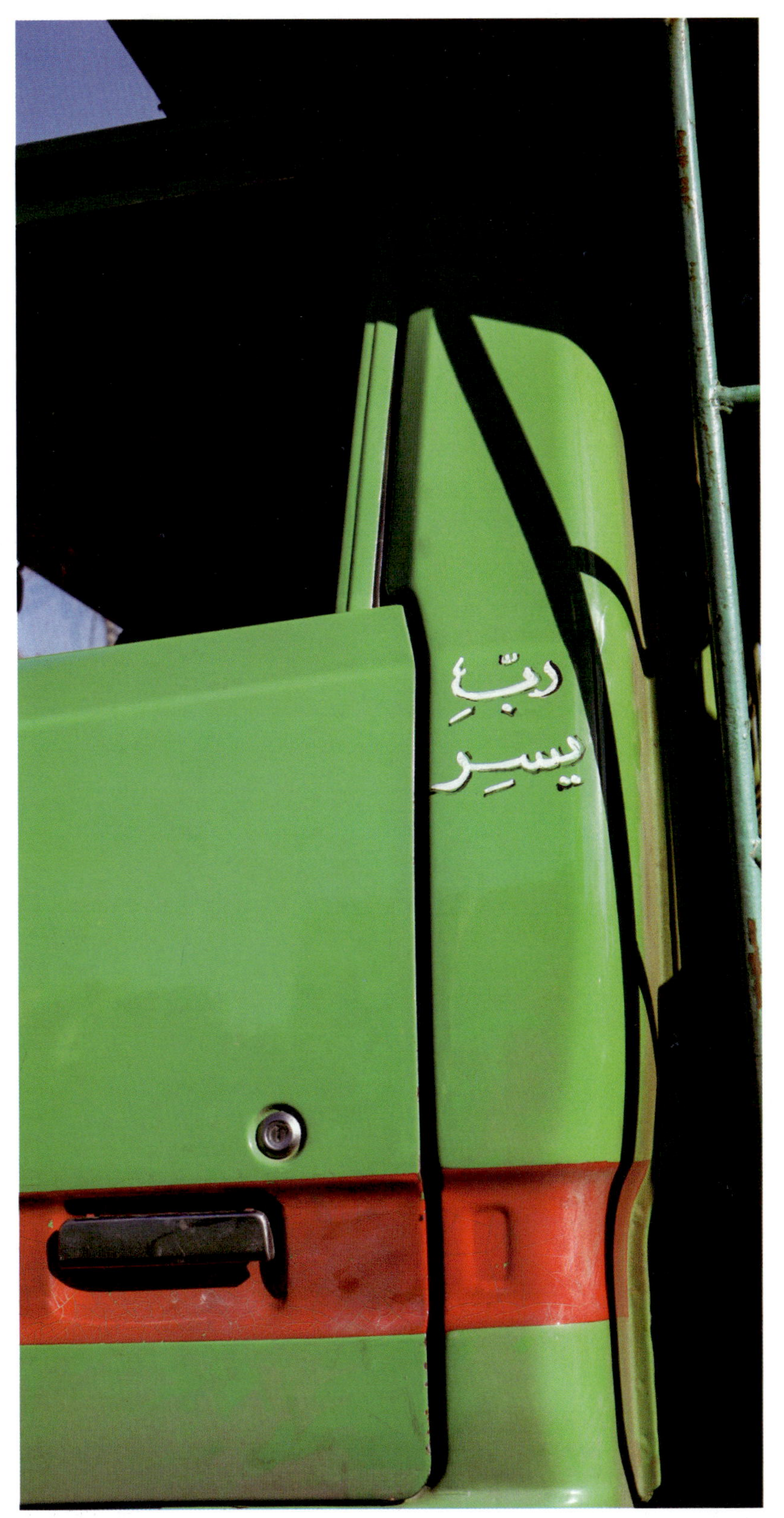

يا ربّ

Oh God

ربّ يسّر

God pave my way

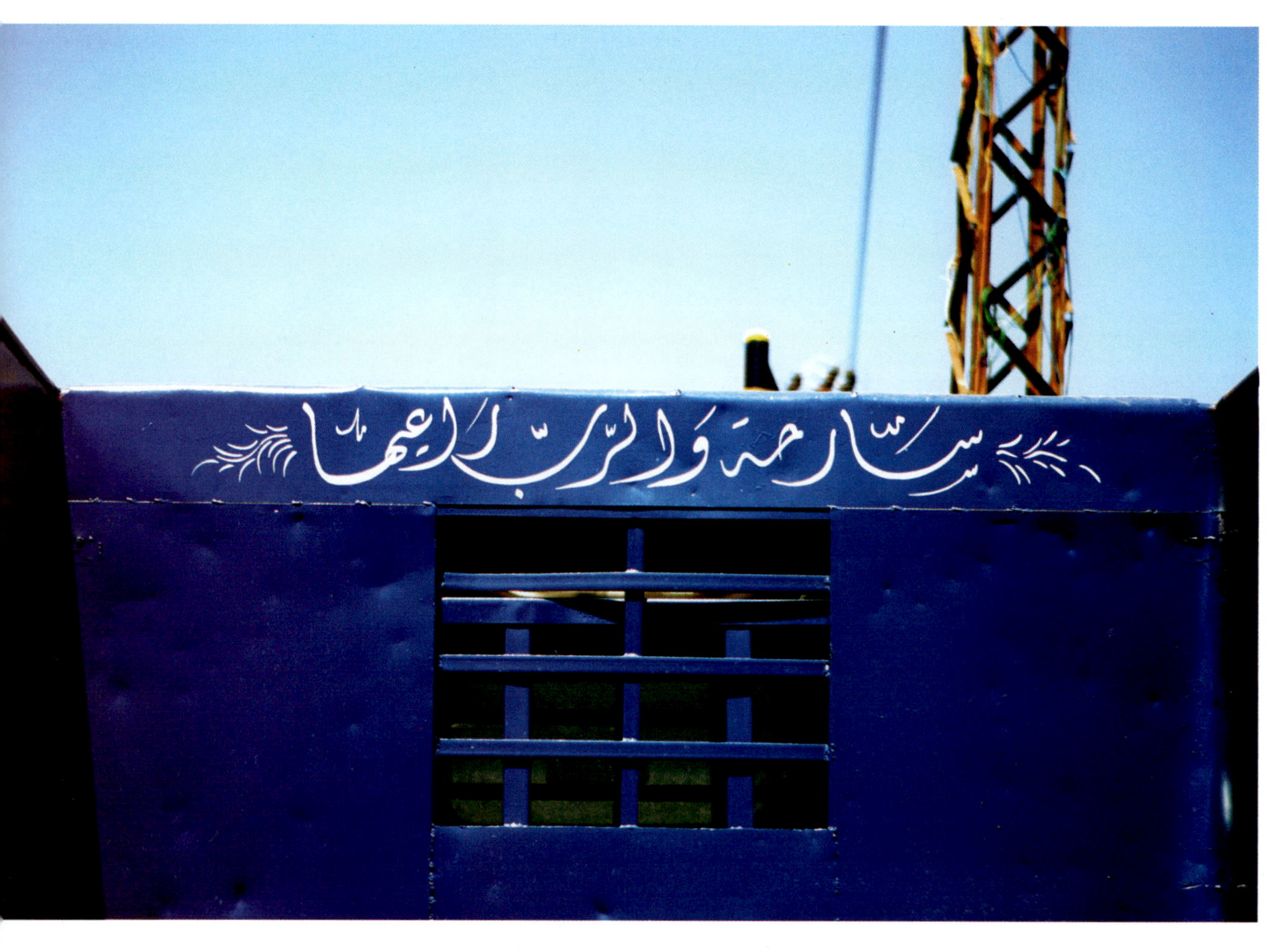

سارحة والرّب راعيها

Wandering with God as her shepherd

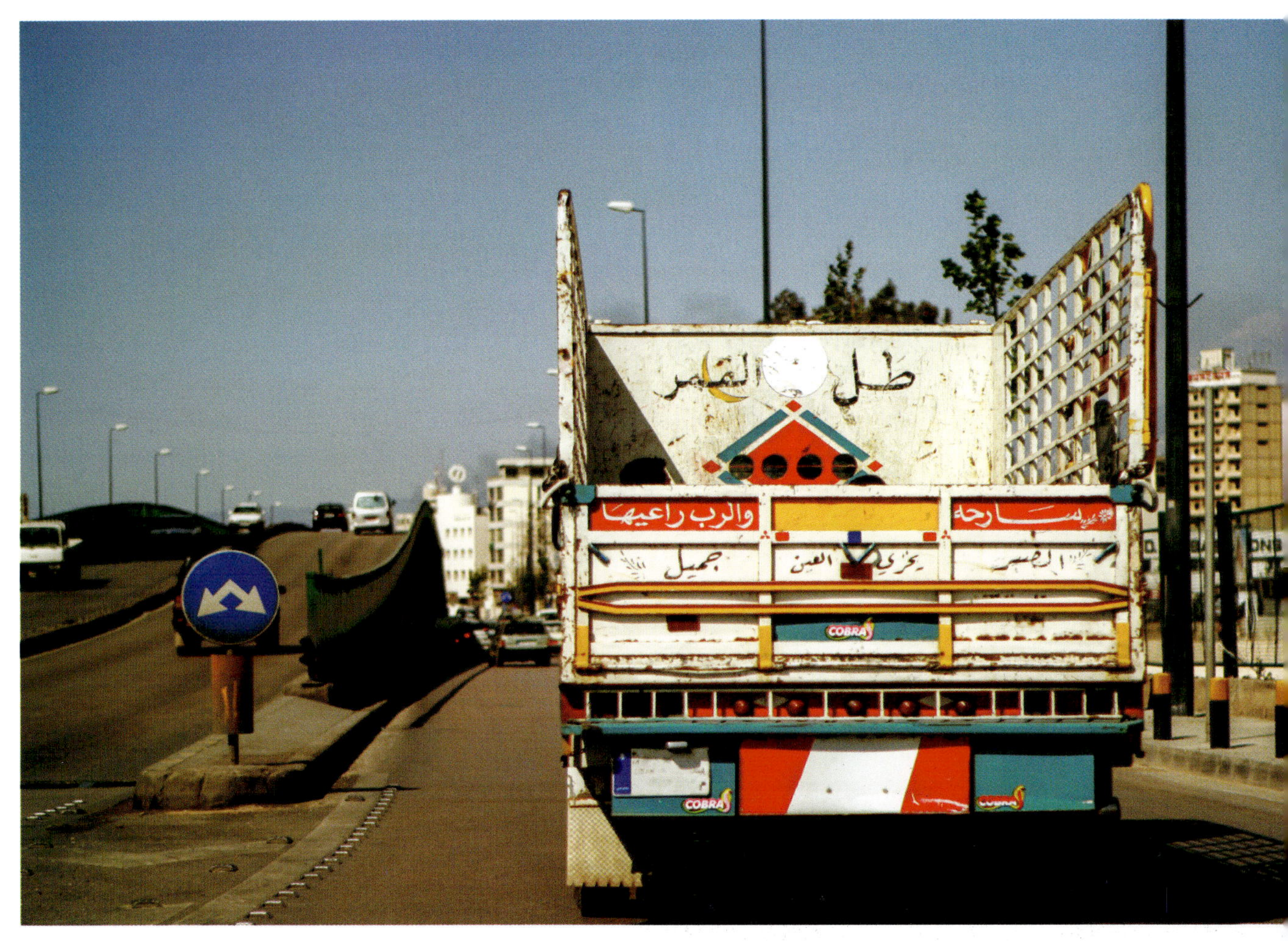

طلّ القمر

The beauty appeared

الصبر جميل

Patience is a virtue

يخزي العين

Protect from the evil eye

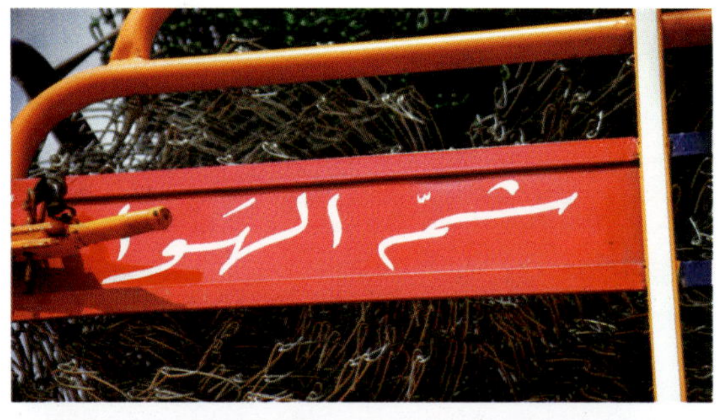

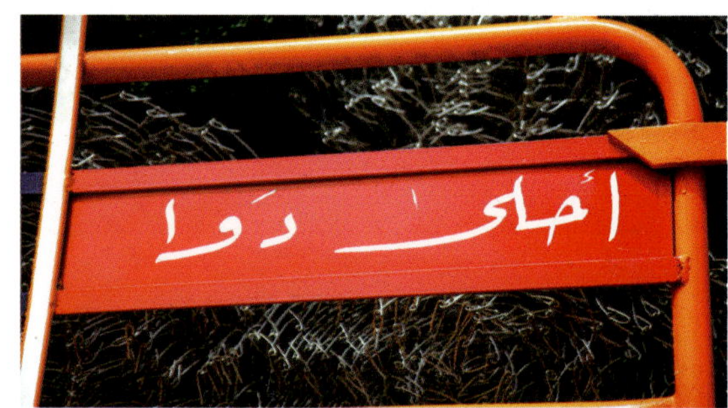

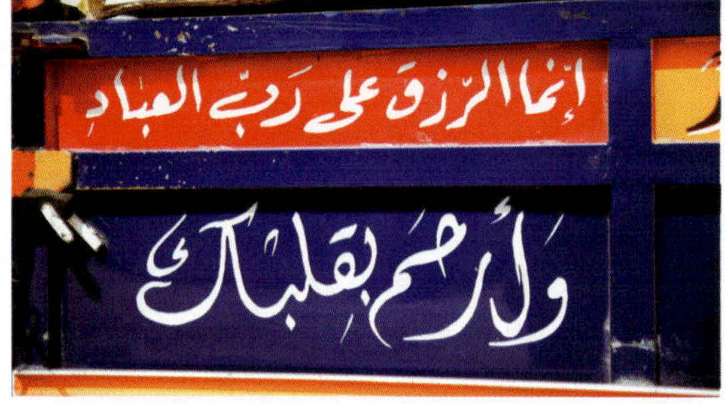

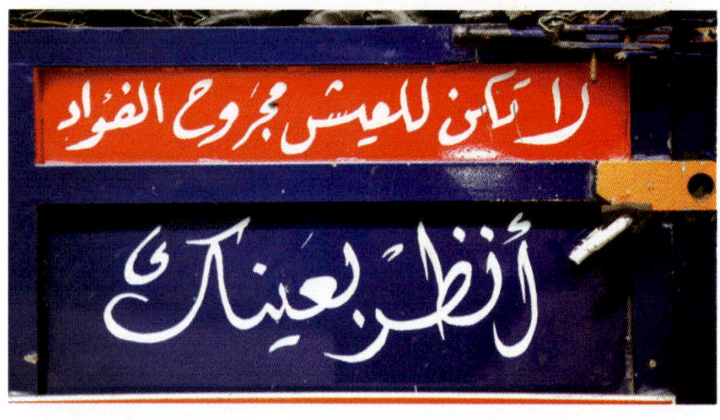

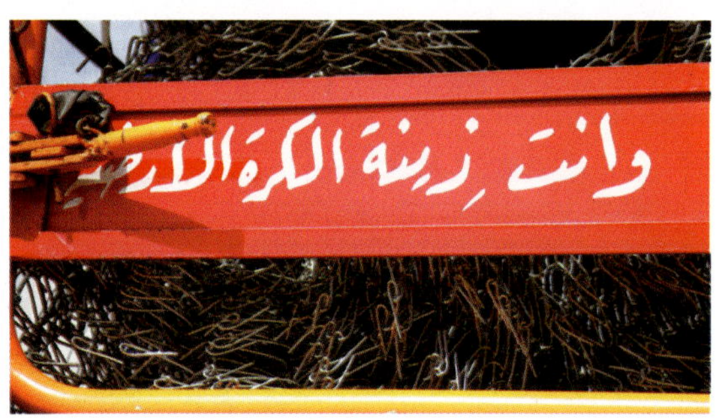

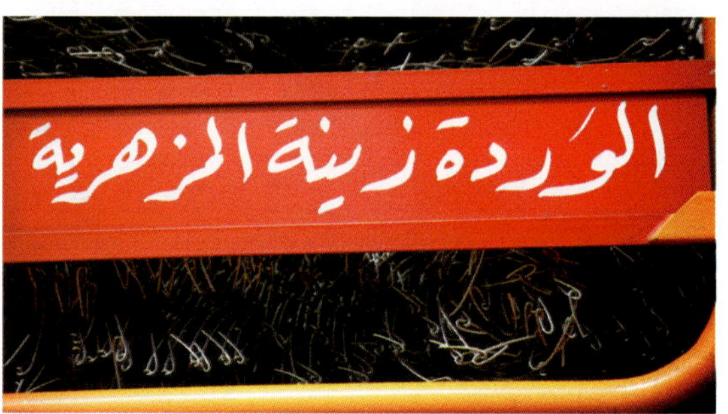

بالتأني السلامة

Safety is being careful

أحلى دَوا شم الهَوا

Outings are the best medicine

لا تكن للعيش مجروح الفؤاد، إنما الرّزق على ربّ العباد

Don't live heartbroken over life, for sustenance is from God

أنظر بعينك وارحم بقلبك

Look with your eyes and be merciful with your heart

الوَردة زينة المزهرية، و إنتِ زينة الكرة الأرضية

A flower adorns the vase and you adorn the world

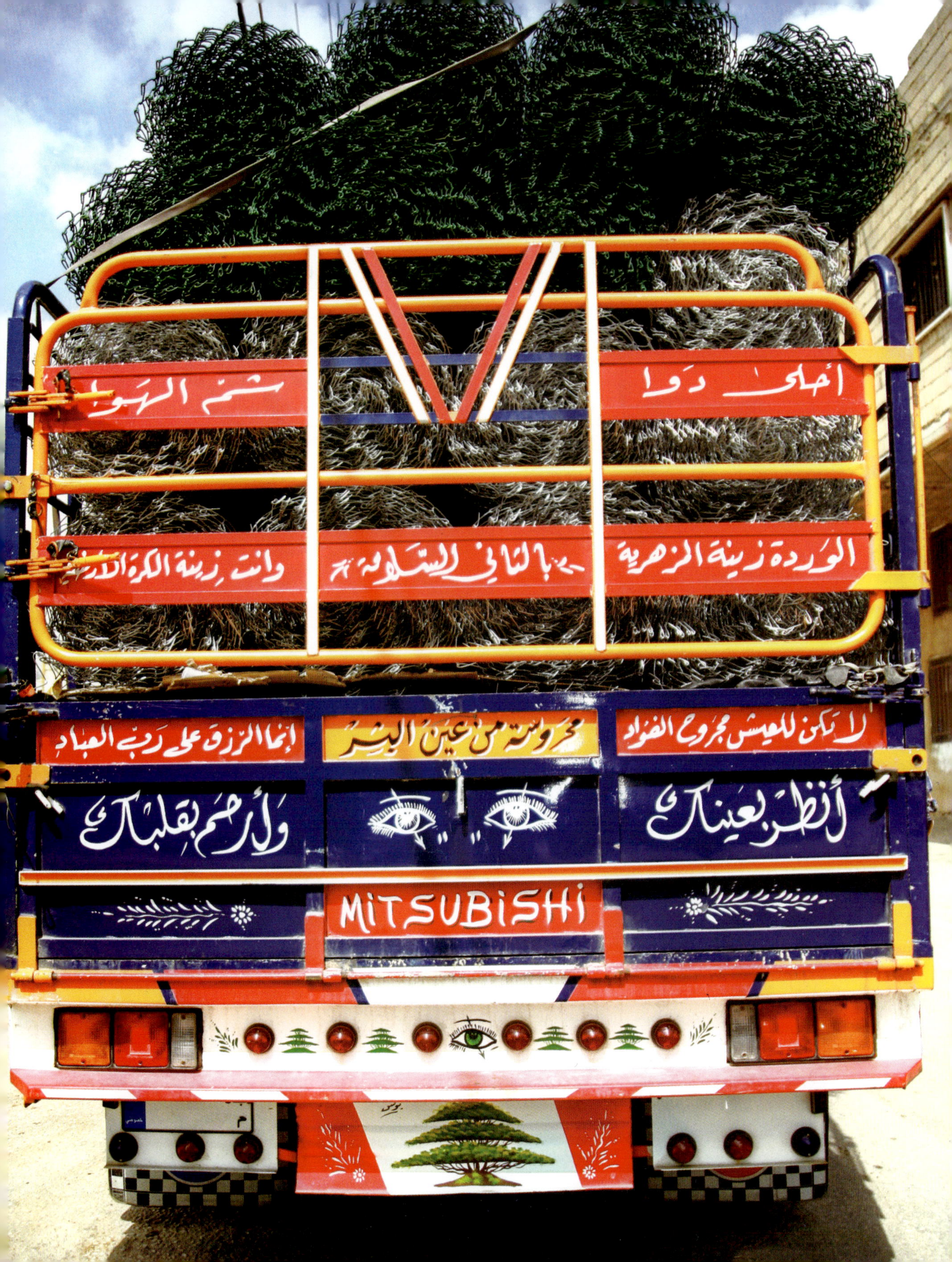
أحلى دَوا
شمّ الهَوا
الوردة زينة المزهرية
الثاني السلامة
وأنت زينة الكرة الأرضية
لا تبكي للعيش مجروح الفؤاد
محروسة من عين البشر
إنما الرزق على رب العباد
أنظر بعينك
وارحم بقلبك
MITSUBISHI

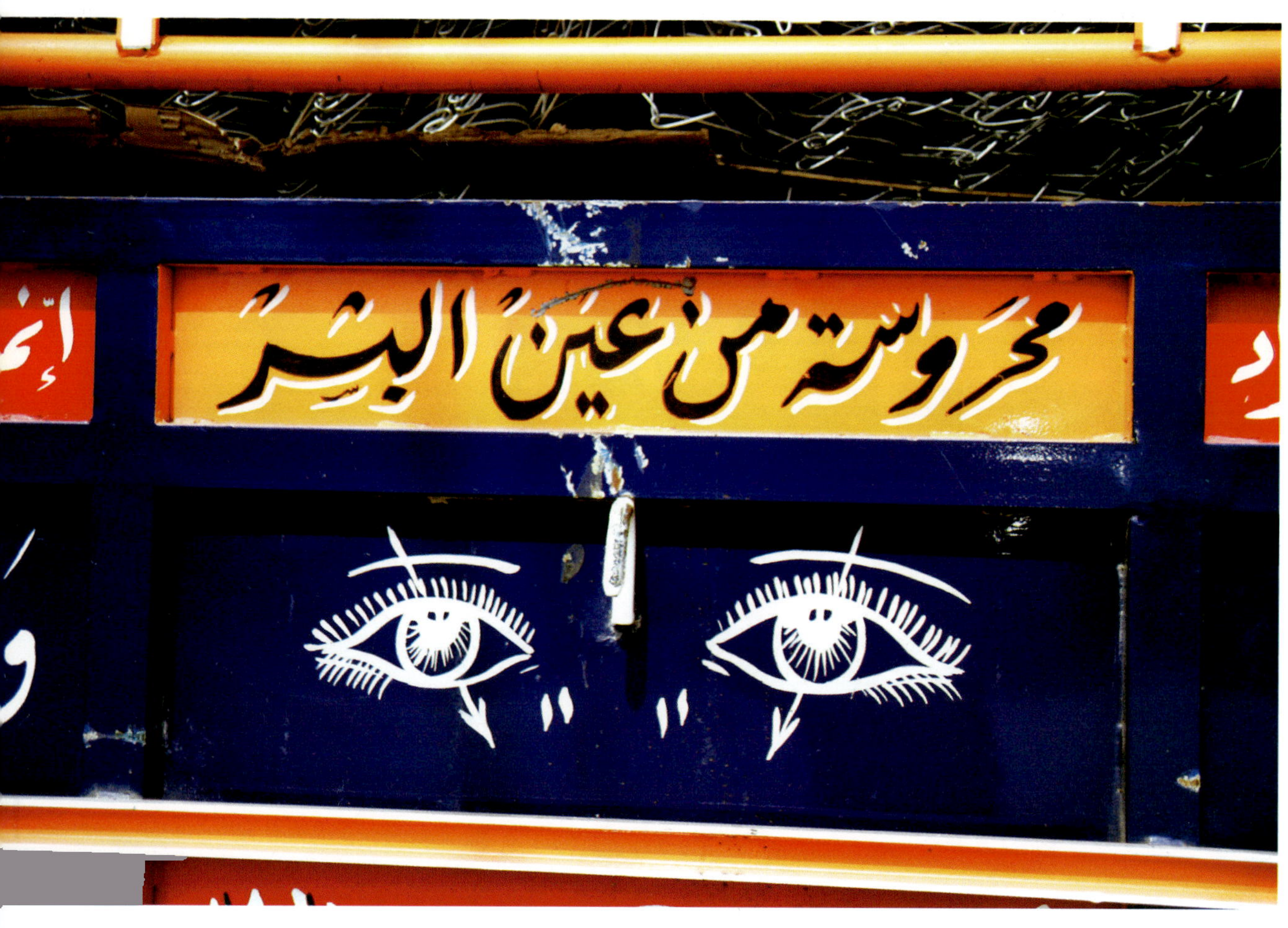

محروسة من عين البشر

Protected from all evil eyes

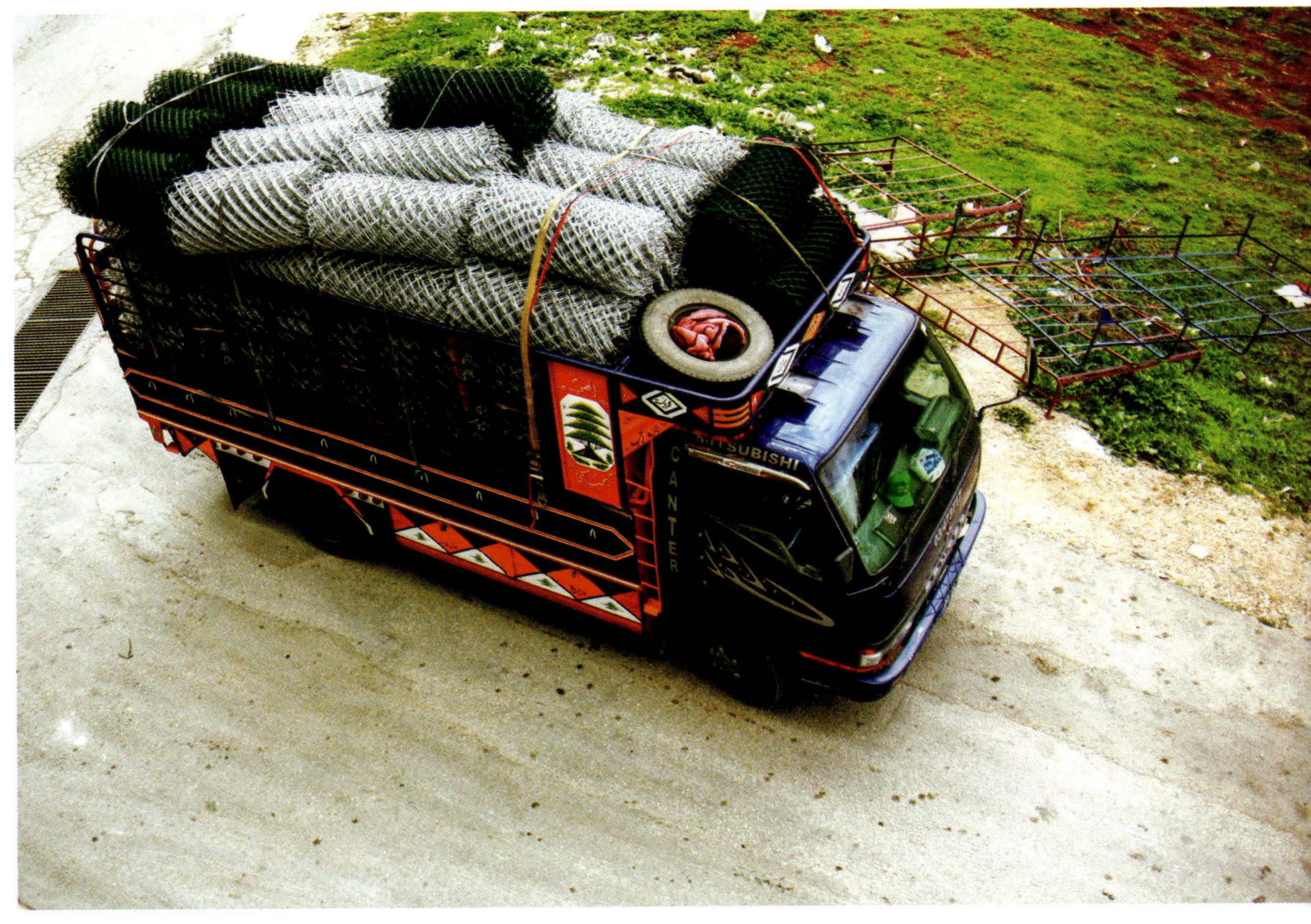

"I dont remember seeing the sayings and symbols on trucks before 1977. I noticed that the art on trucks took off in the 1980s. In fact, I believe the law prohibited having more than two colors per vehicle. Nowadays they are so colorful, they are painted like Easter eggs."
— Elia Jarkasi, truck driver since 1975

«ما بتذكر شفت خط ورسم على الكميونات قبل ١٩٧٧. لاحظت أنه هذا النوع من الفن بدأ بالثمانينات، أظن كان ممنوع أكتر من لونين على الكميون. اليوم صاروا ملونين زي بيض الفصح.»
إيليا جاركازي، سائق كميون من سنة ١٩٧٥.

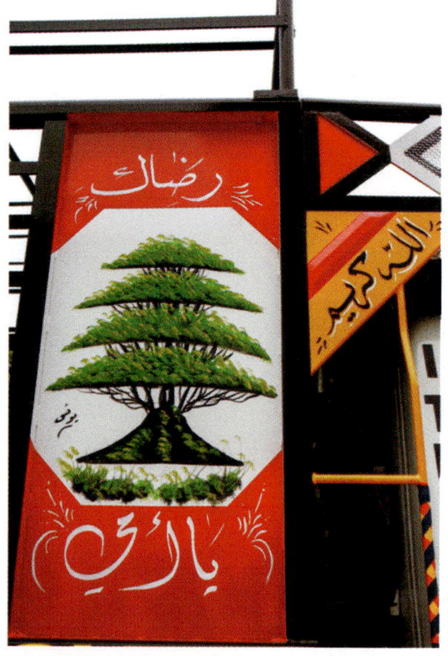

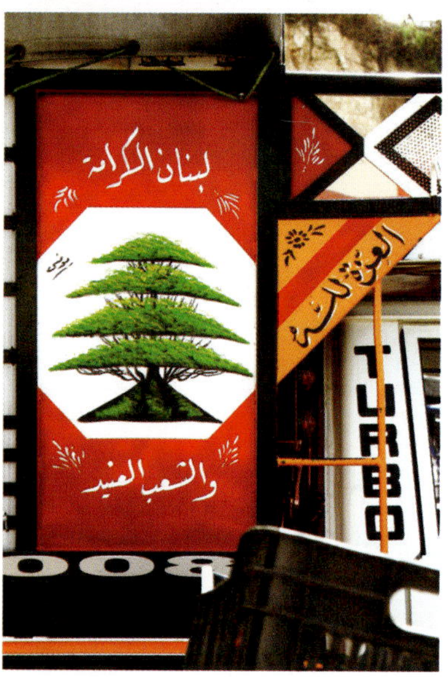

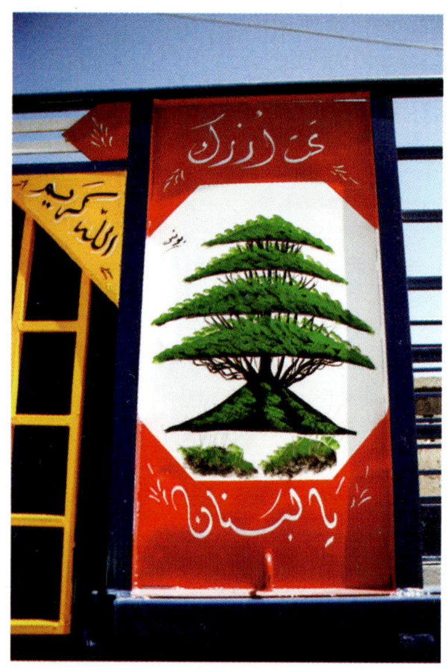

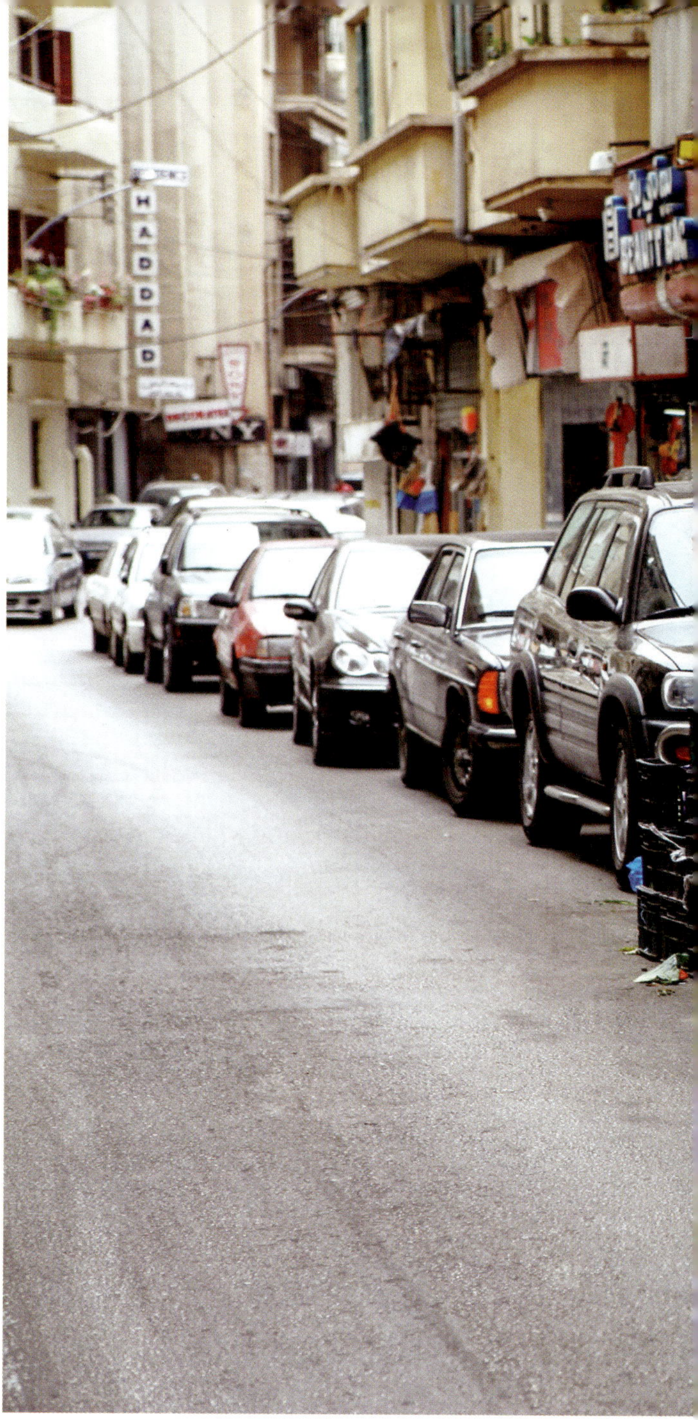

تحت أرزك يا لبنان   رضاكِ يَا أمّي

Under your cedars, Lebanon   Your blessings mother

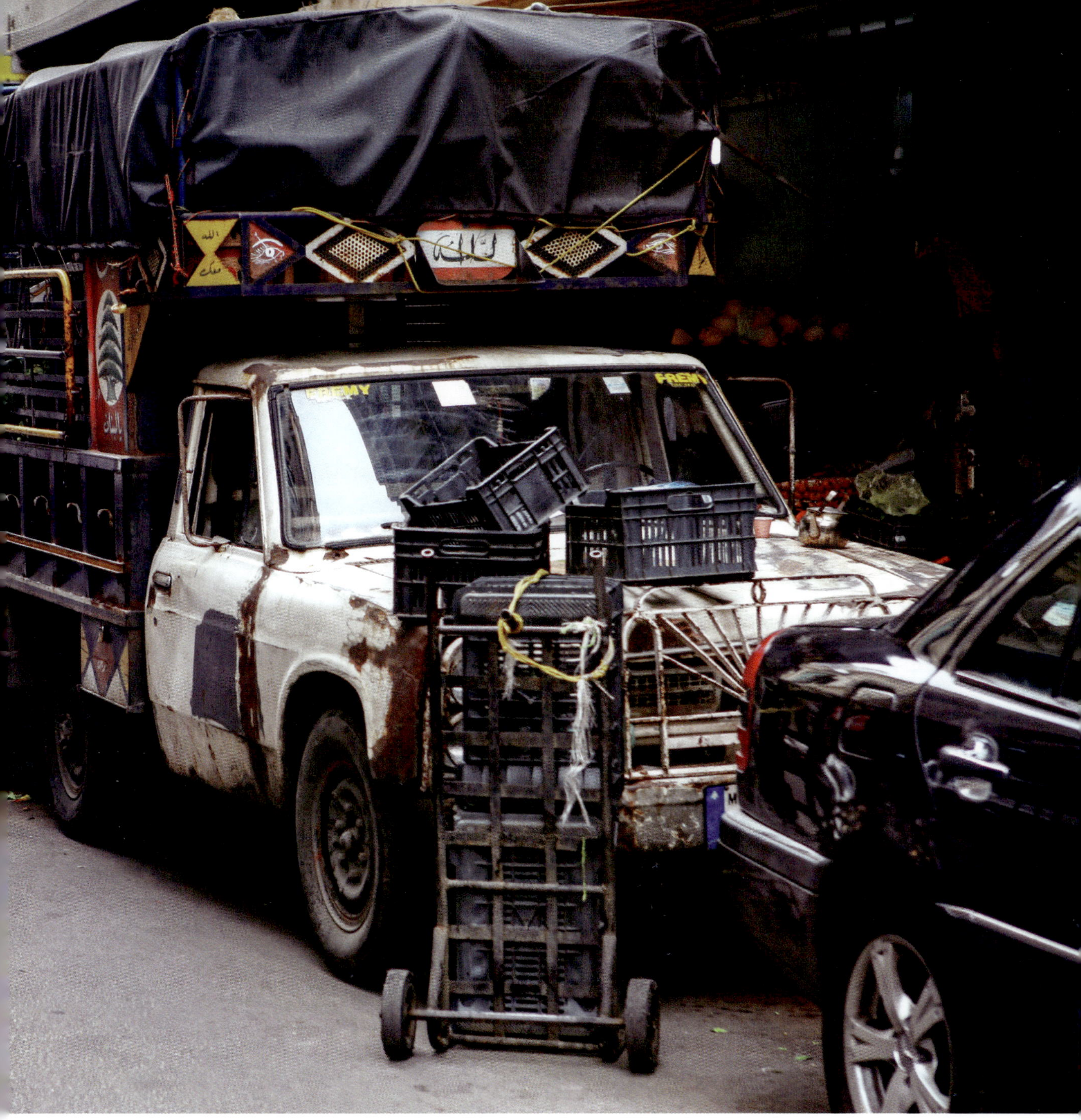

لبنـان الكرامة والشـعب العنيد   العزّة لّله   اللّه كريم

Lebanon is integrity and the people are strong-willed   Glory to God   God is gracious

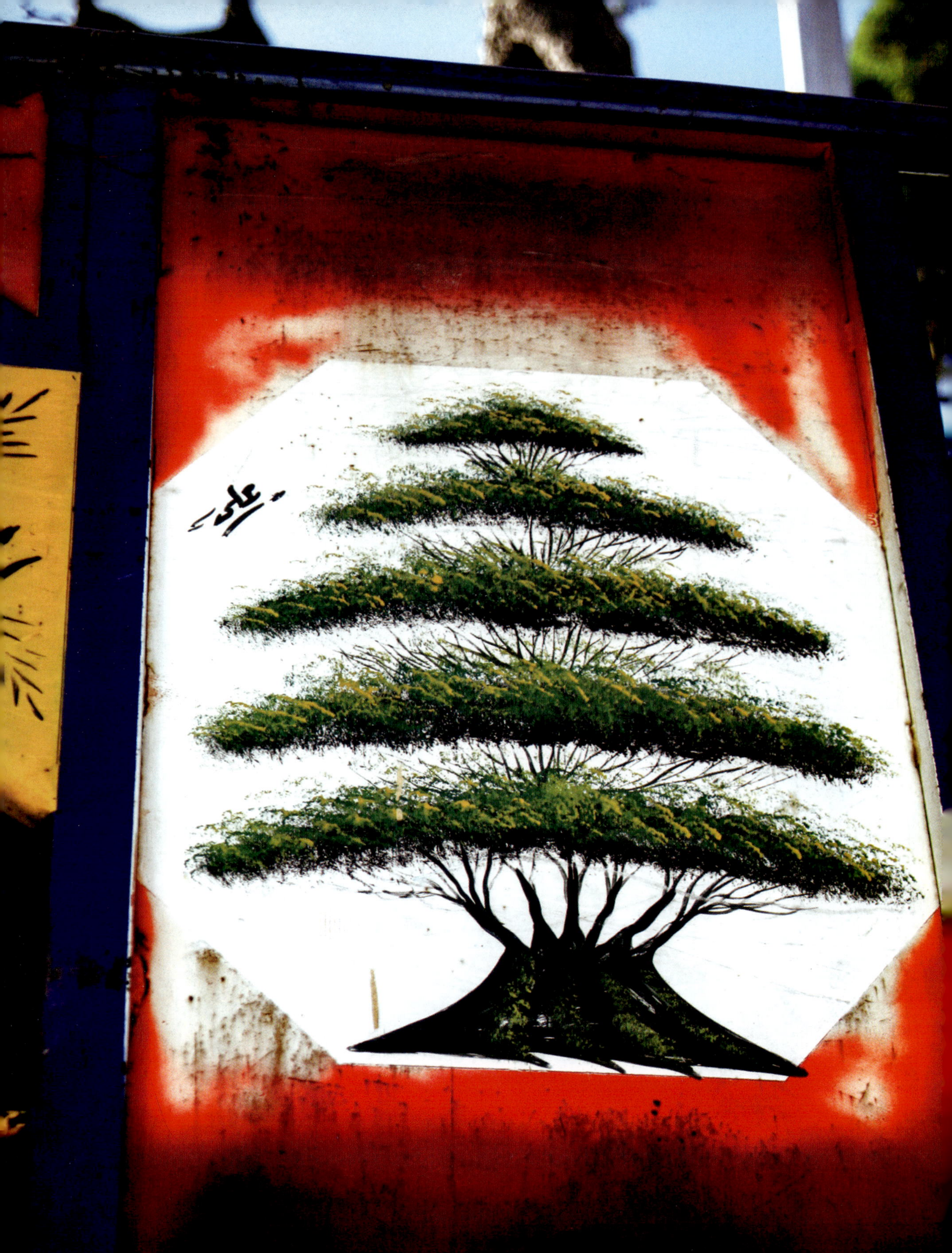
عبد

God Bless

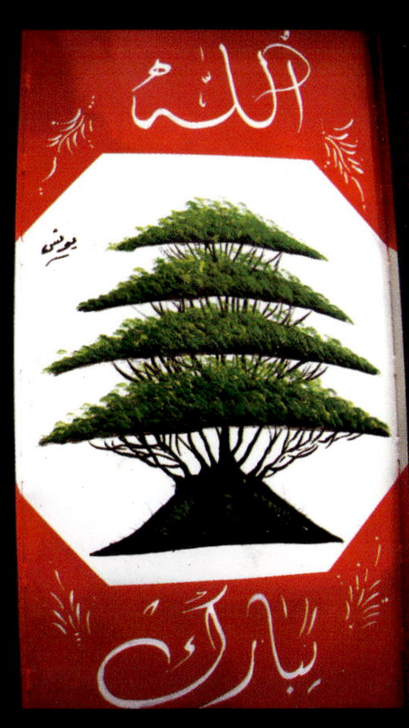

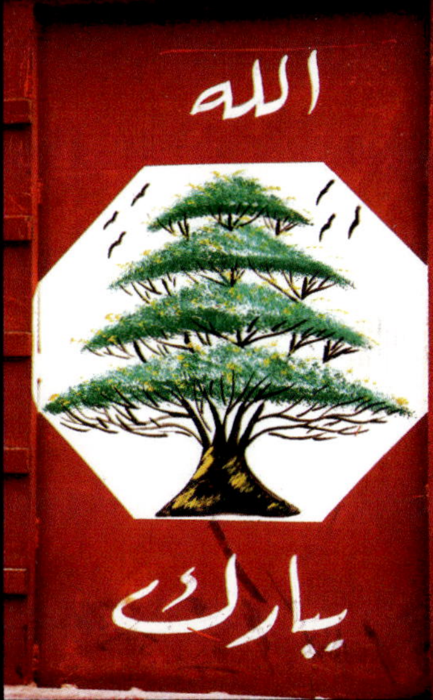

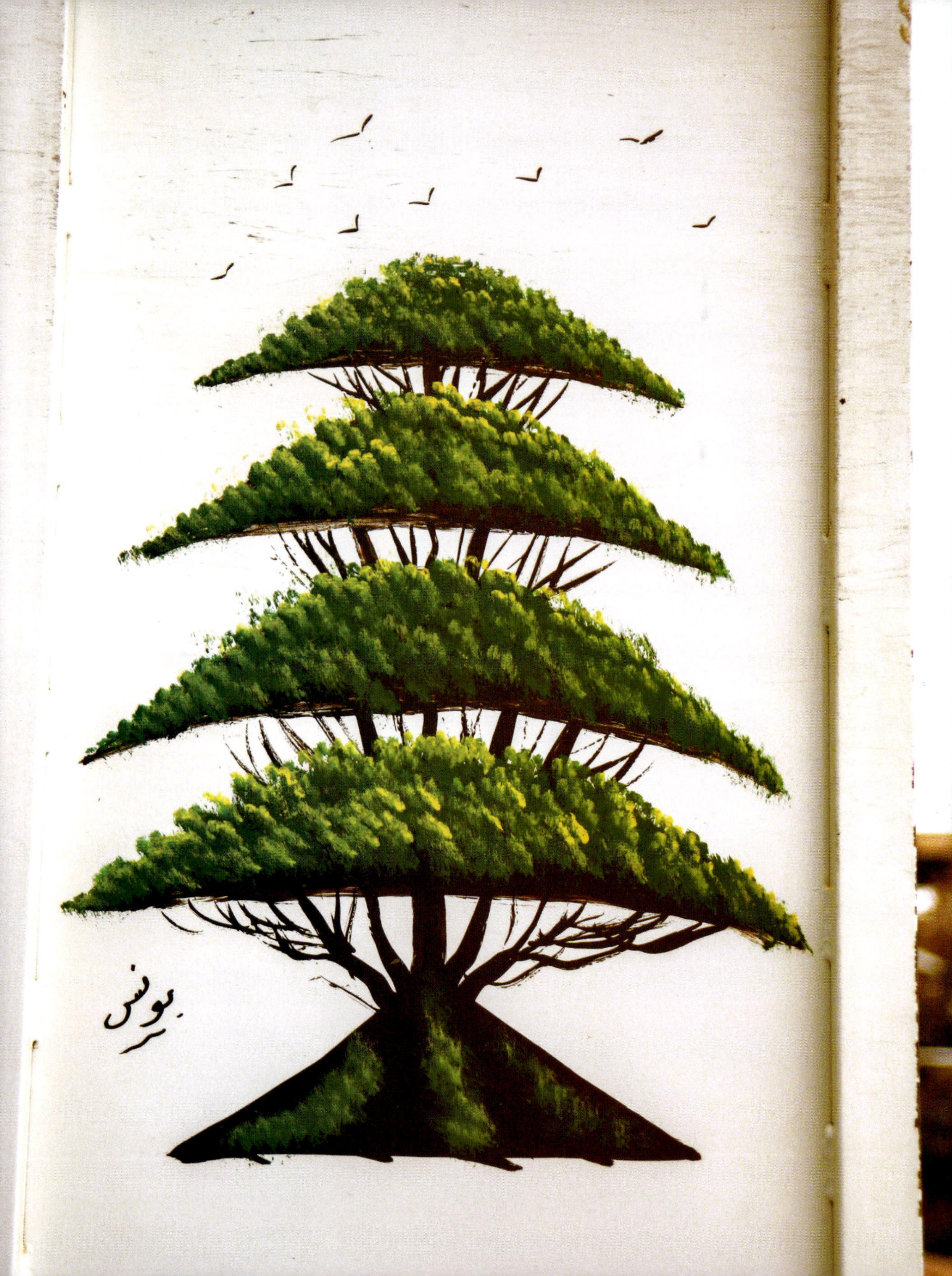

يونس

إلهي يحميكي

May God protect you

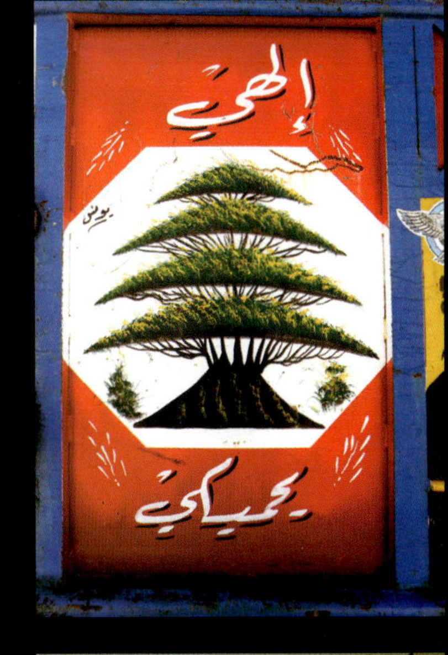

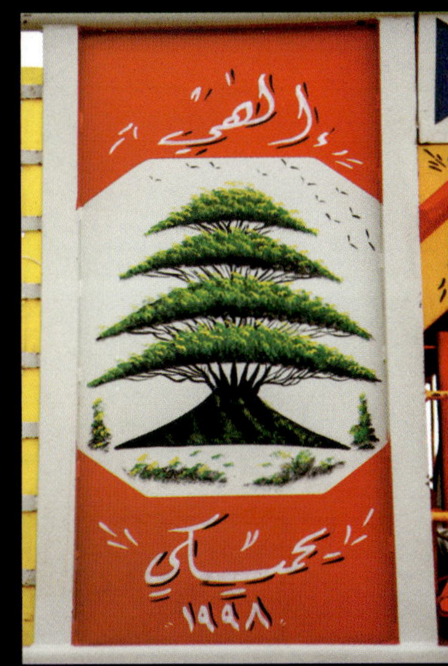

إلهي يحميكي

الله، لبنان

God, Lebanon

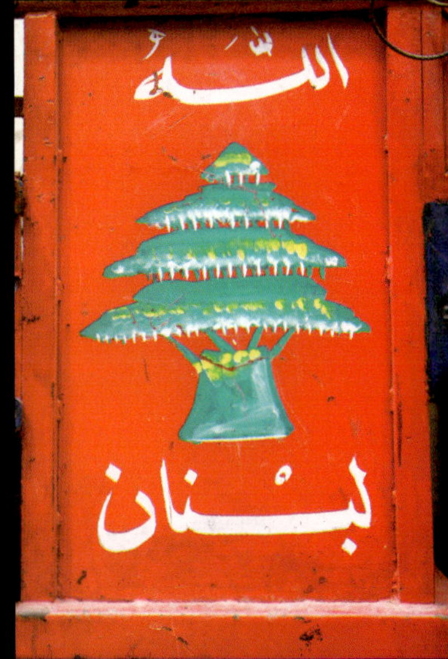

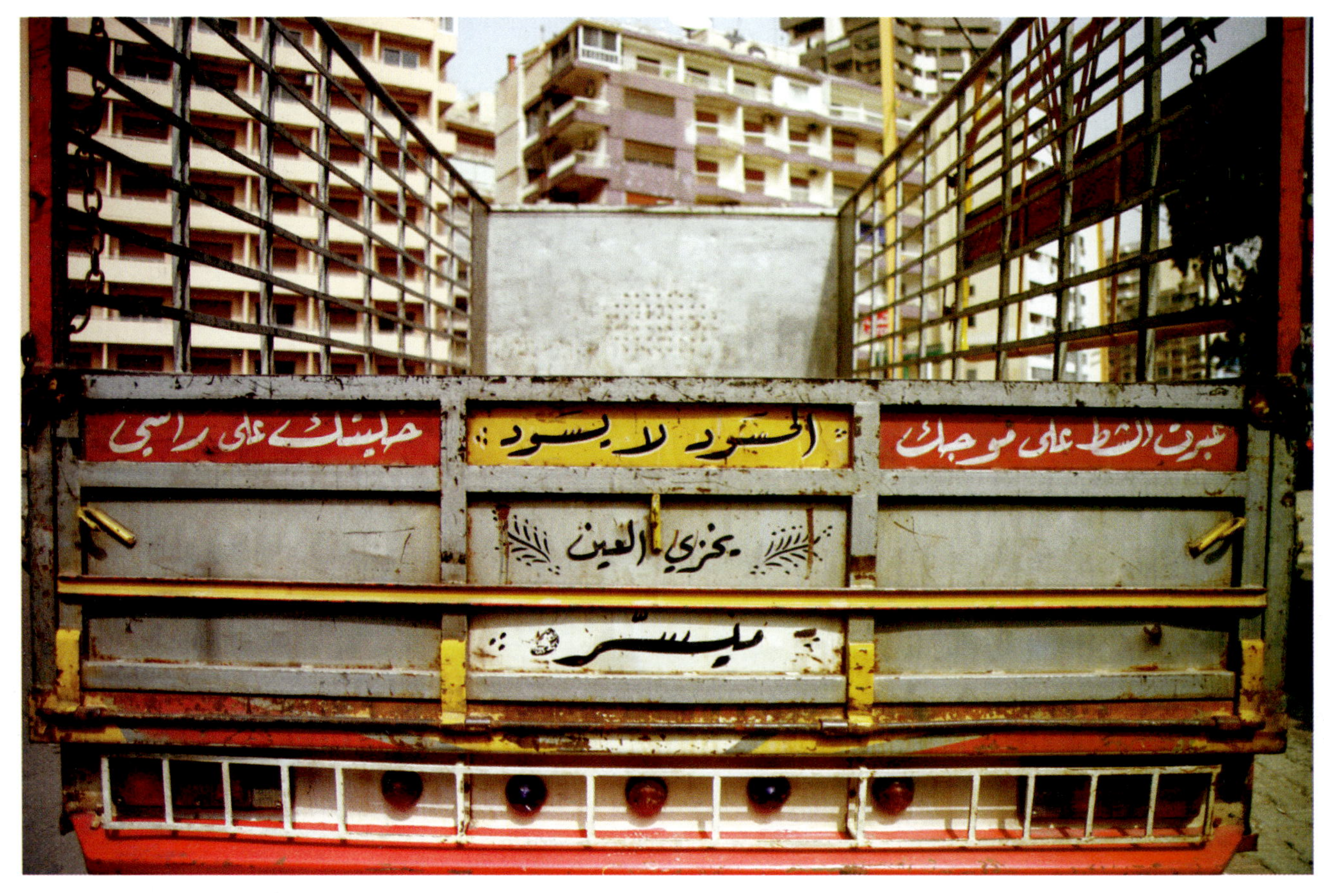

يخزي العين

Protect from the evil eye

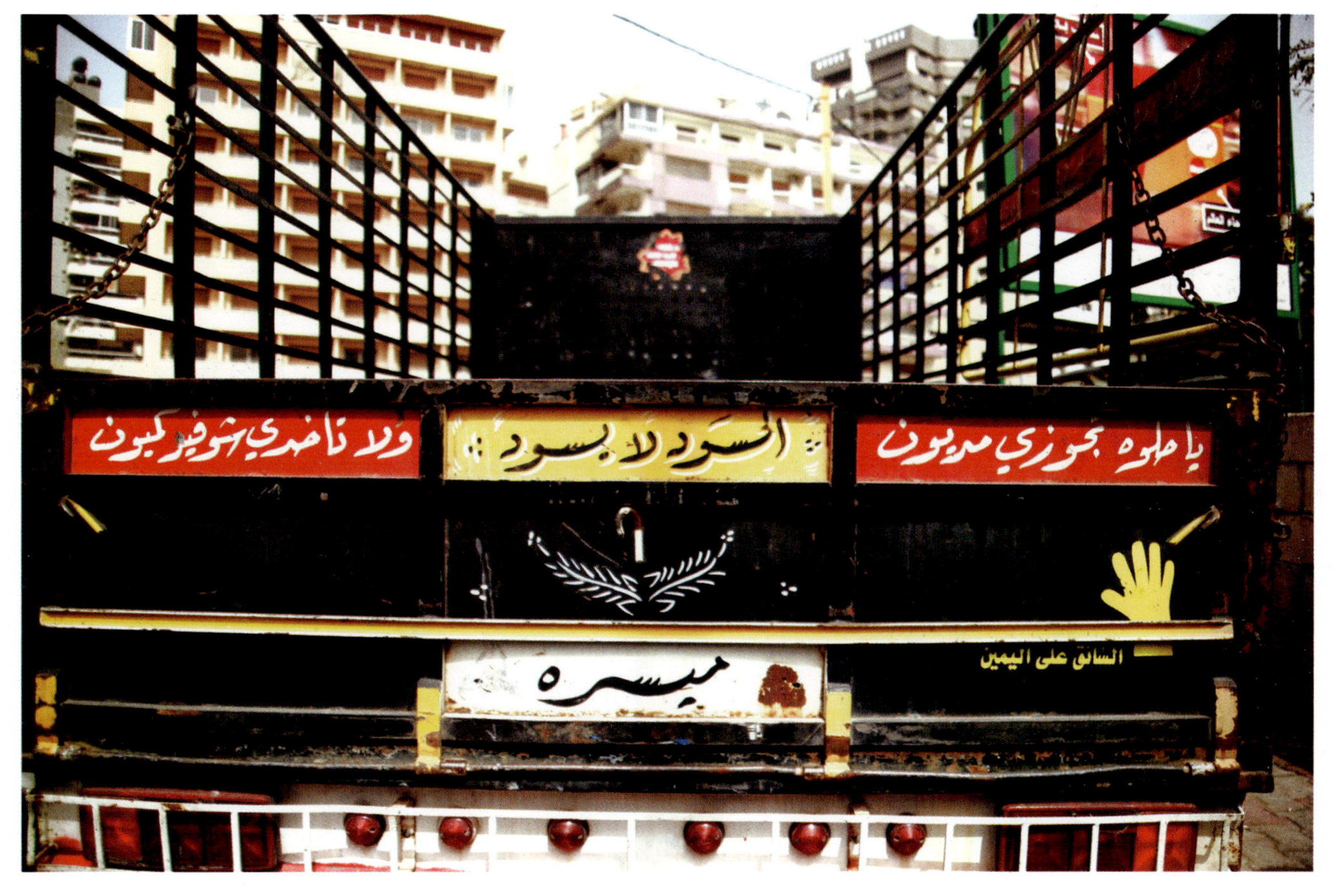

ميسّرة

Facilitated

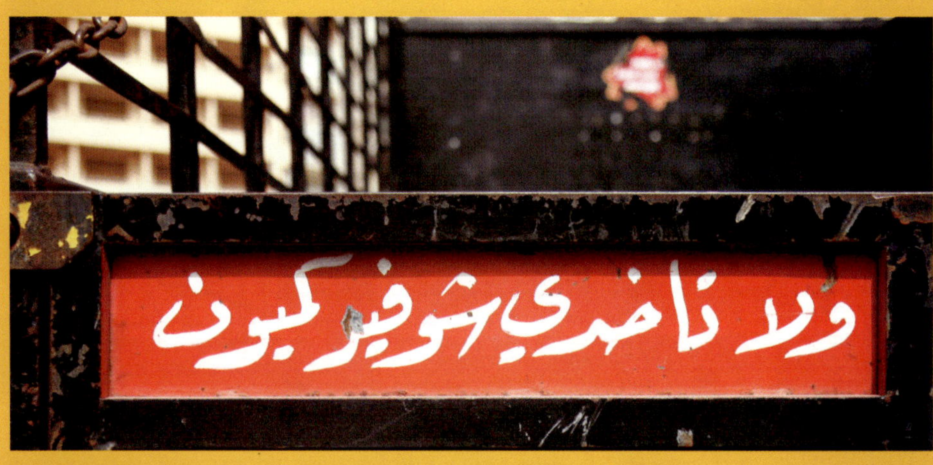

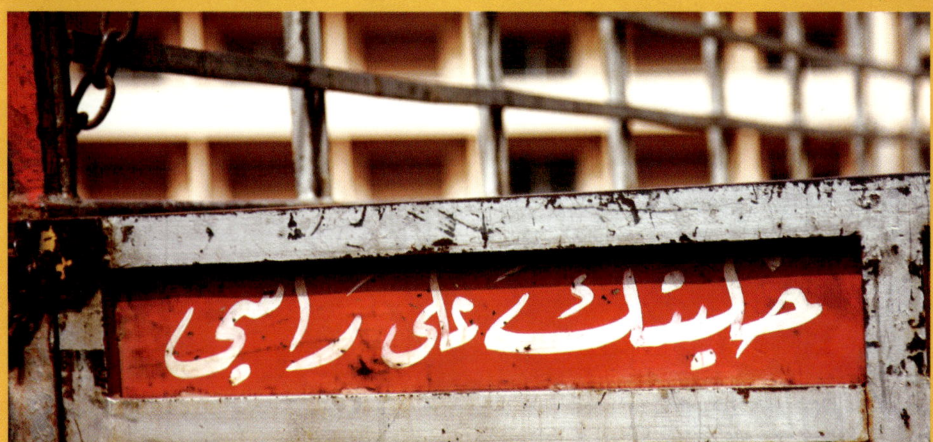

عبرت الشط على موجك، خلّيتك على راسي

I crossed the river carrying you over my head

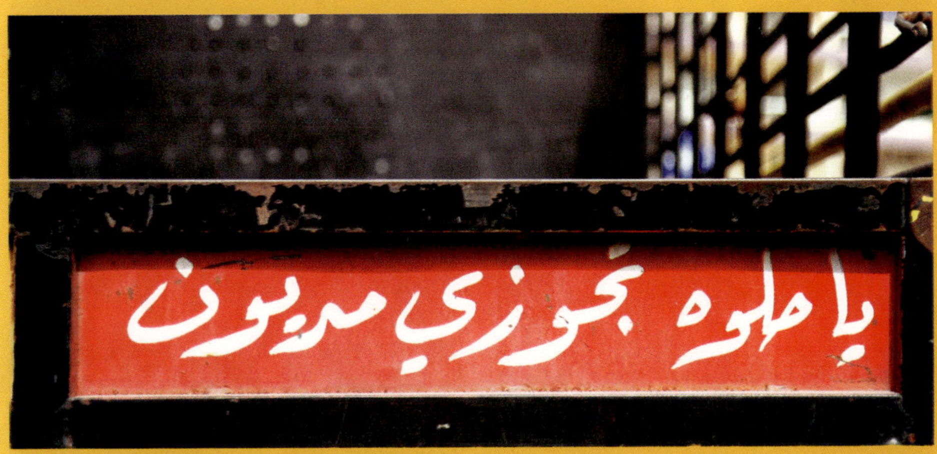

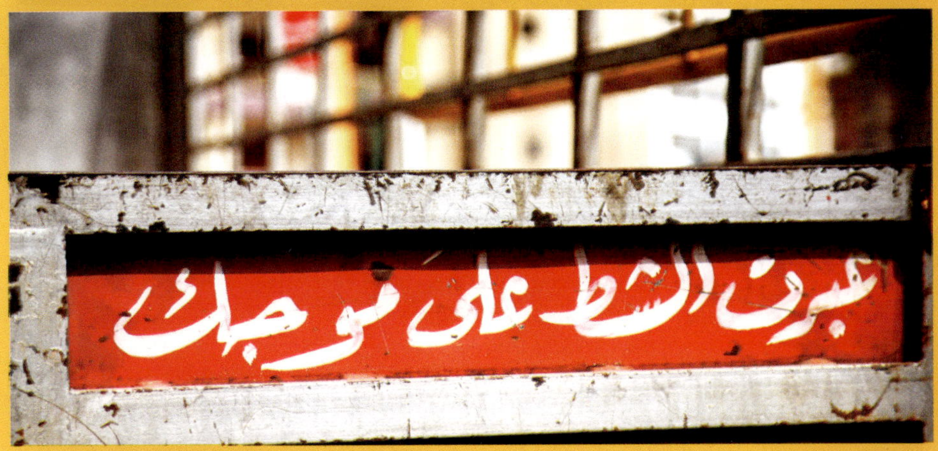

يا حلوة تجوّزي مديون، ولا تاخدي شوفير كميون

Beautiful one, better marry one in debt rather than a truck driver

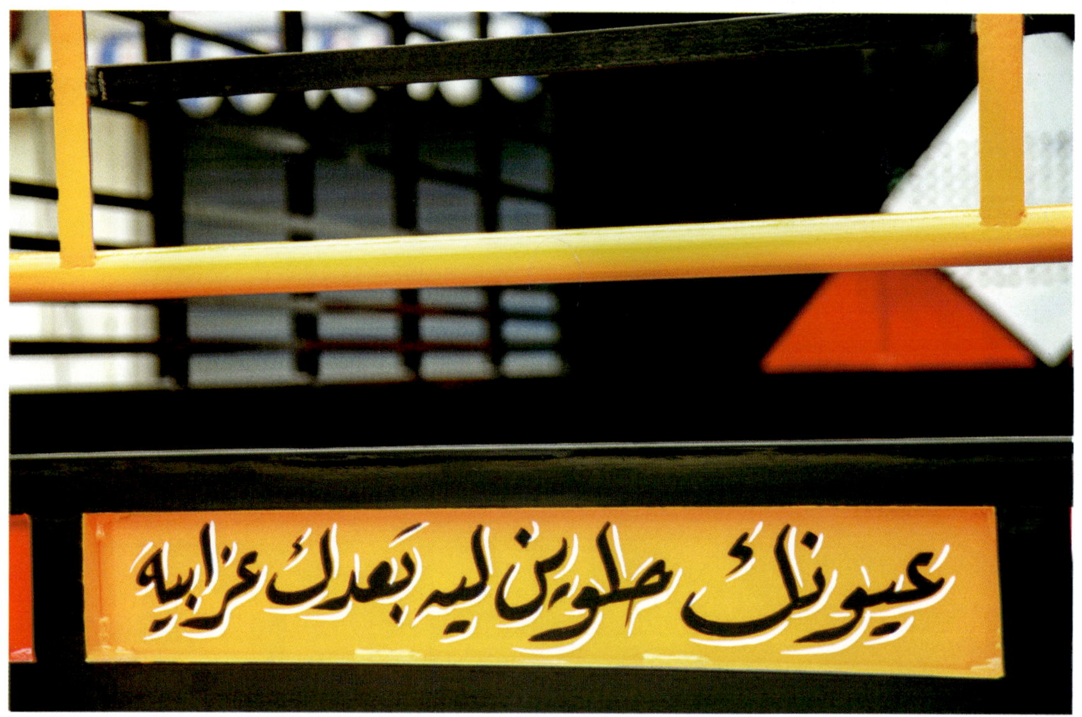

عيونك حلوين ليه بَعدك عزّابيه؟

Your eyes are beautiful, why are you still single?

طلّت الحلوة

The beautiful one appeared

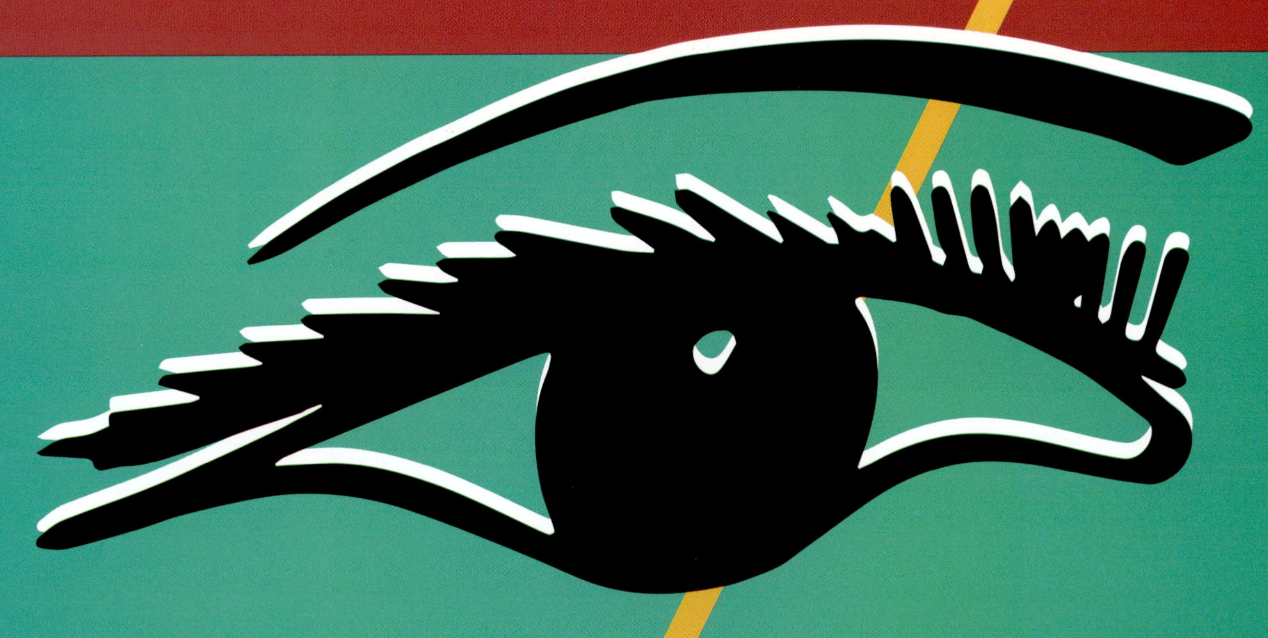

طلت الحلوة

حمامة بيضة

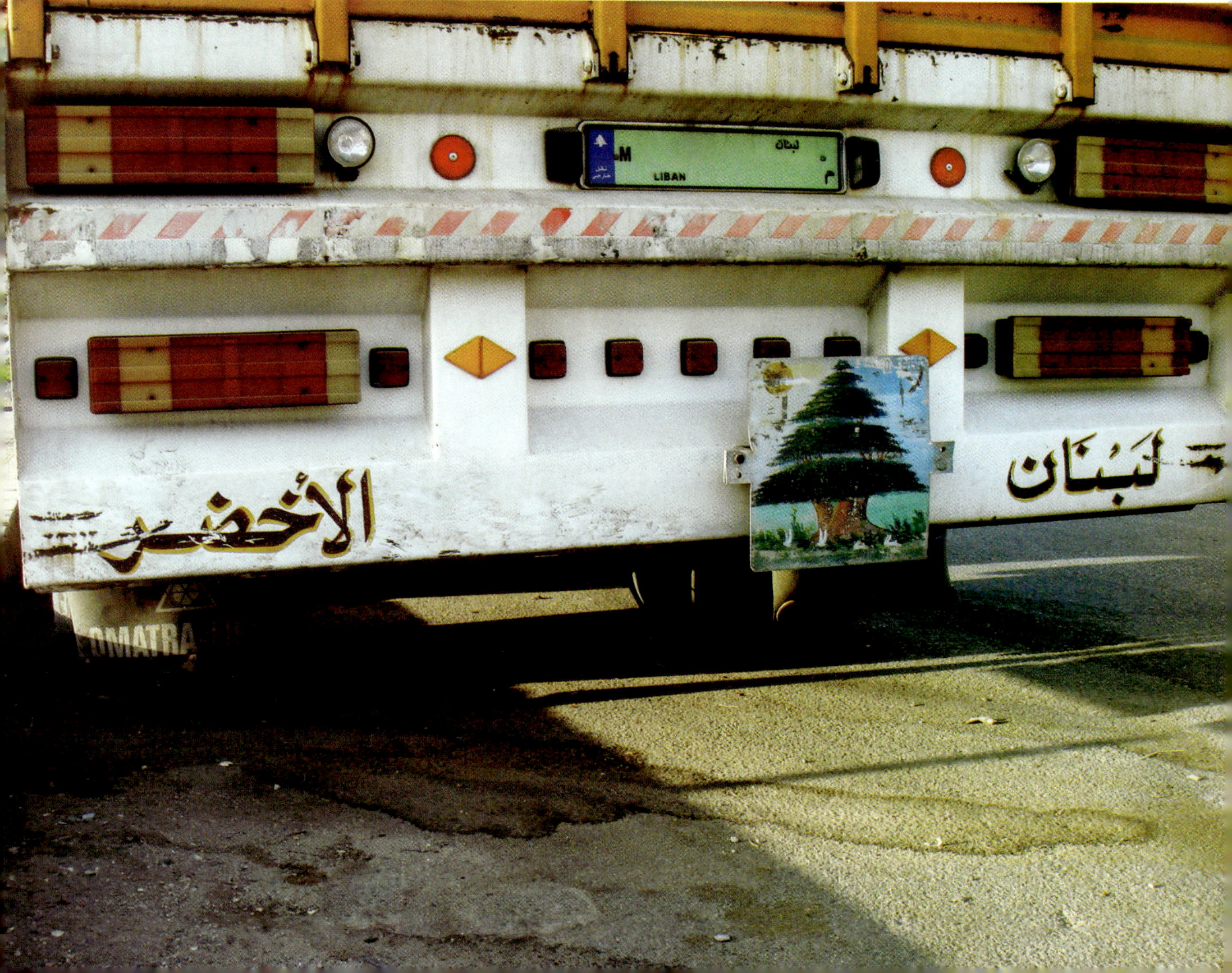

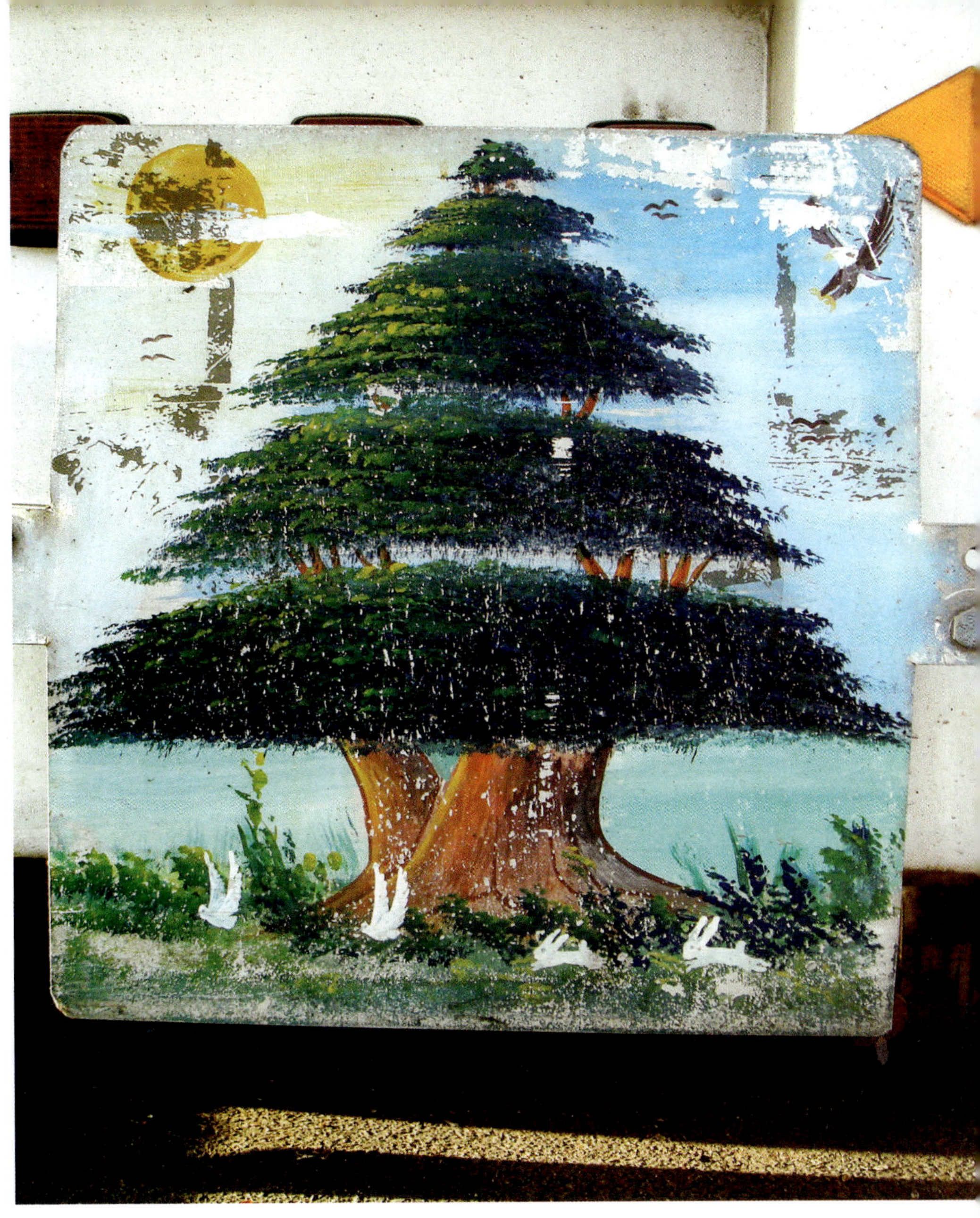

حمامة بيضة

White dove

لبنان الأخضر

Green Lebanon

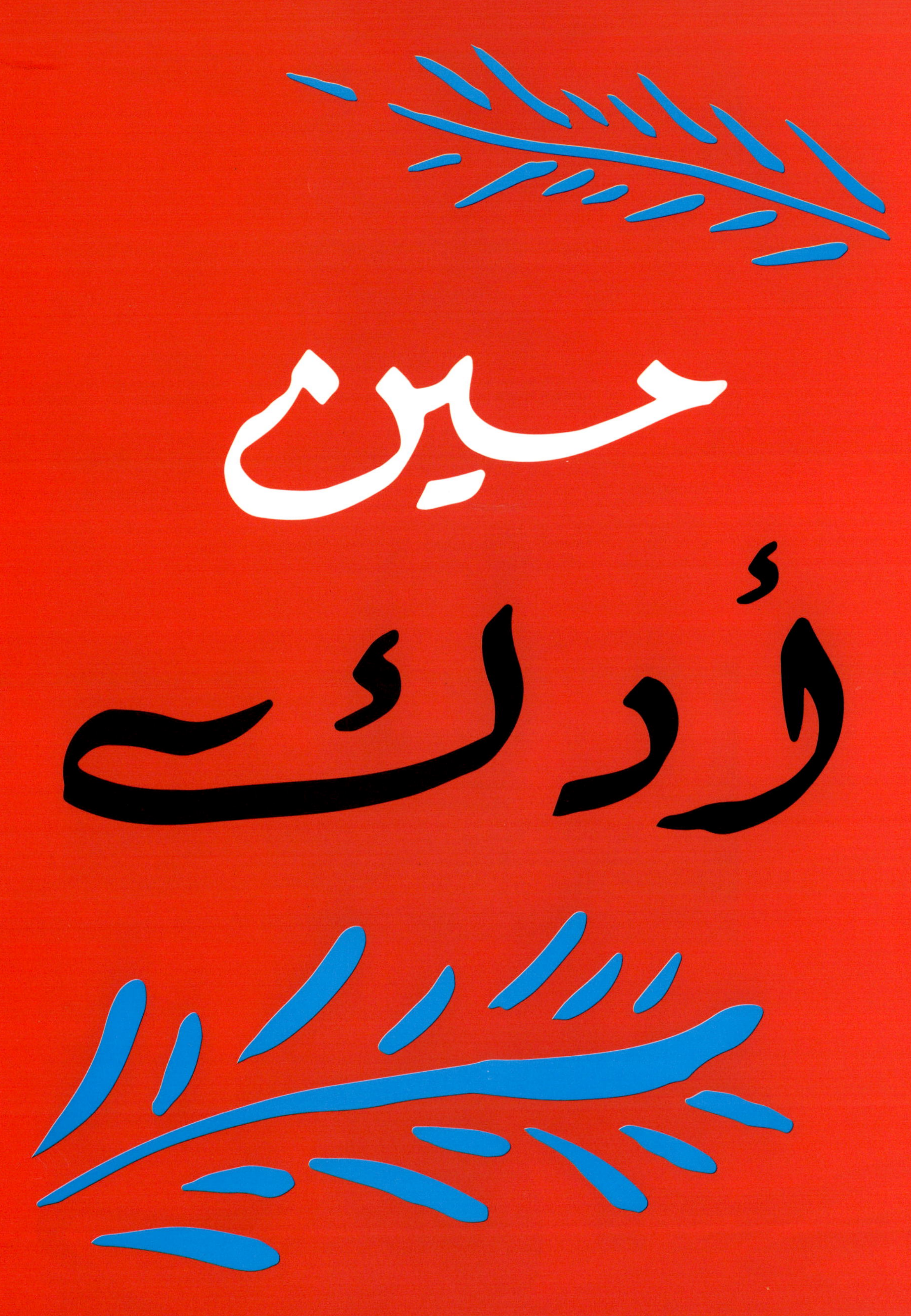

حسین
اردو ادب

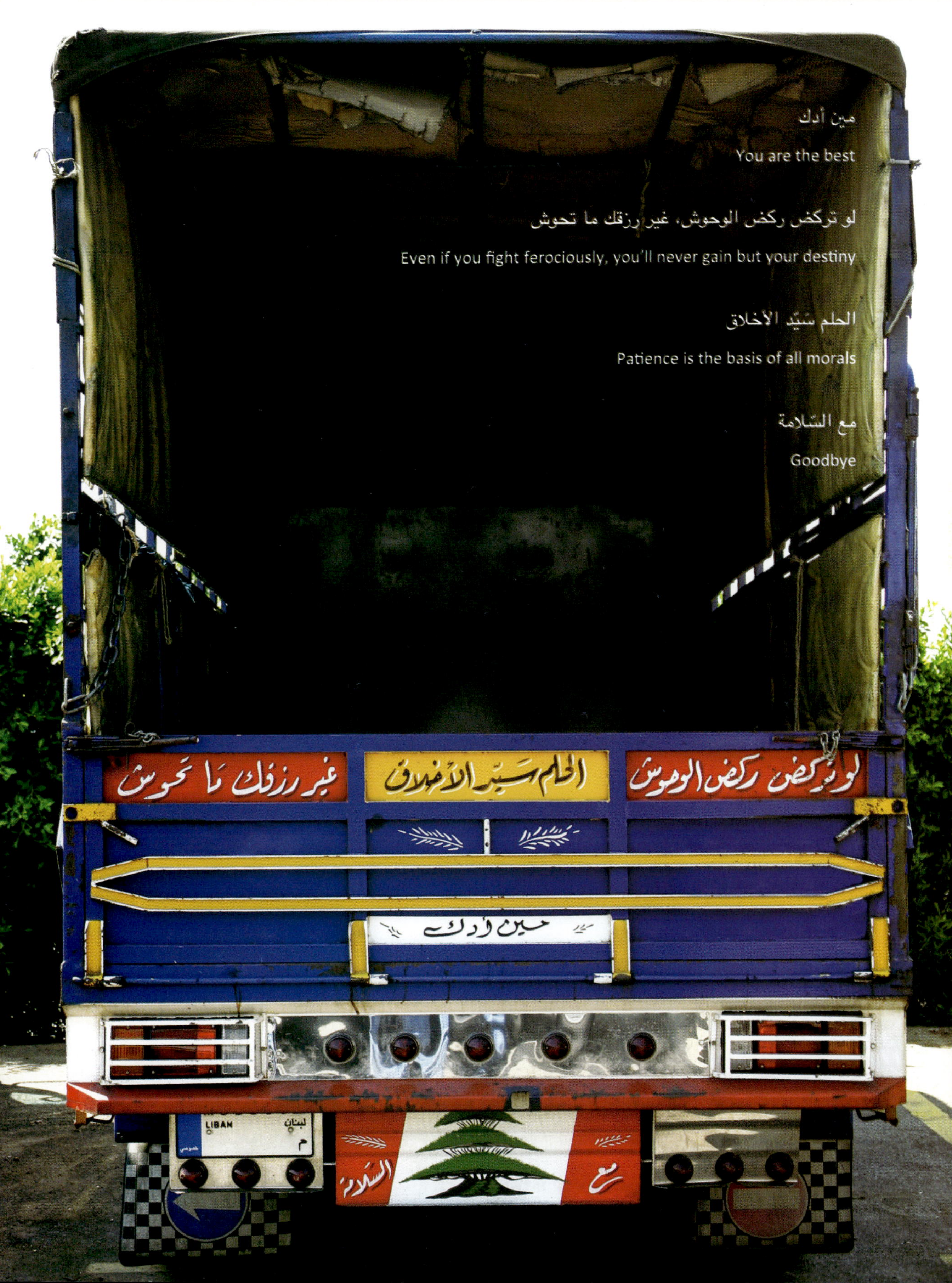

مين أدك
You are the best

لو تركض ركض الوحوش، غير رزقك ما تحوش
Even if you fight ferociously, you'll never gain but your destiny

الحلم سيّد الأخلاق
Patience is the basis of all morals

مع السّلامة
Goodbye

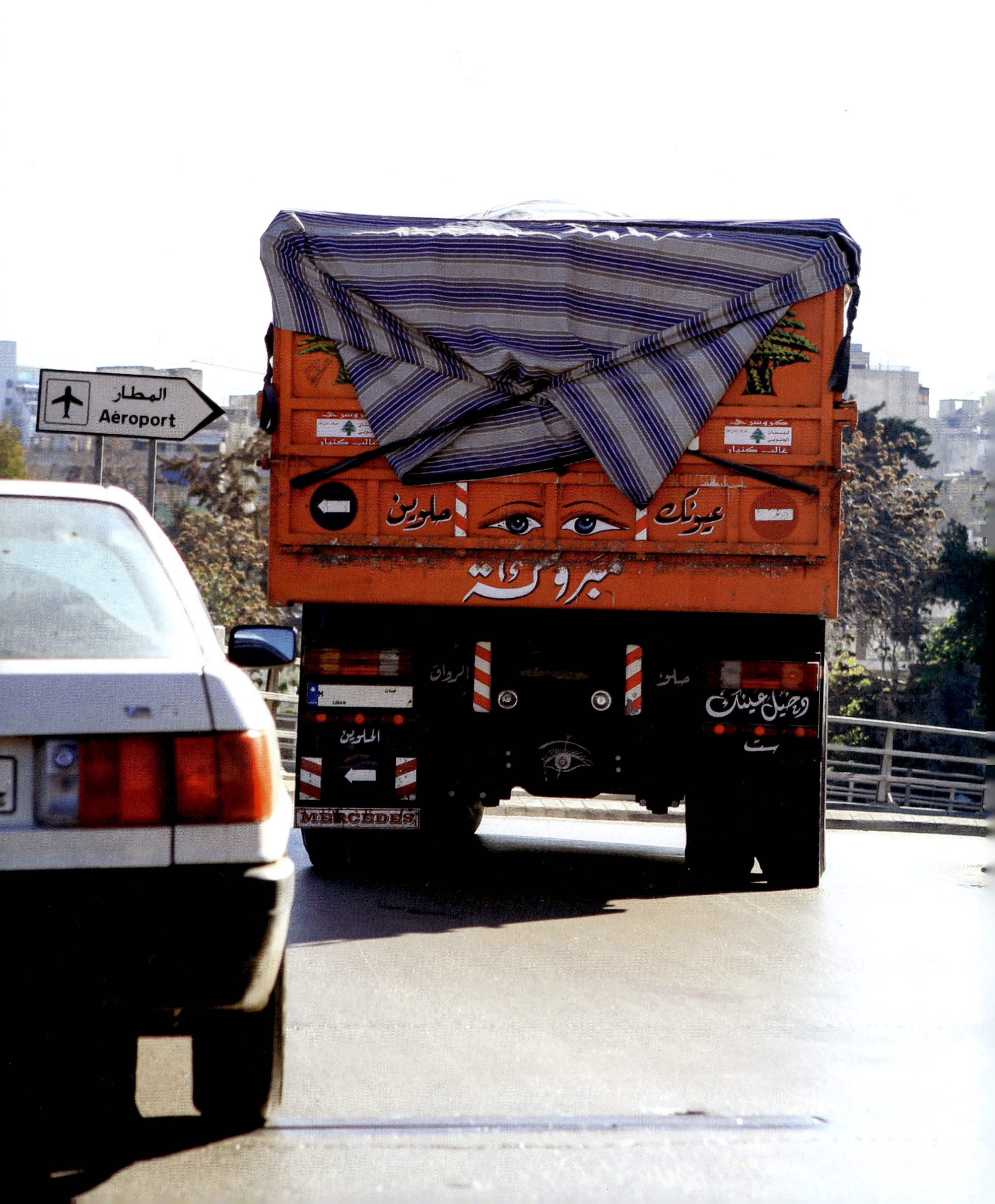
المطار
Aéroport
MERCEDES

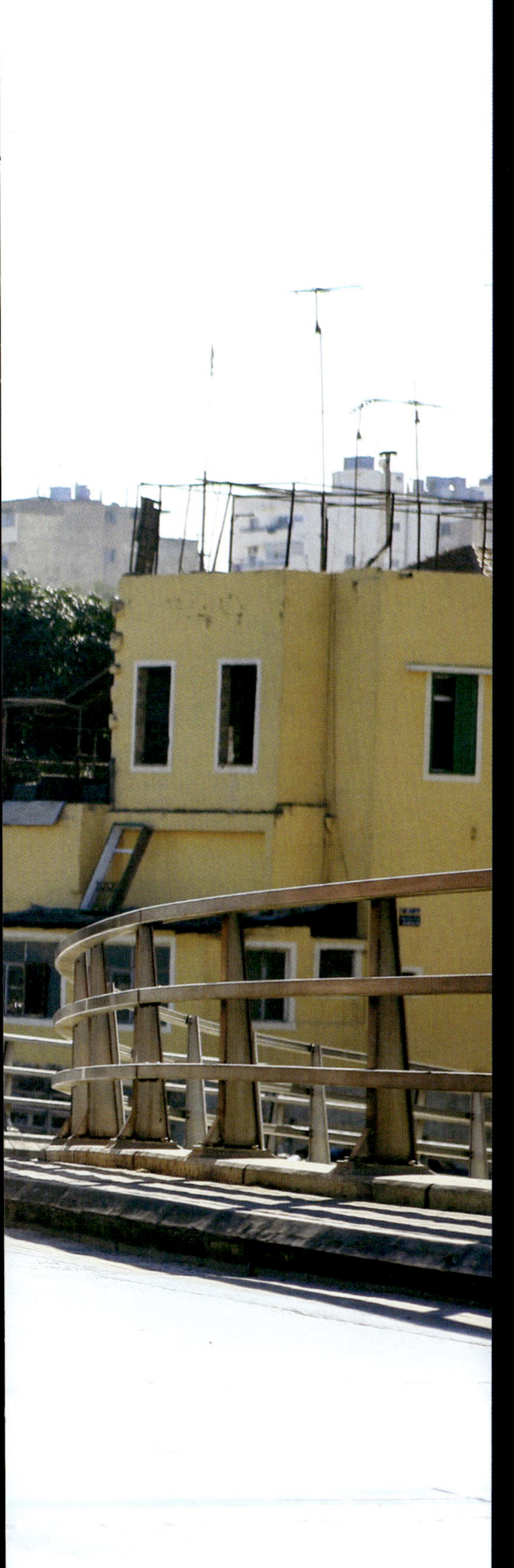

عيونك حلوين

Your eyes are beautiful

محروسة

Protected

دخيل عينك

Oh my! your eyes!

حلو الرواق

Serenity is bliss

ست الحلوين

Beauty of all beauties

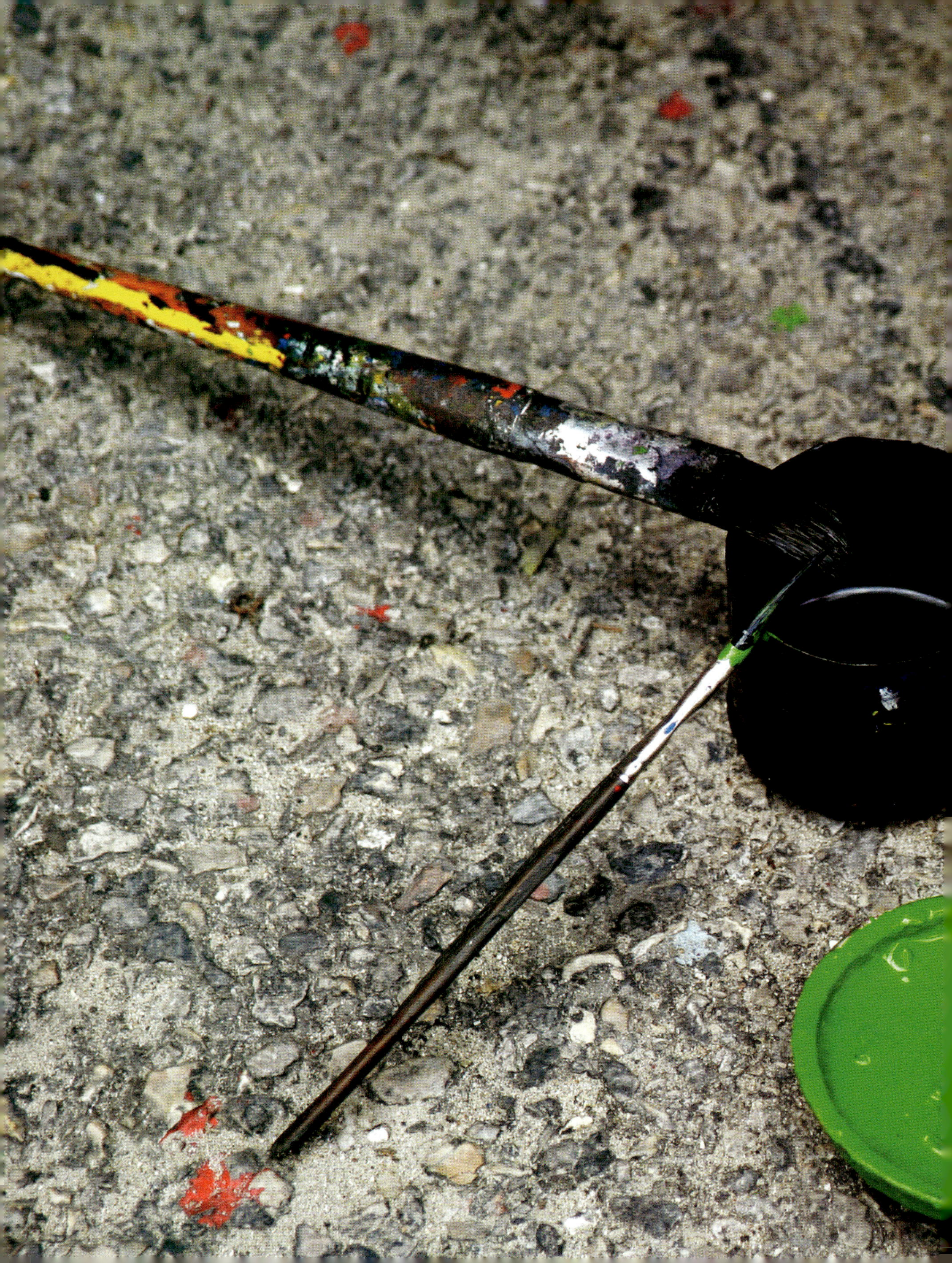

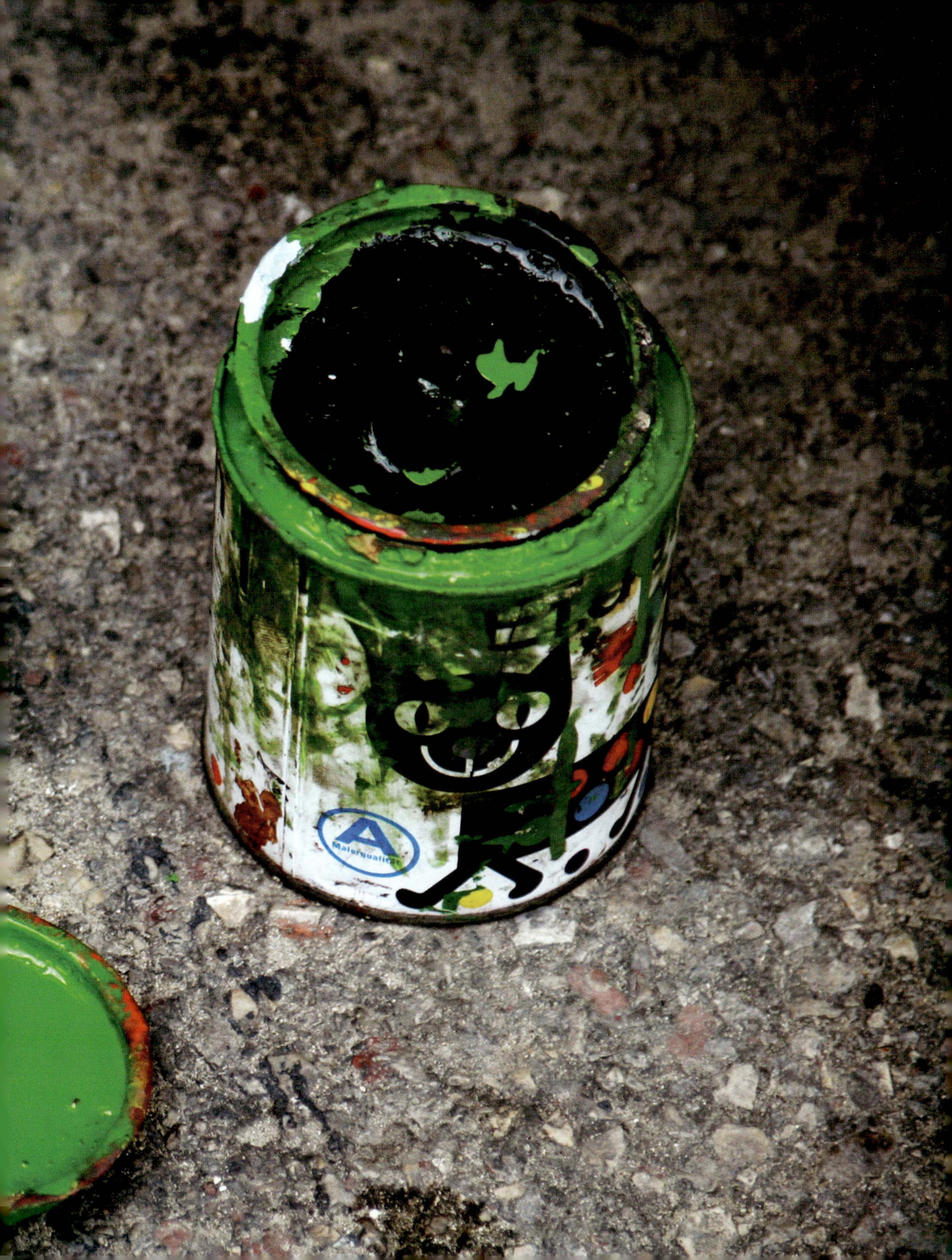
A
Malerqualität

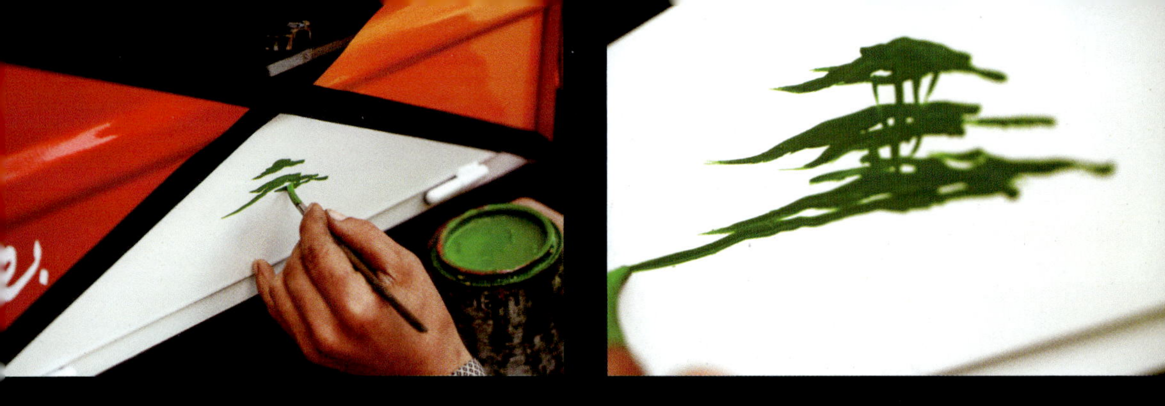

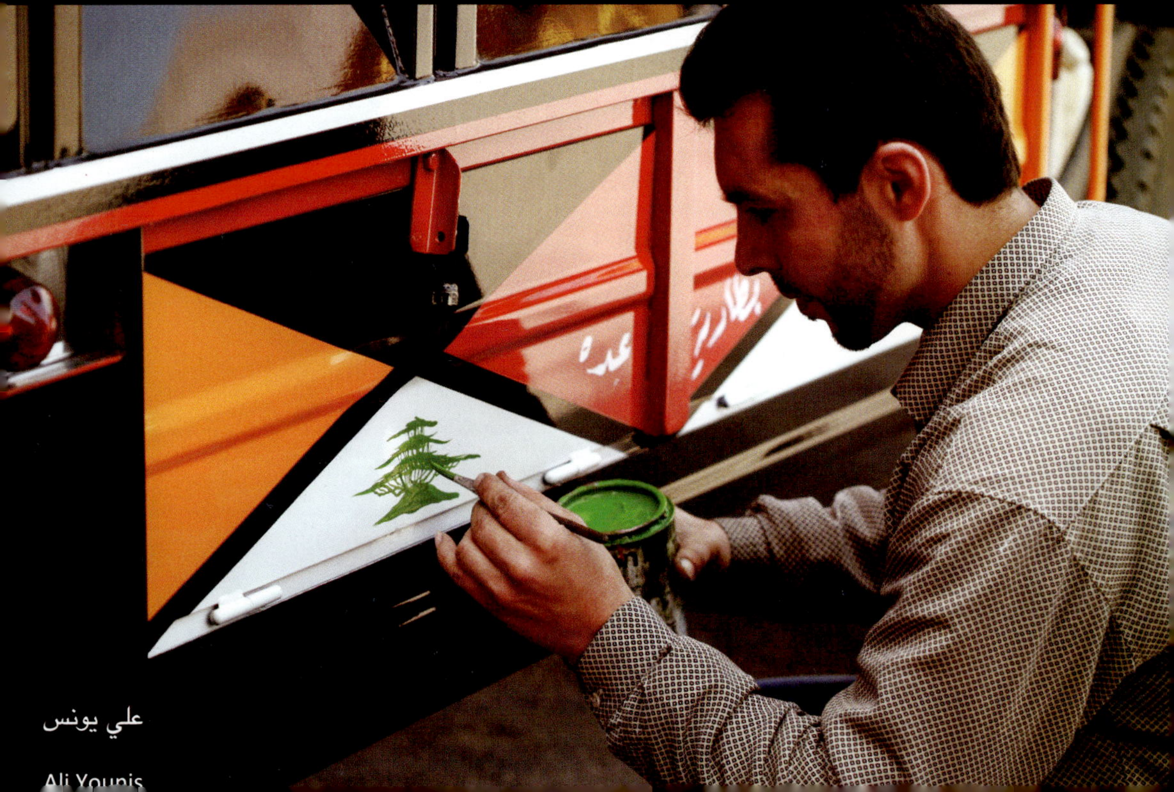

علي يونس

Ali Younis

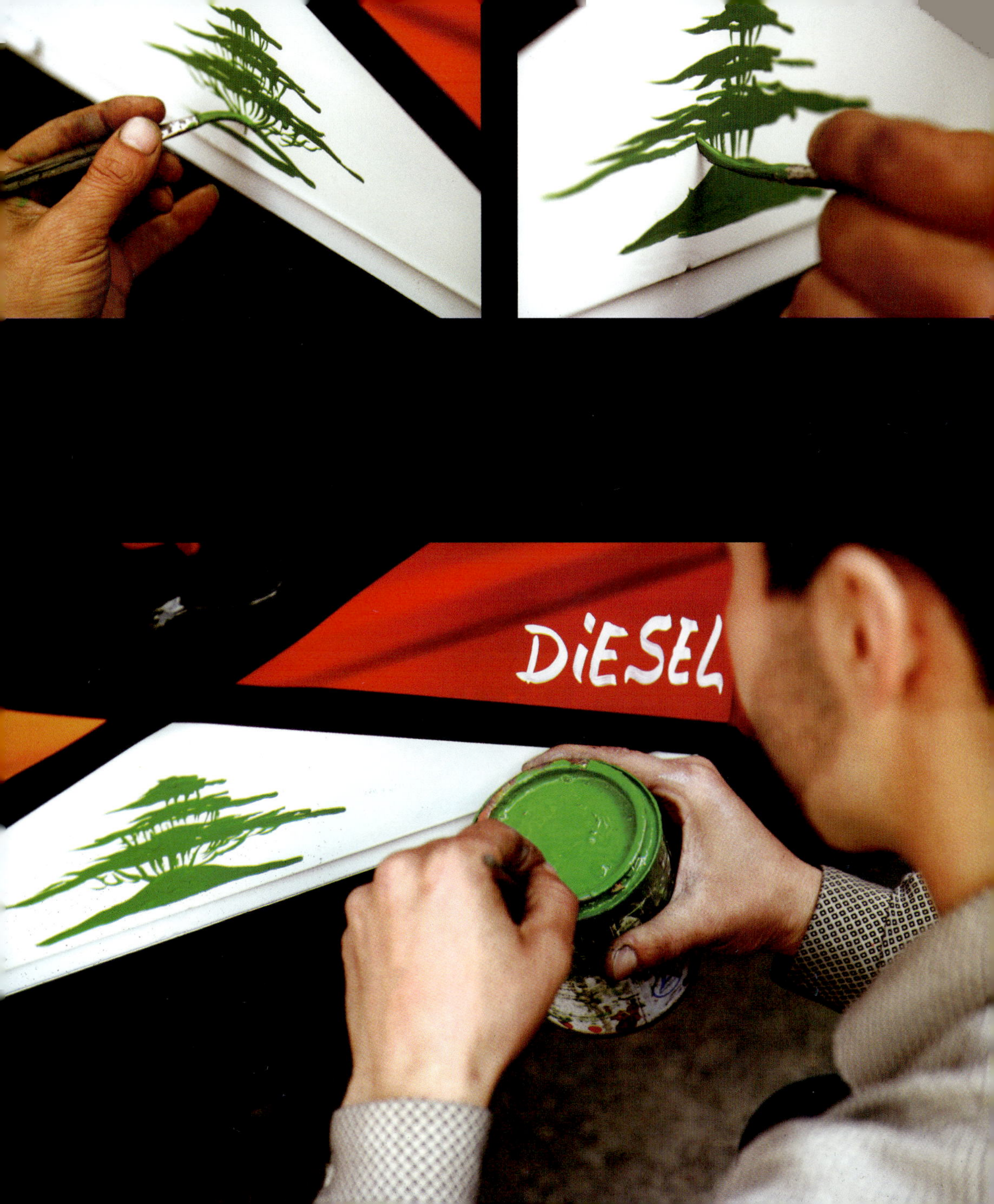

DIESEL

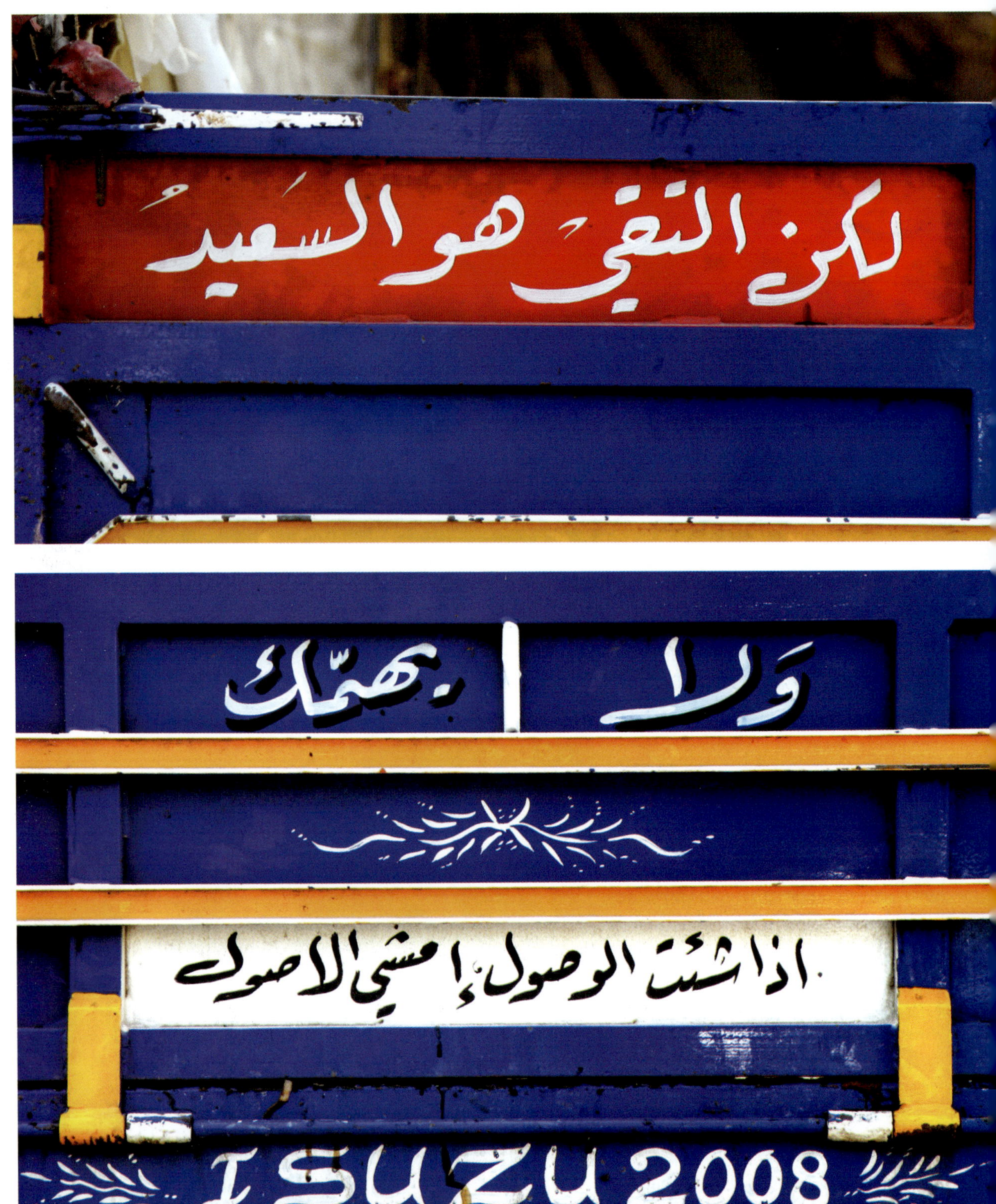

لكن التقي هو السعيد
ولا يهمّك
اذا شئت الوصول إمشي الاصول
ISUZU 2008

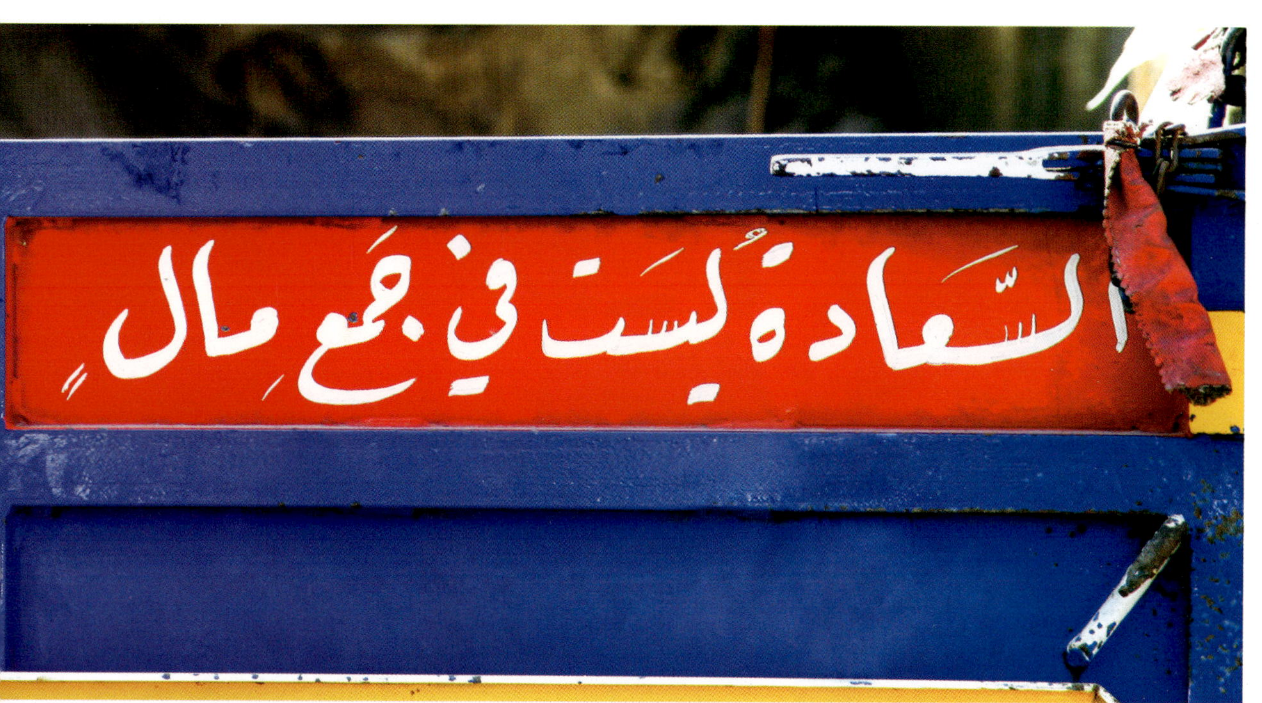

السَّعادة ليست في جَمع مالٍ، لكنّ التقيَ هو السَعيدُ

Happiness is in piety not money

ولا يهمّك

Don't worry

إذا شئت الوصول، إمشي الأصول

If you want to reach your goals, follow the right principles

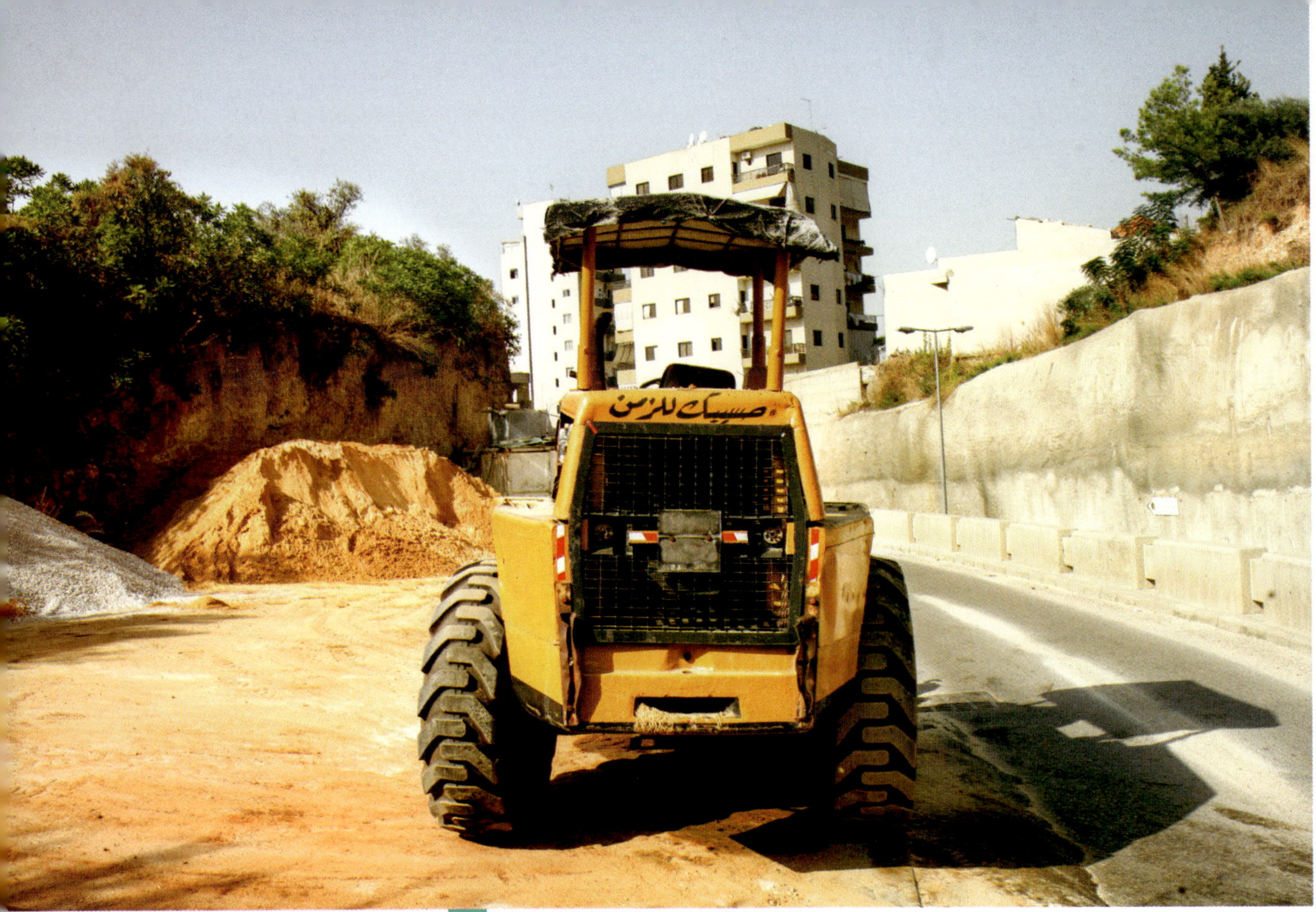

شيل عيونك

Look away

حسيبك للزمن

I will leave you to fate

عيونك

Your eyes

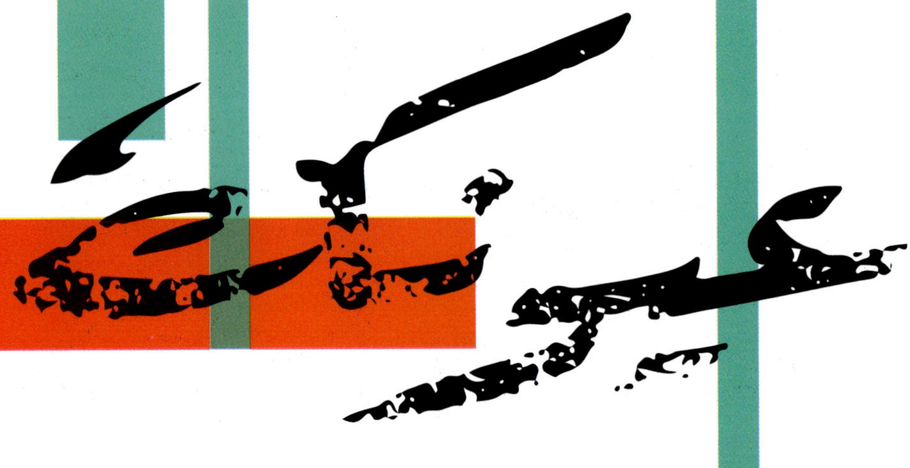

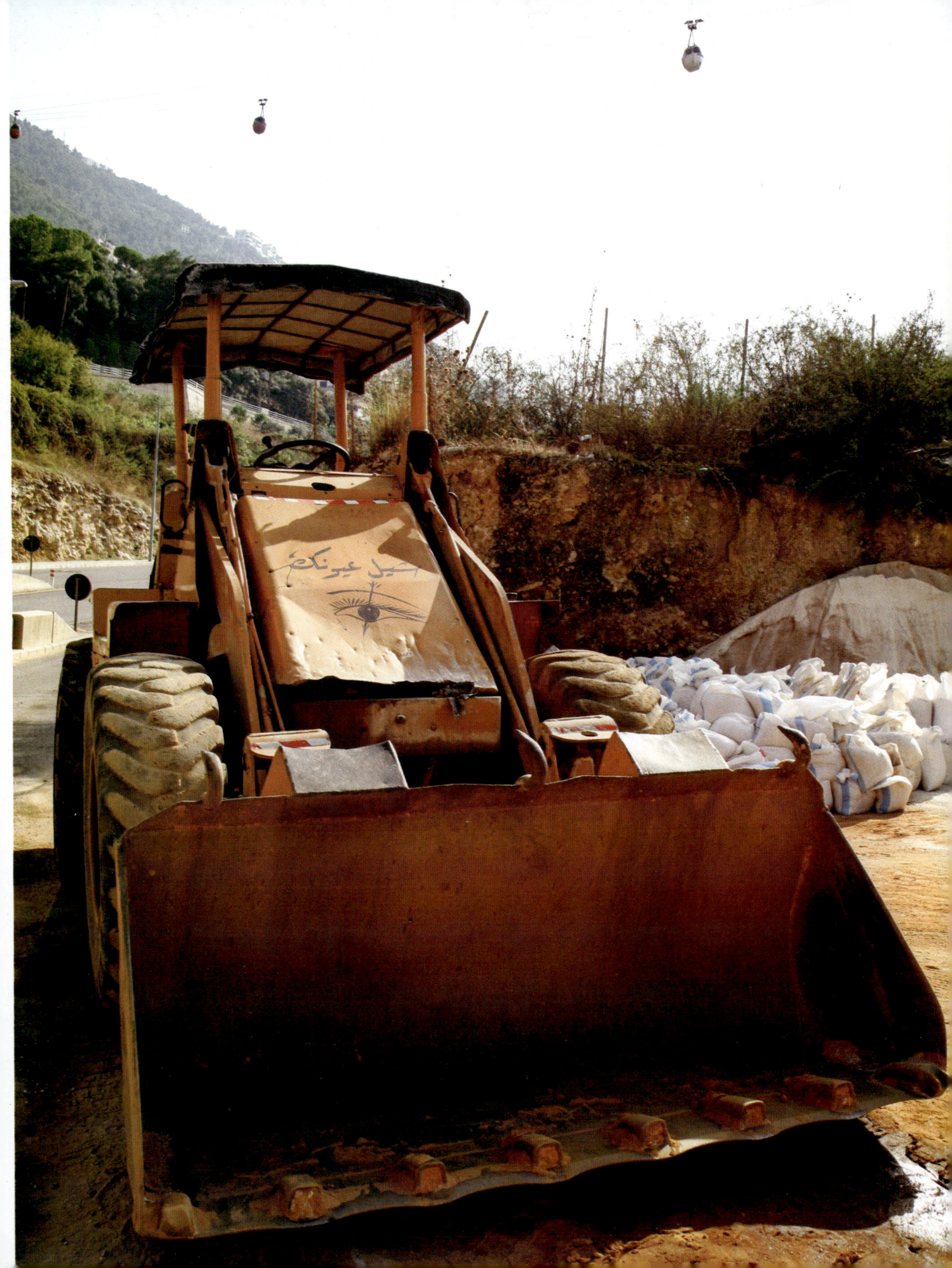
شيل عينك

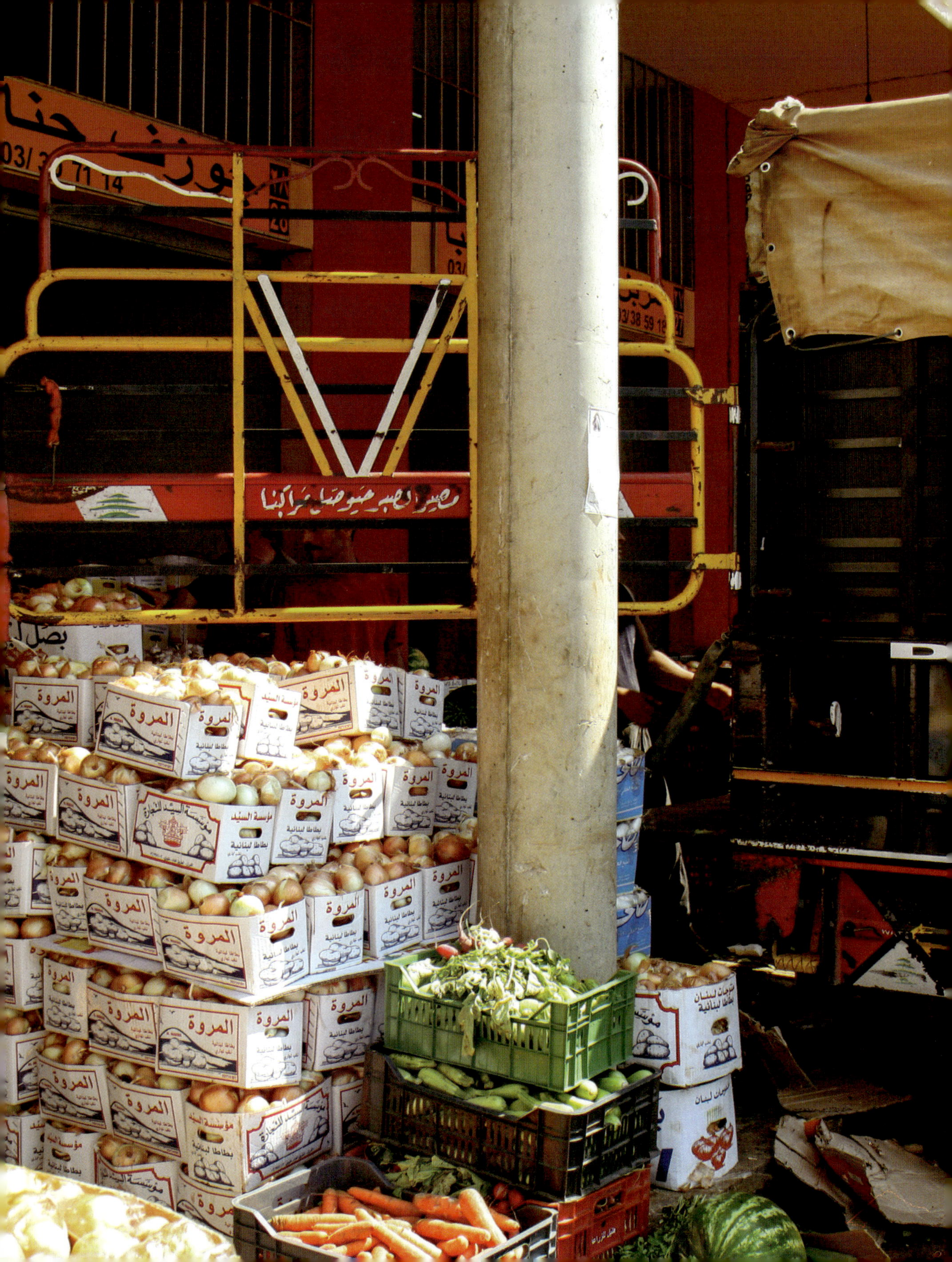

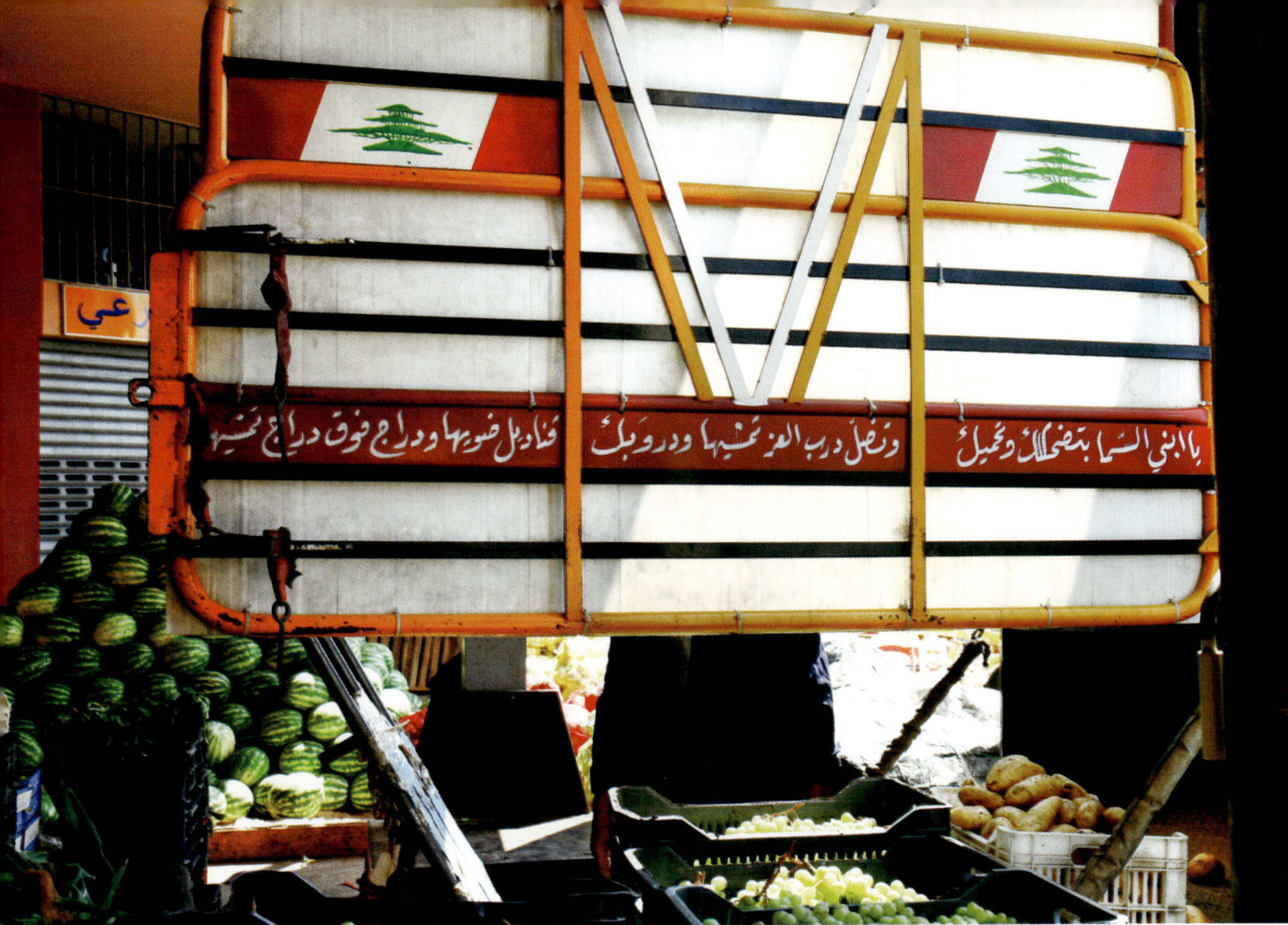

يا ابني السّما بتضحكلك وتحميك،
وتضل درب العزّ تمشيها ودروبك
قناديل ضوّيها ودراج فوق دراج تمشيها

Son, the sky smiles and protects you,
and your path to prosperity is lit with lanterns
in every step you take

مصير الصبر حَيوصّل مراكبنا

Patience is destined to guide our sails to shore

لا تلحقني أنا مخطوبة

Don't follow me, I'm engaged

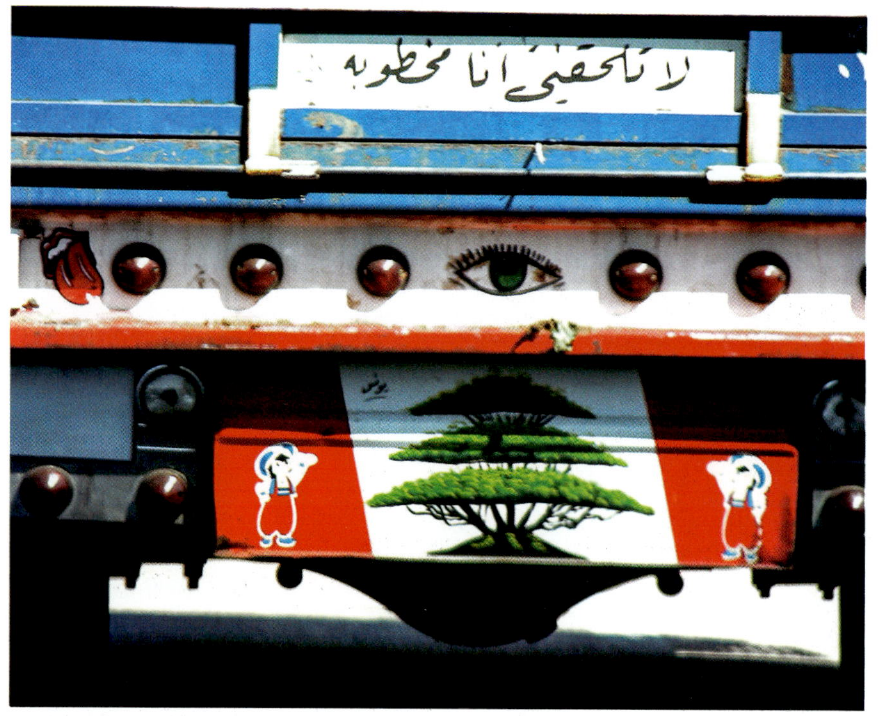

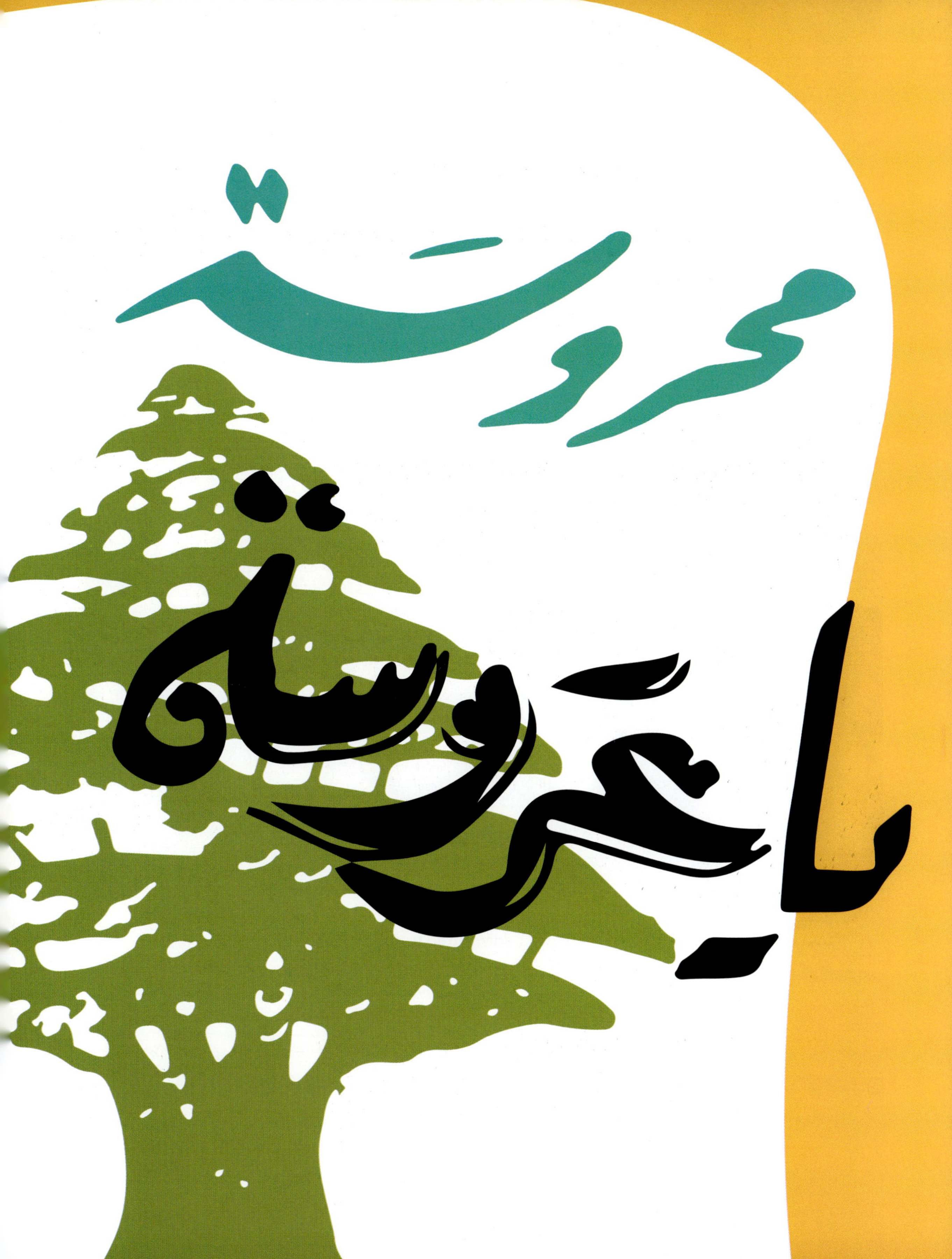

محرومة
يا عروستي

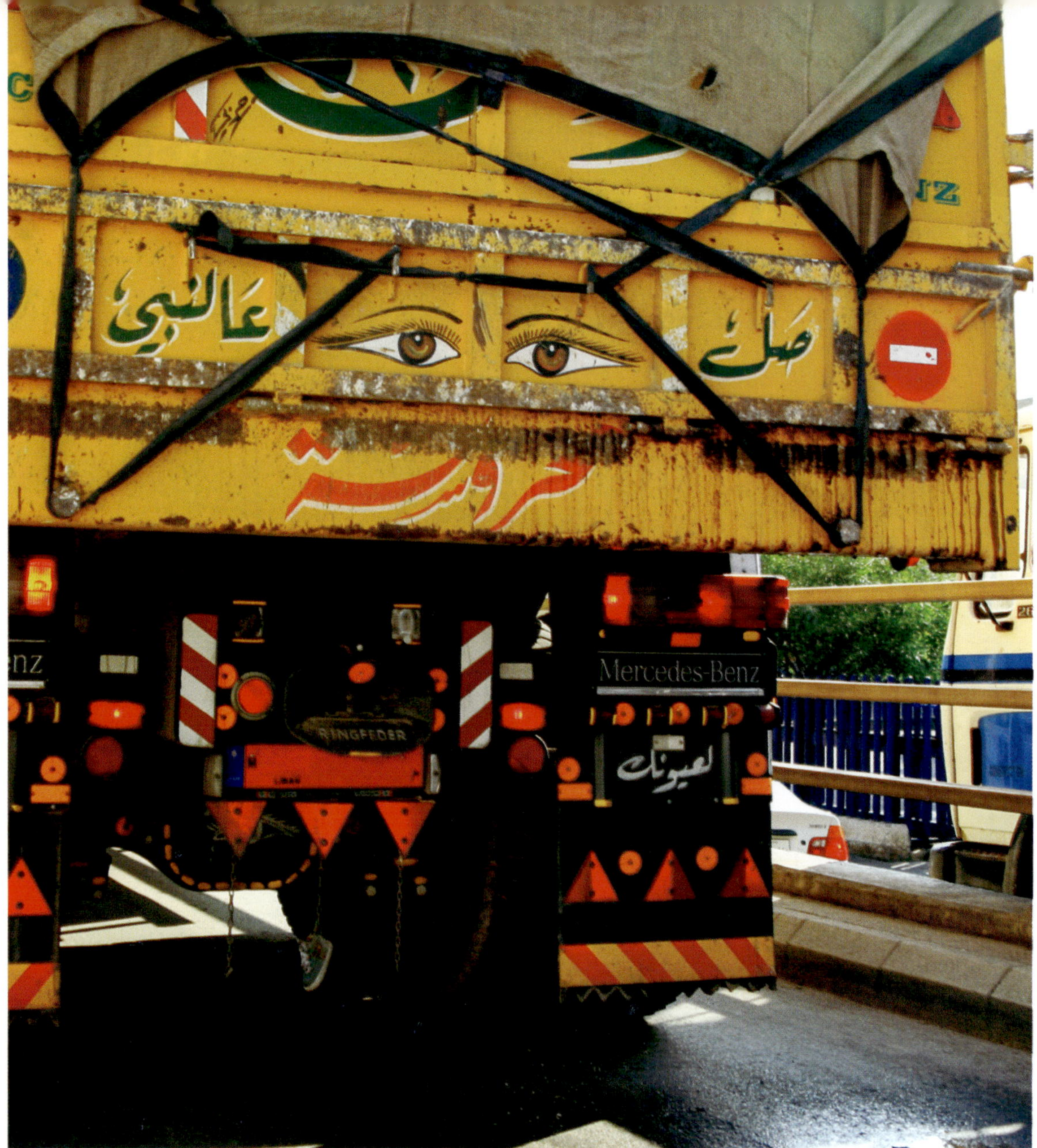

"If you want protection from the evil eye, hang a shoe on your truck."
— Anwar, truck driver from Baalchmay

" إذا بـدك تنحمي من عين الحسـود، علّق صرمايـة على الكميون."
أنور، سـوّاق كميون من بعلشمي

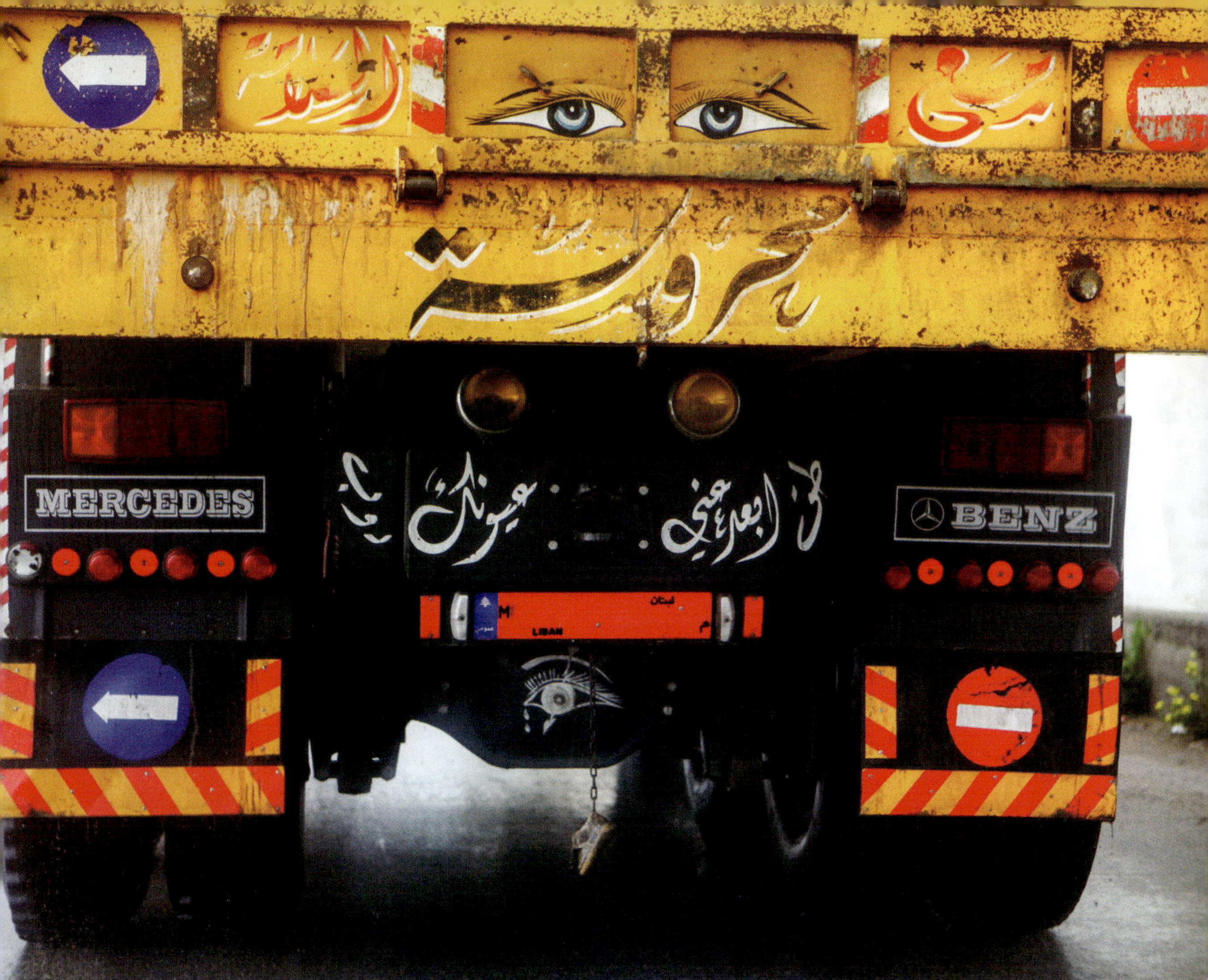

محروسة

Protected

طق دوب

Eat your heart out

ابعد عني عيونك

Look away

مع السلامة

Good bye

صلِّ عَالنّبي

Pray upon the Prophet

لعيونك

For your eyes

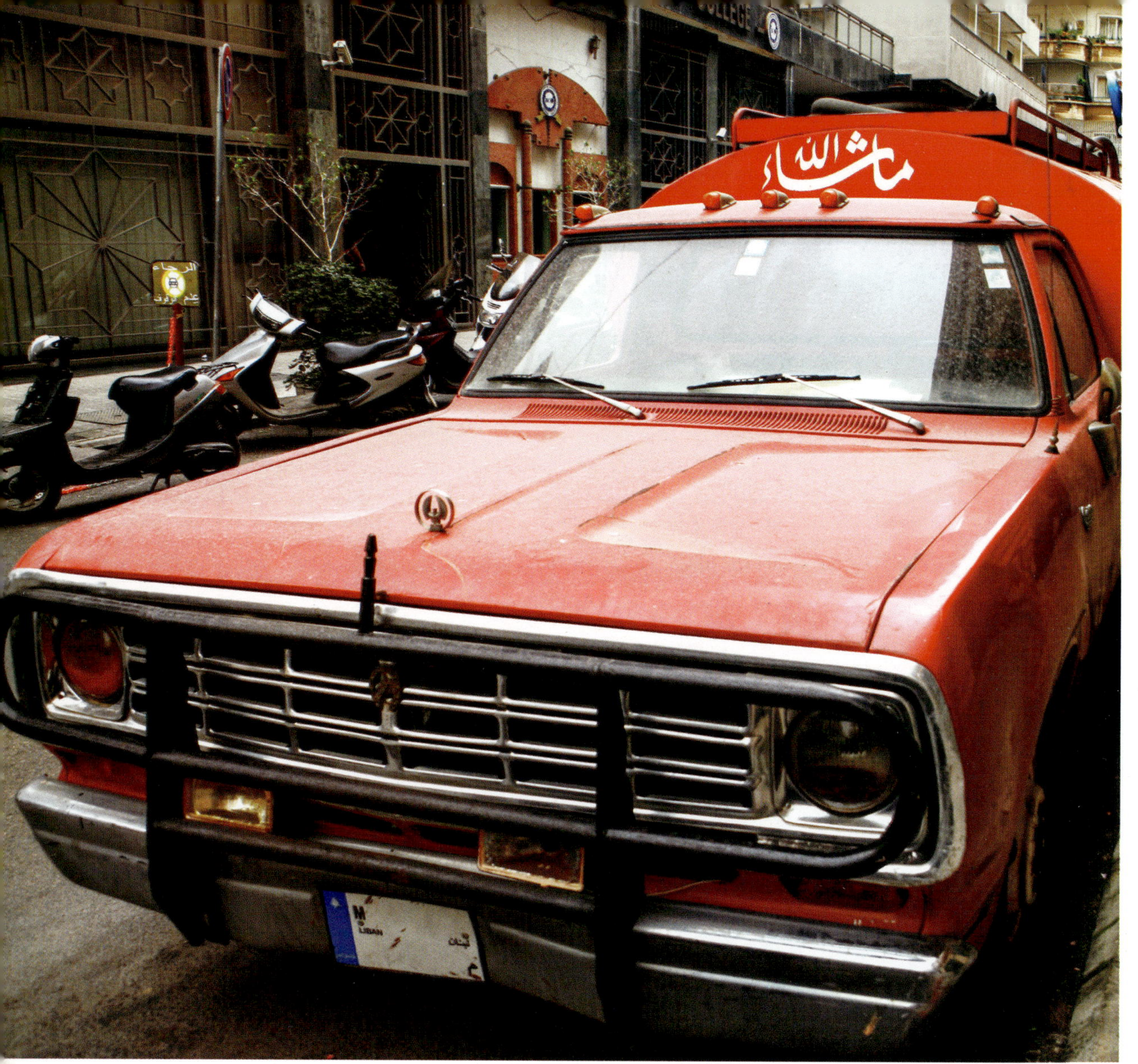

ماشاء اللّه

May God Bless

ممنوع التدخِين

No smoking

محروسة

Protected

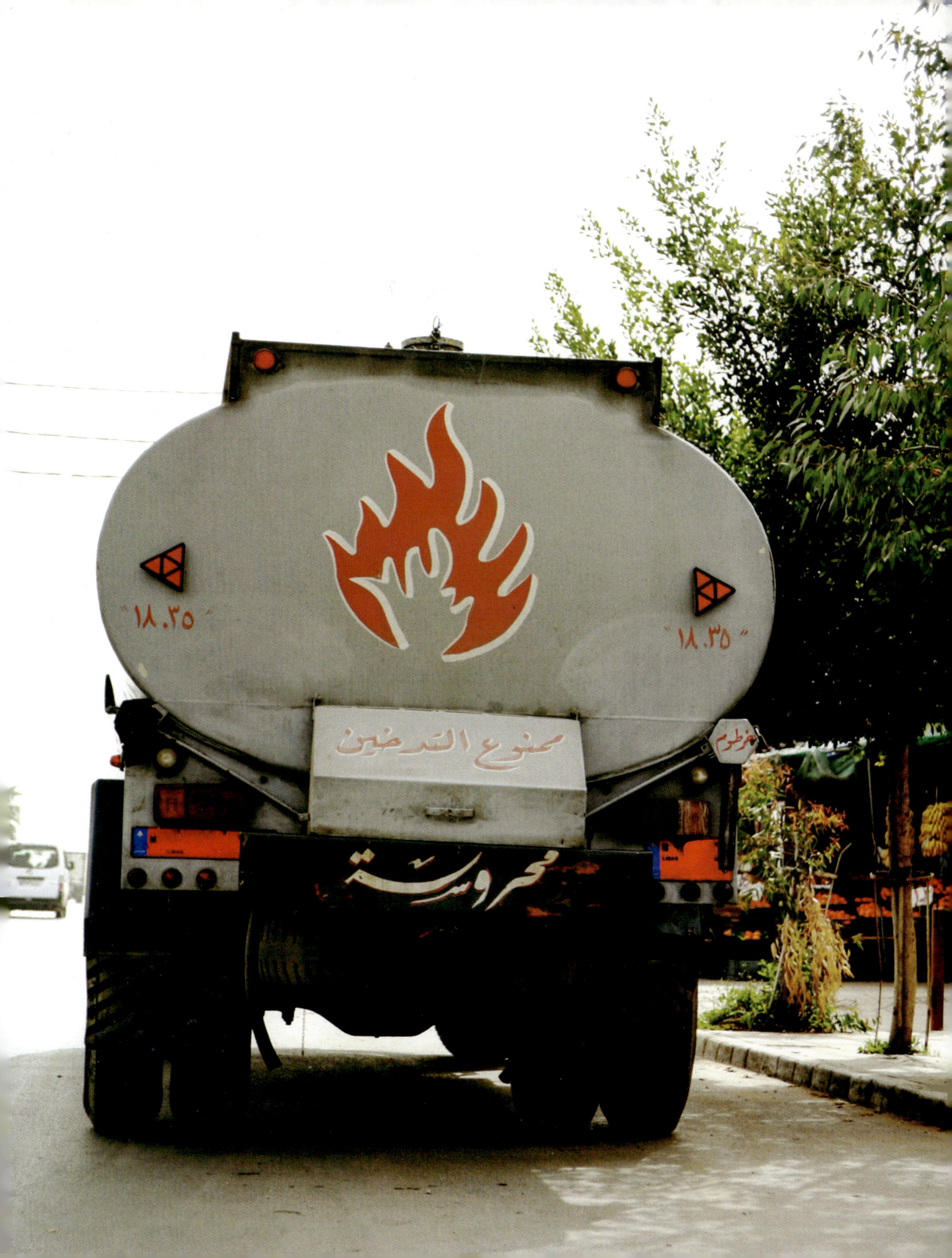

١٨.٣٥
١٨.٣٥
ممنوع التدخين
خرطوم
محروسة

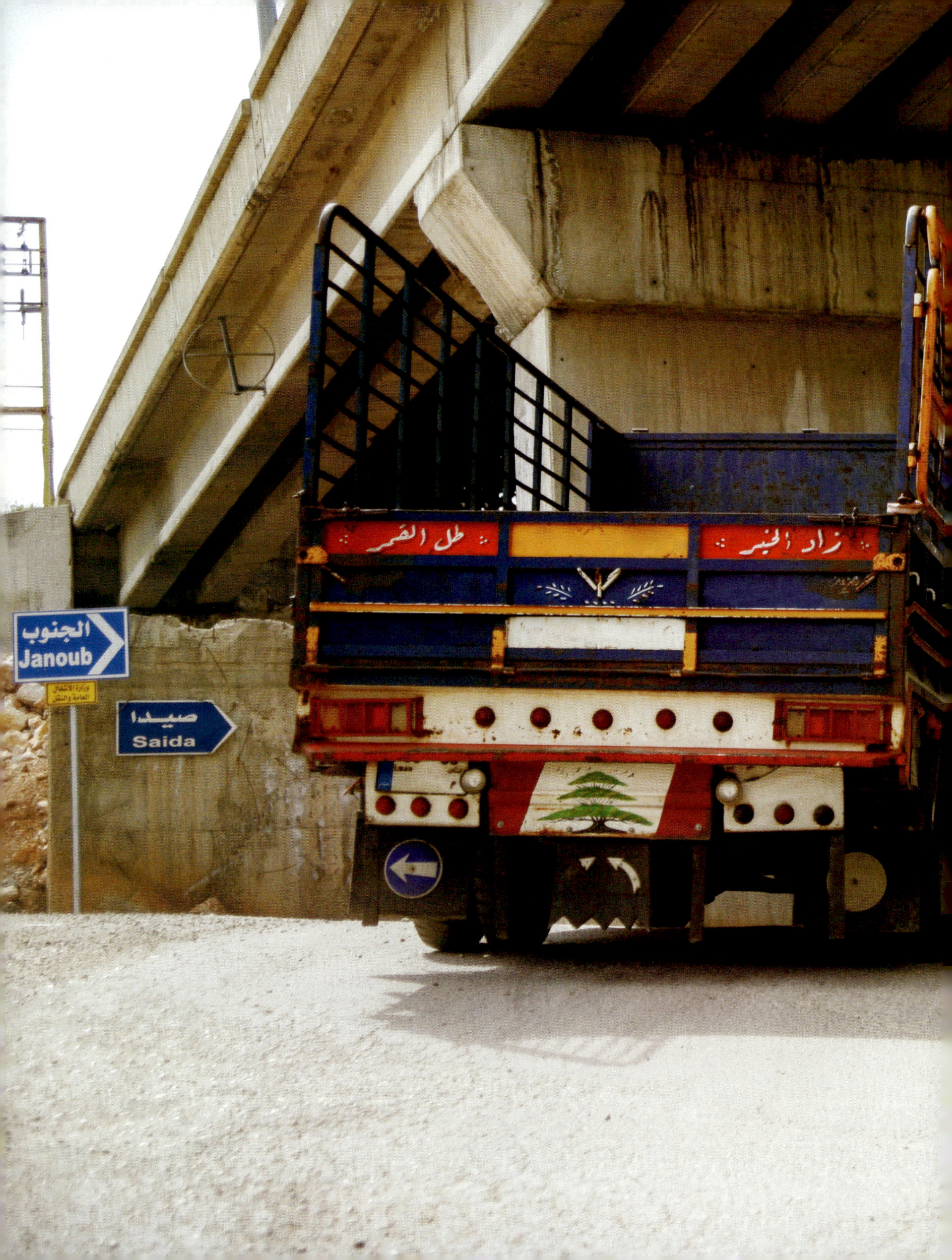

الجنوب
Janoub

وزارة الأشغال
العامة والنقل

صيدا
Saida

زاد الخير
طل القمر

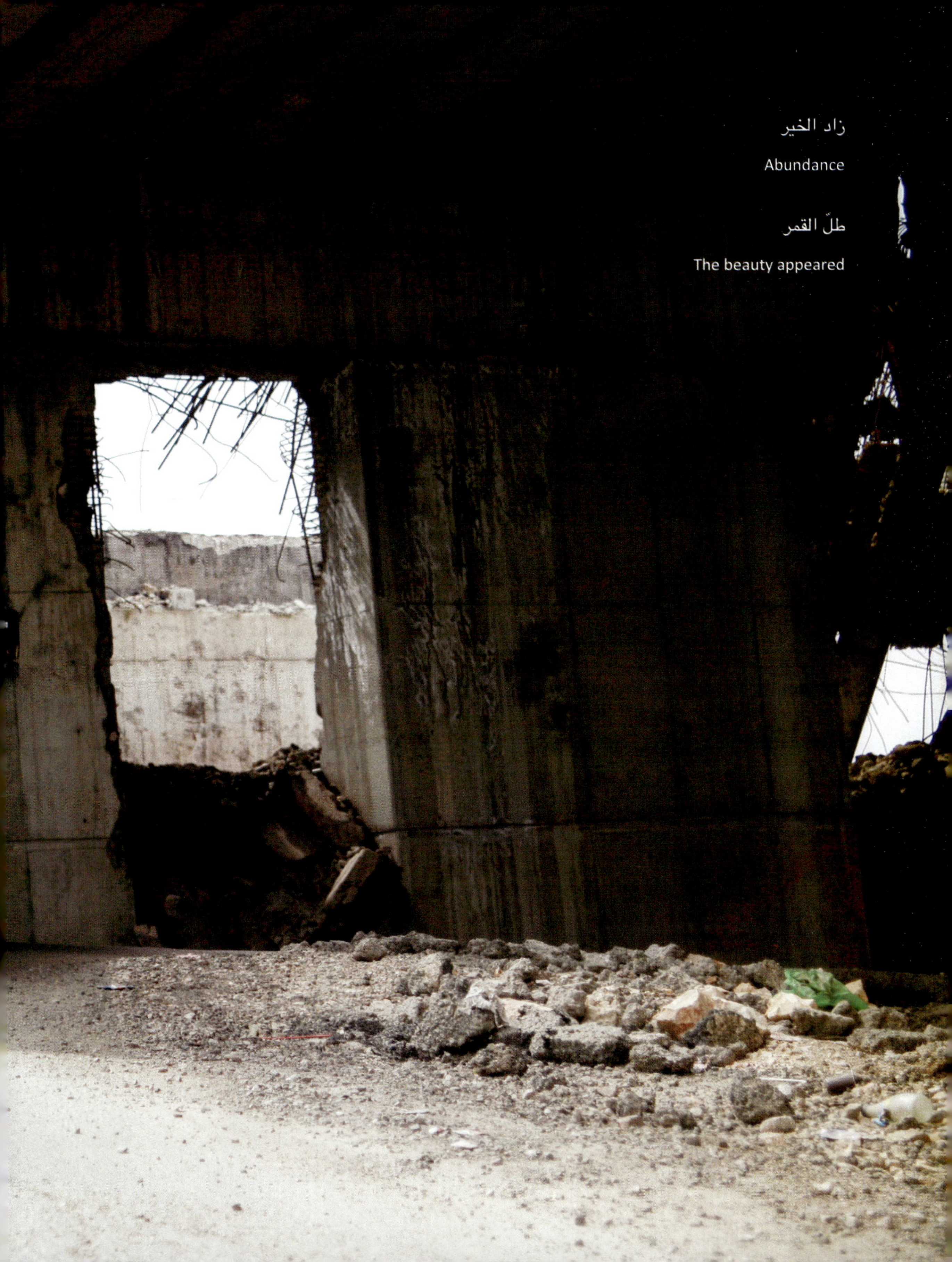
زاد الخير

Abundance

طلّ القمر

The beauty appeared

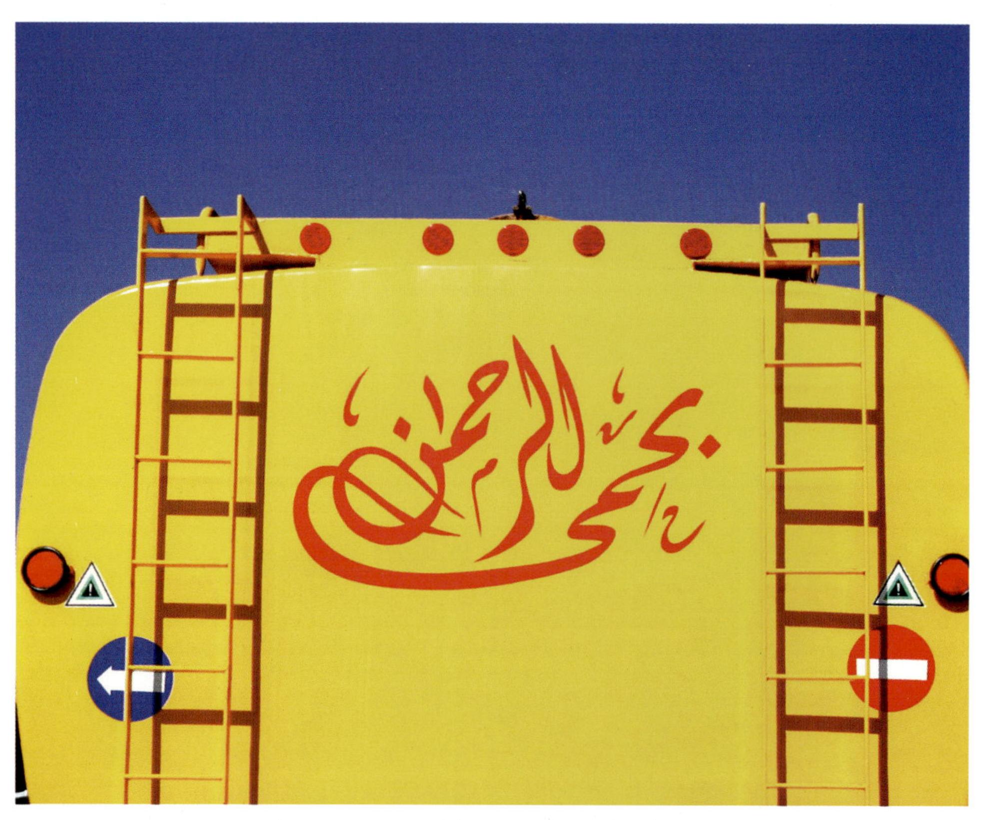
بحمى الرحمن

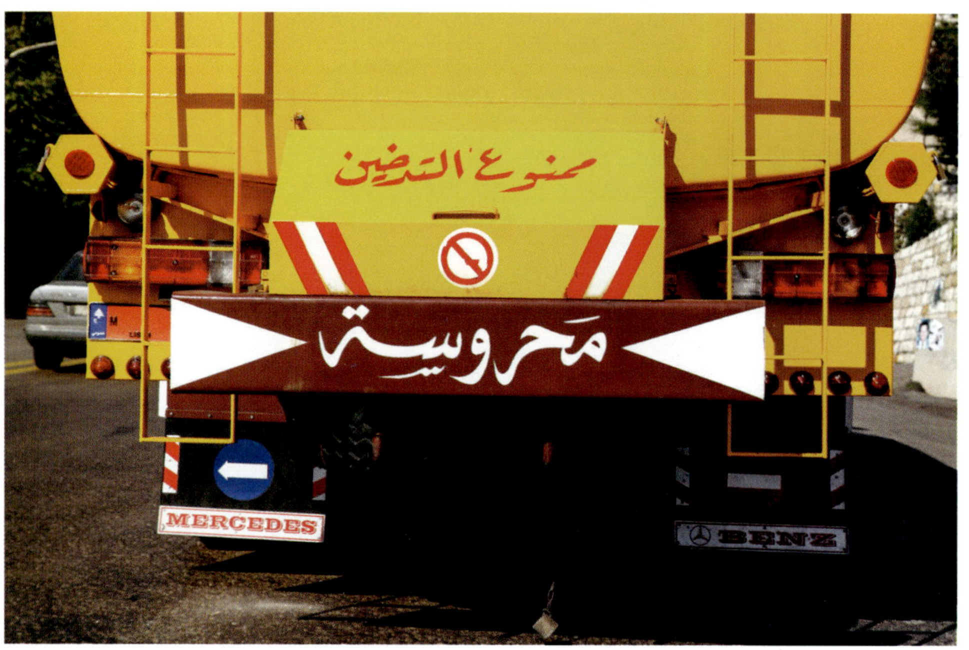
ممنوع التدخين
محروسة
MERCEDES
BENZ

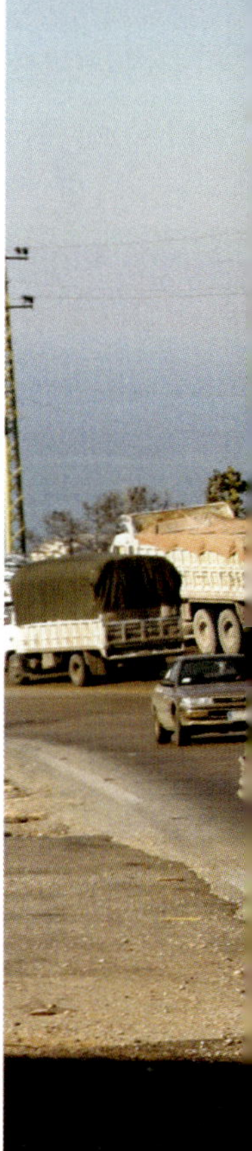

بحمى الرحمن

Protected by the merciful

ممنوع التدخين

No Smoking

محروسة

Protected

عروسة البقاع

Bride of the Bekaa

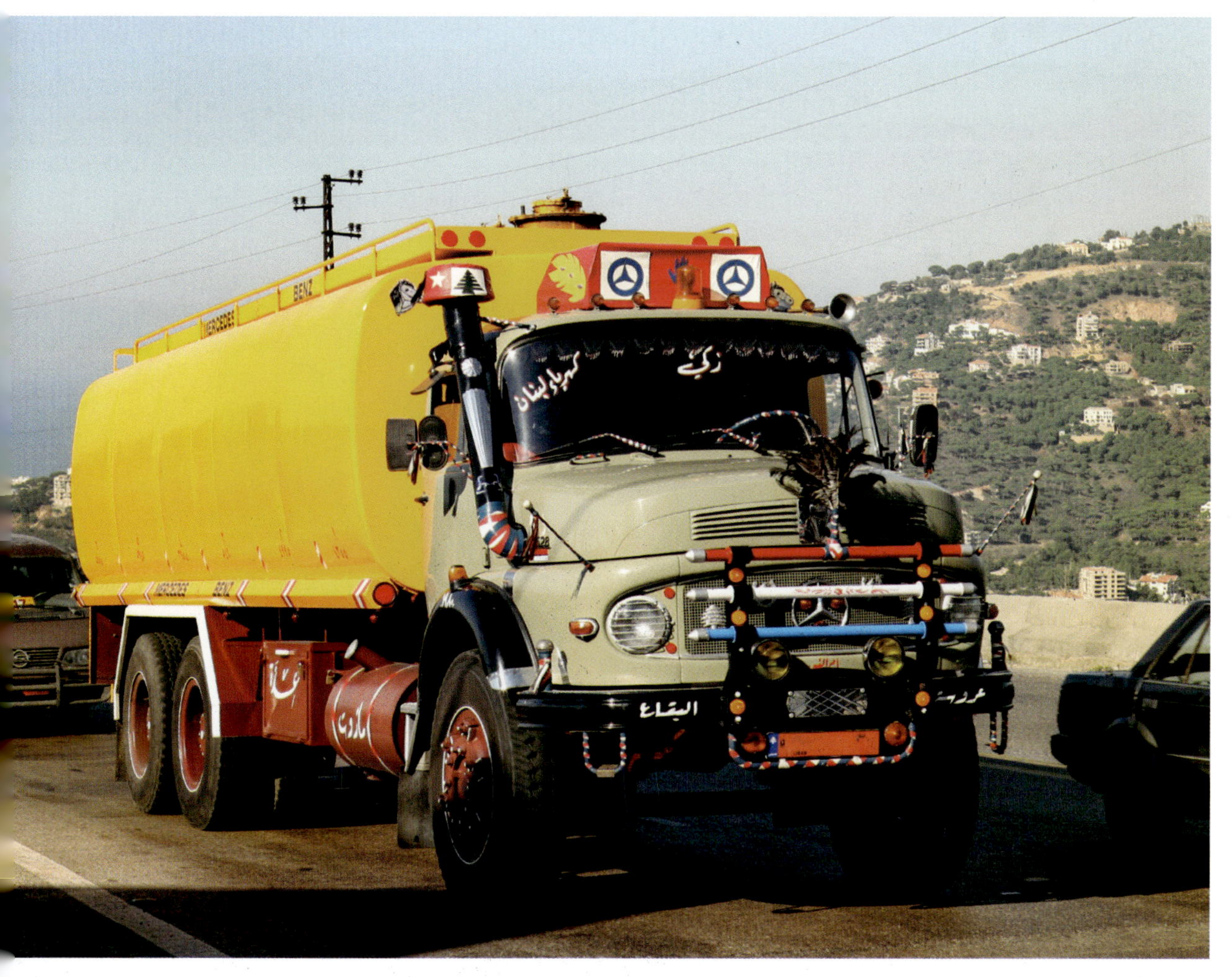

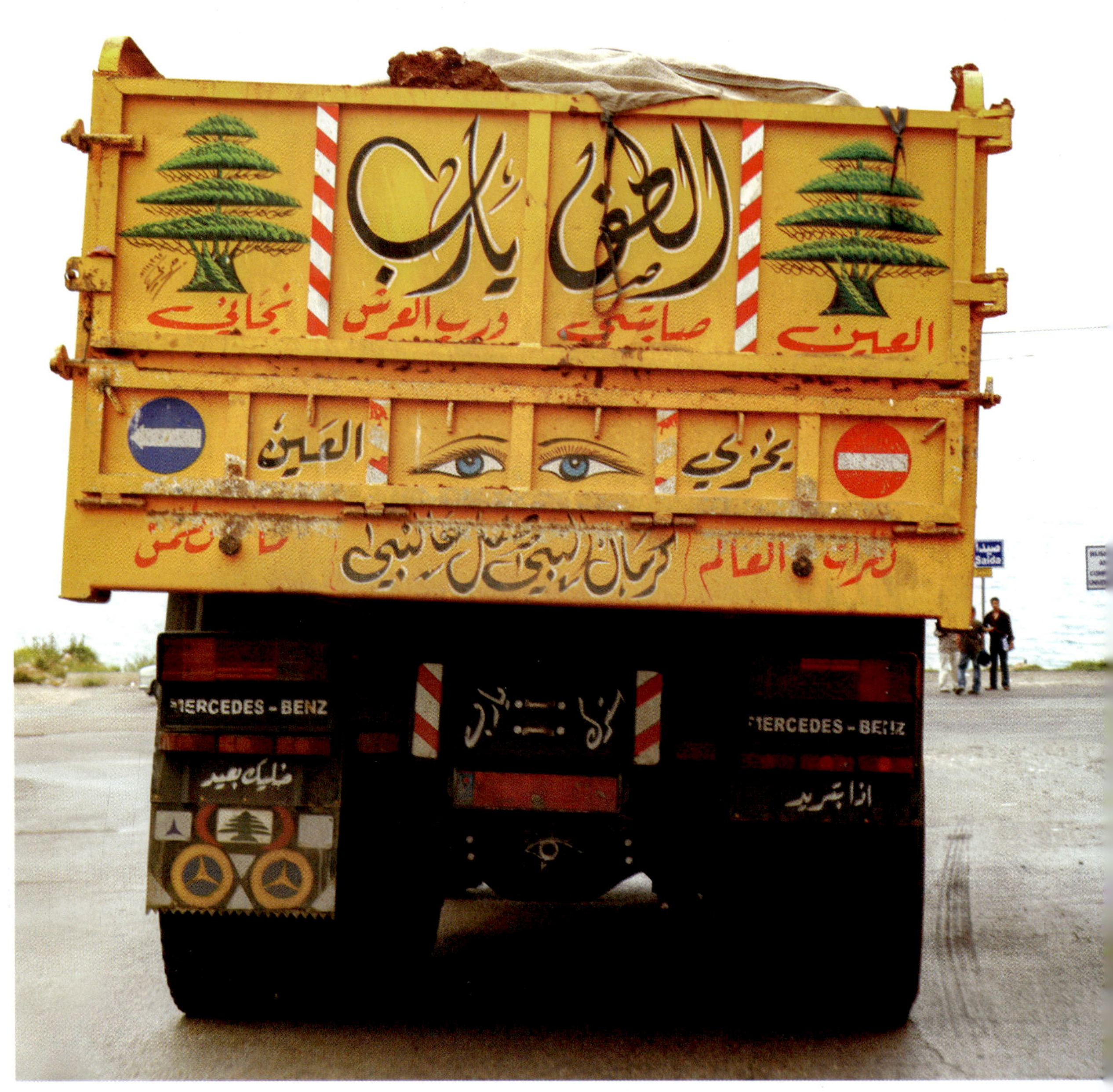

الطف يارب
درب العرش
العين
MERCEDES - BENZ
MERCEDES - BENZ
Saida

أُلطف يارب

God have mercy

العين صابتني وربّ العرش نجاني

Cursed by the evil eye,
and saved by God

يخزي العَين

Protect from the evil eye

كرمال النّبي صلِّ عالنّبي

For the sake of the Prophet pray upon him

نظرات العالم ما تطمن

People's stares are unsettling

ستَرَك يارب

God protect me

إذا بتريد خليك بعيد

Kindly keep your distance

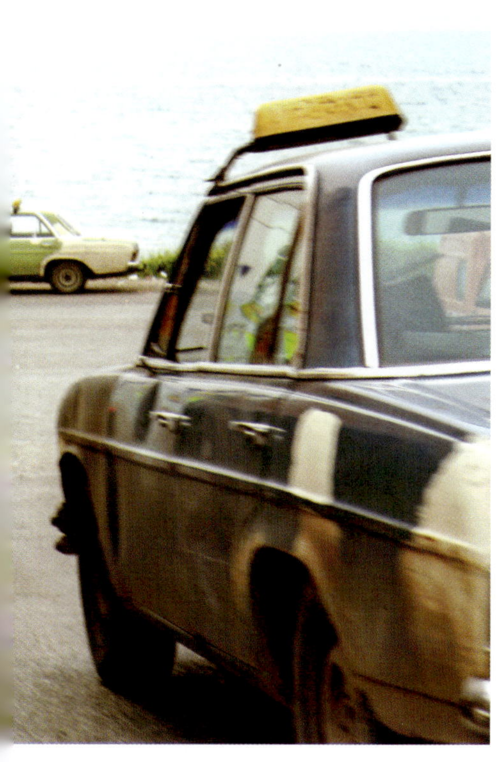

الله يبارك

God Bless

دلّوعة

Darling

مغرم بعيونك

In love with your eyes

طلّت الحلوة

The beautiful one appeared

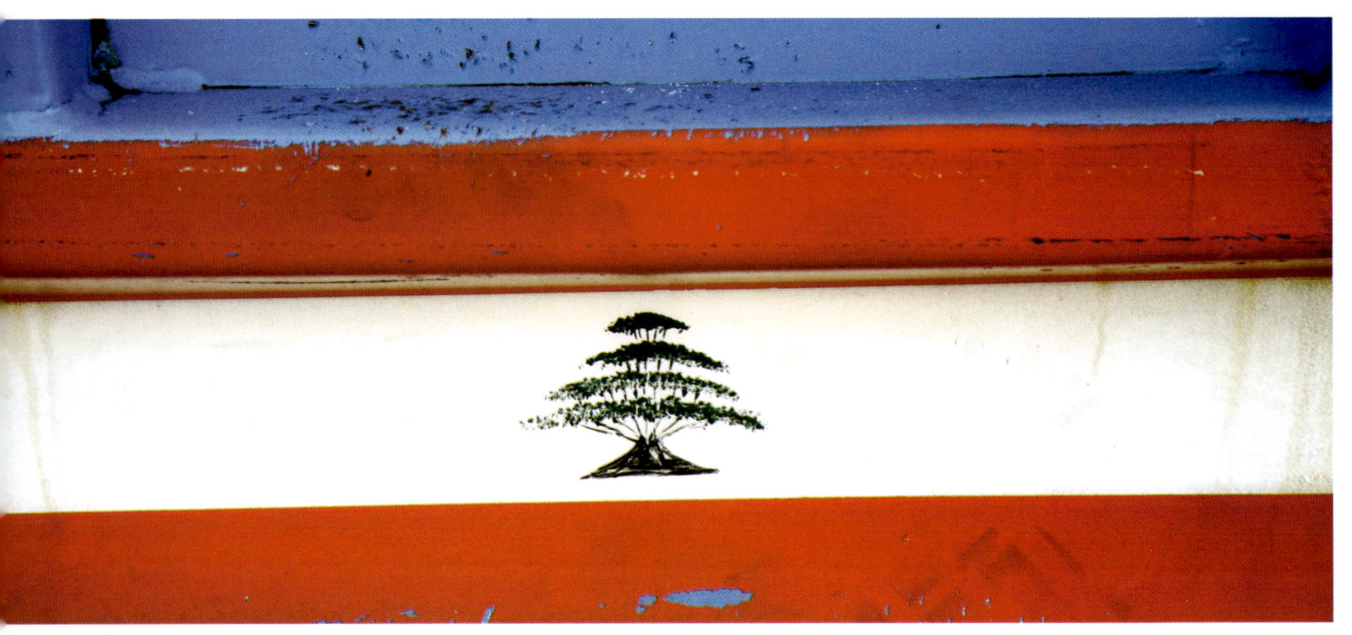

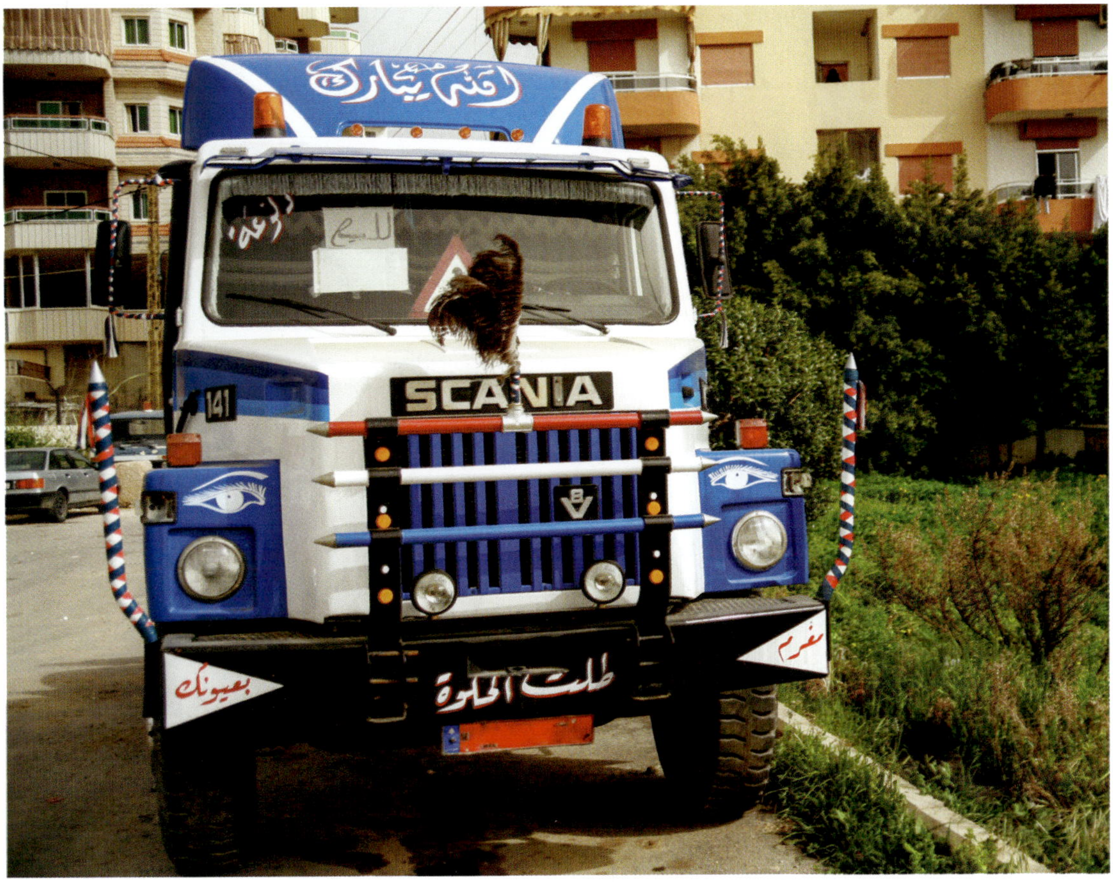

افتح يا مبارك
للبيع
SCANIA
141
بعيونك
طلت الحلوة
بغرم

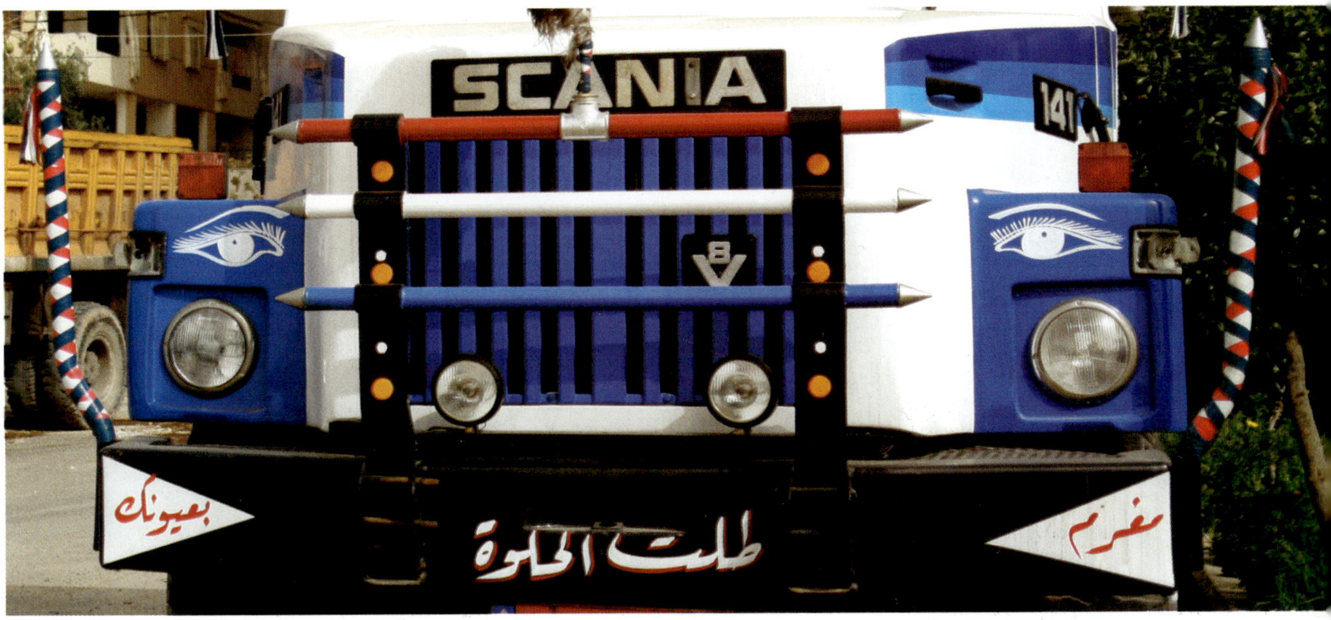

SCANIA
141
بعيونك
طلت الحلوة
بغرم

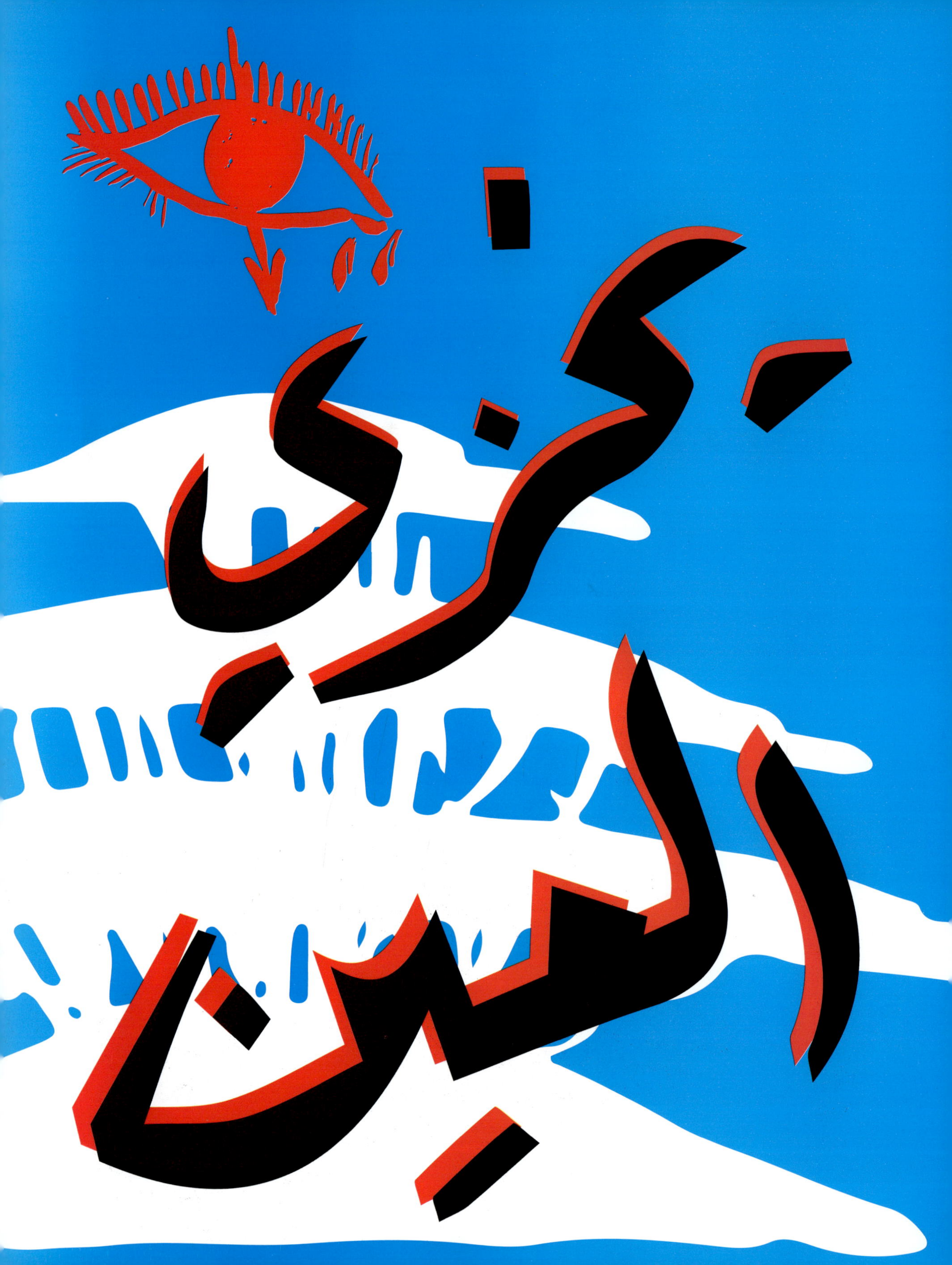

بكى
المشبين

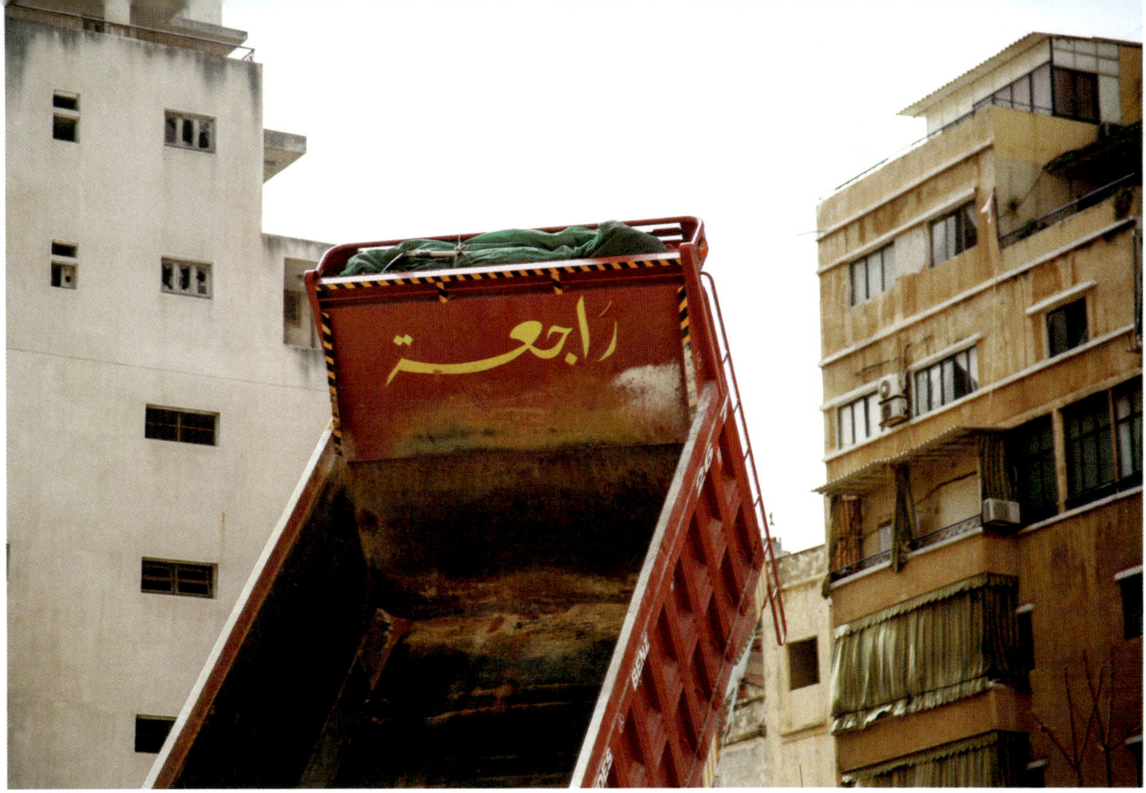

يخزي العين

Protect from the evil eye

راجعة

Coming back

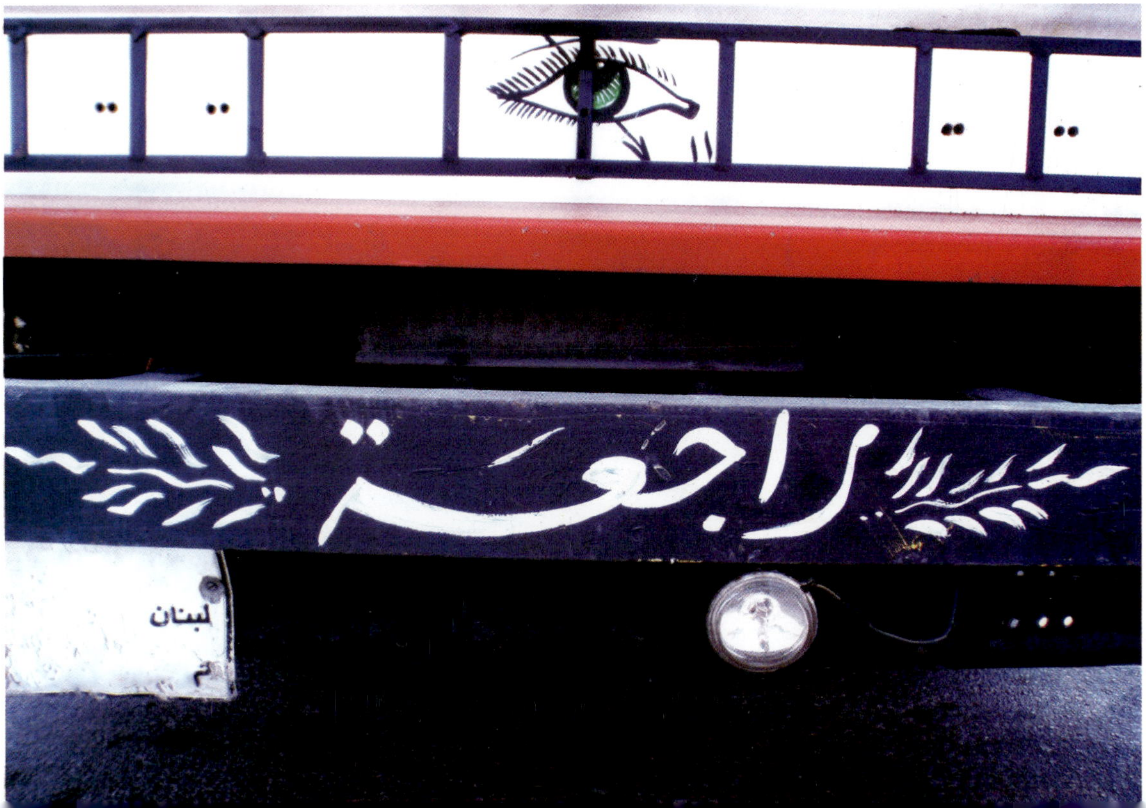

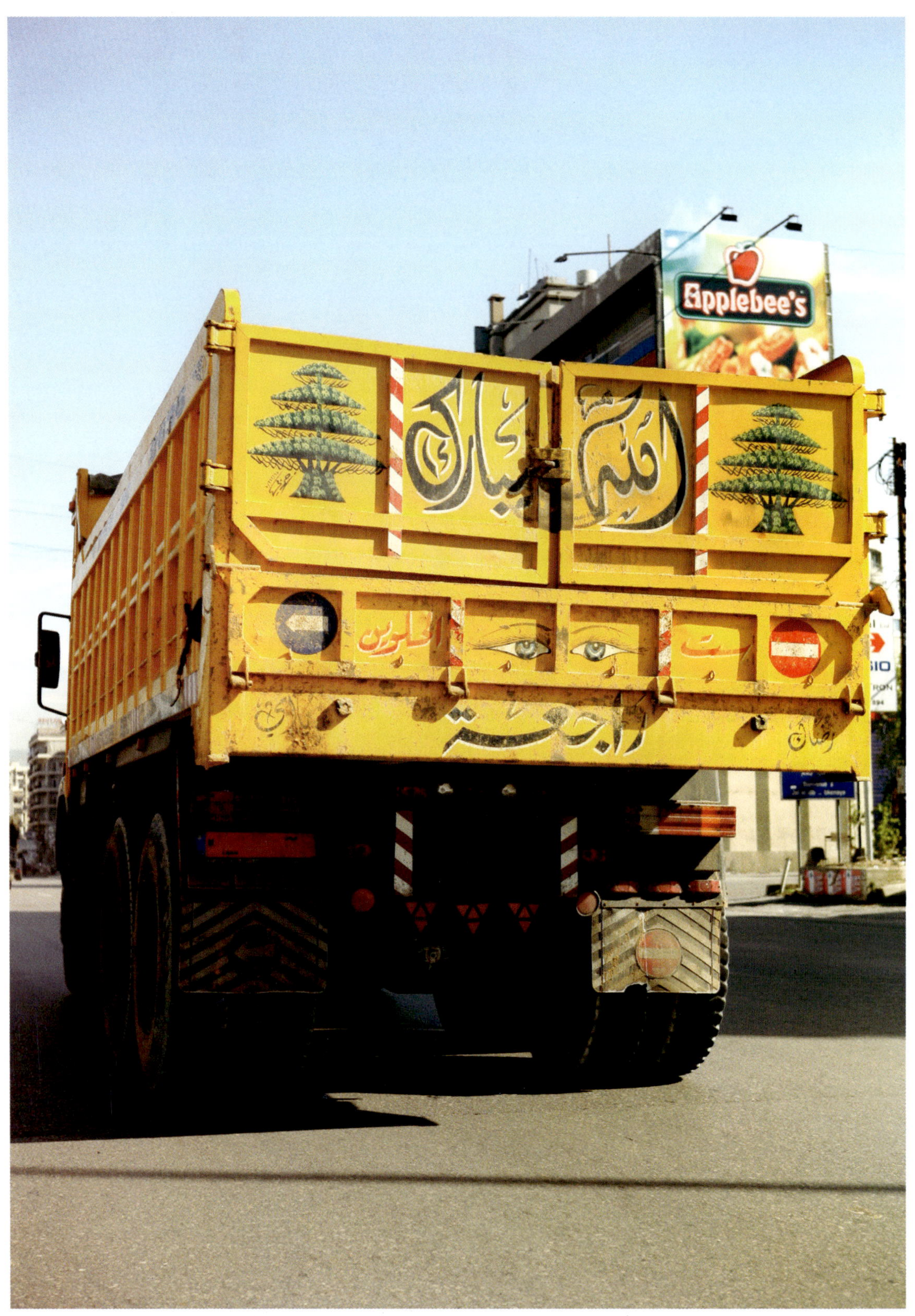
Applebee's

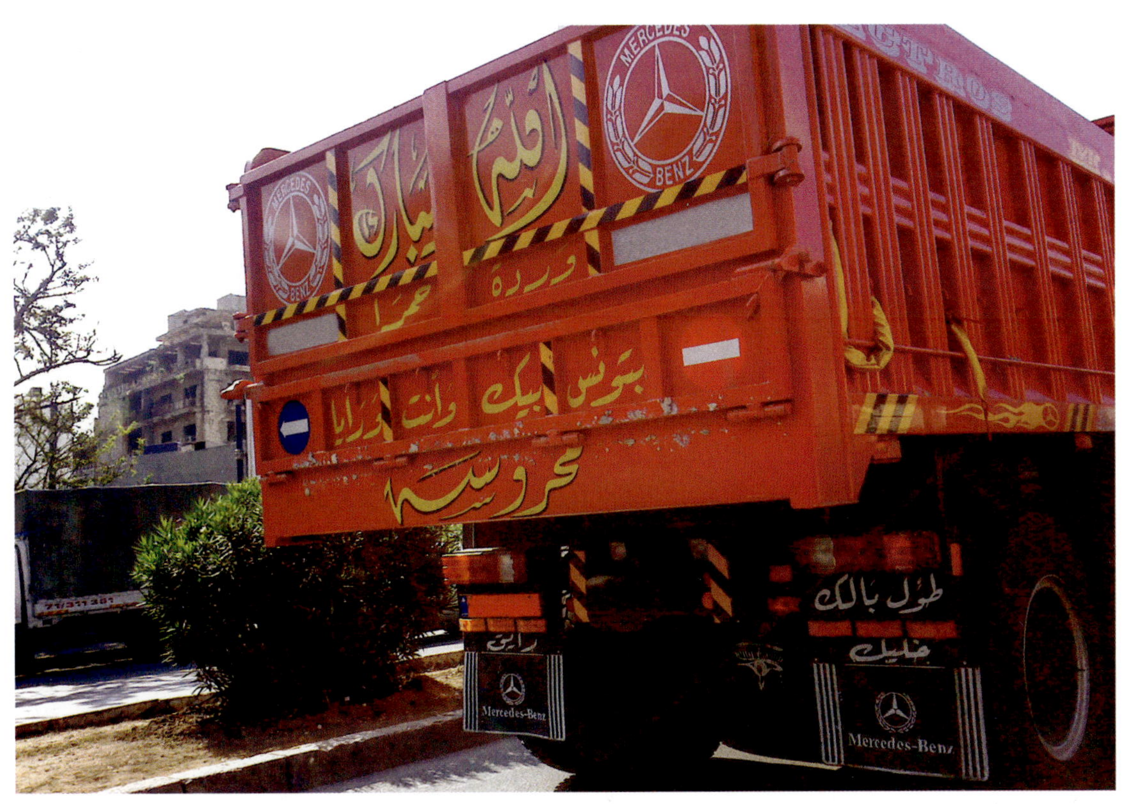

بتونّس بيك وأنت ورايا

I am delighted with you driving behind me

وردة حمرا

Red rose

الله يبارك

God Bless

محروسه

Protected

رضاكِ يَا أمّي

Your blessings mother

طوّل بالك

Be patient

ست الحلوين

The beauty of all beauties

خليك رايق

Stay calm

راجعة

Coming back

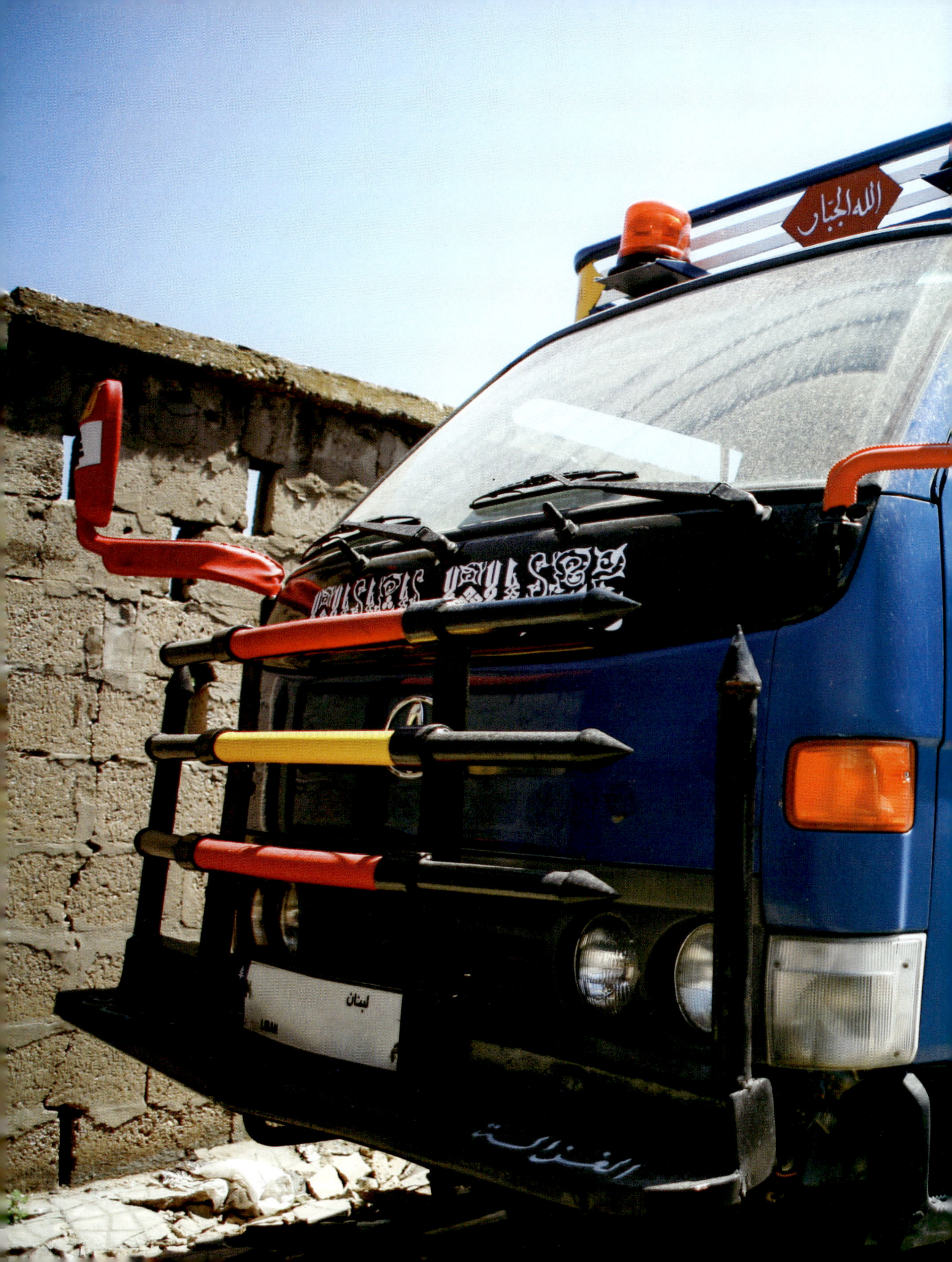

الله الجبار
لبنان
الغندارة

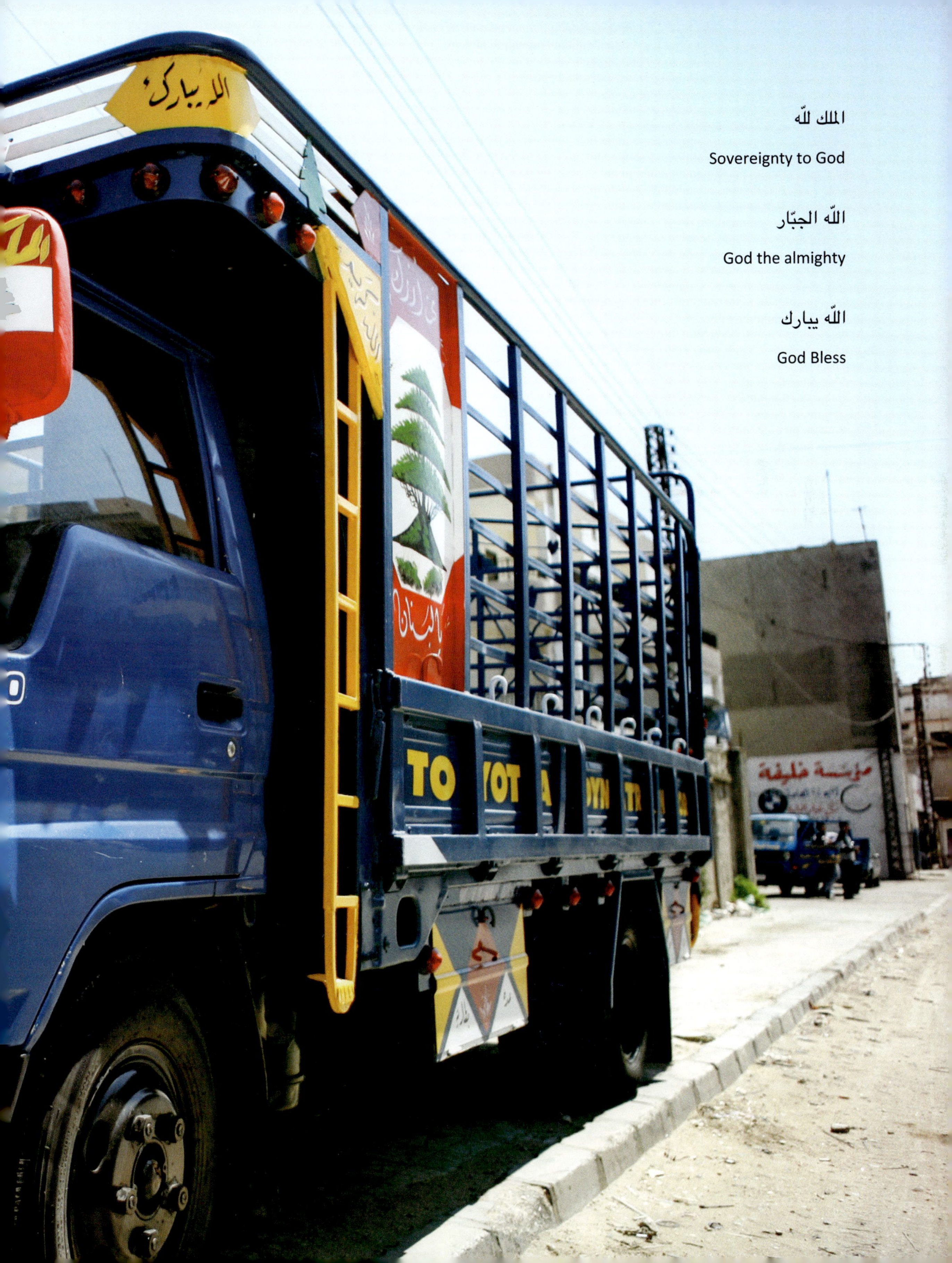

الملك لّله

Sovereignty to God

اللّه الجبّار

God the almighty

اللّه يبارك

God Bless

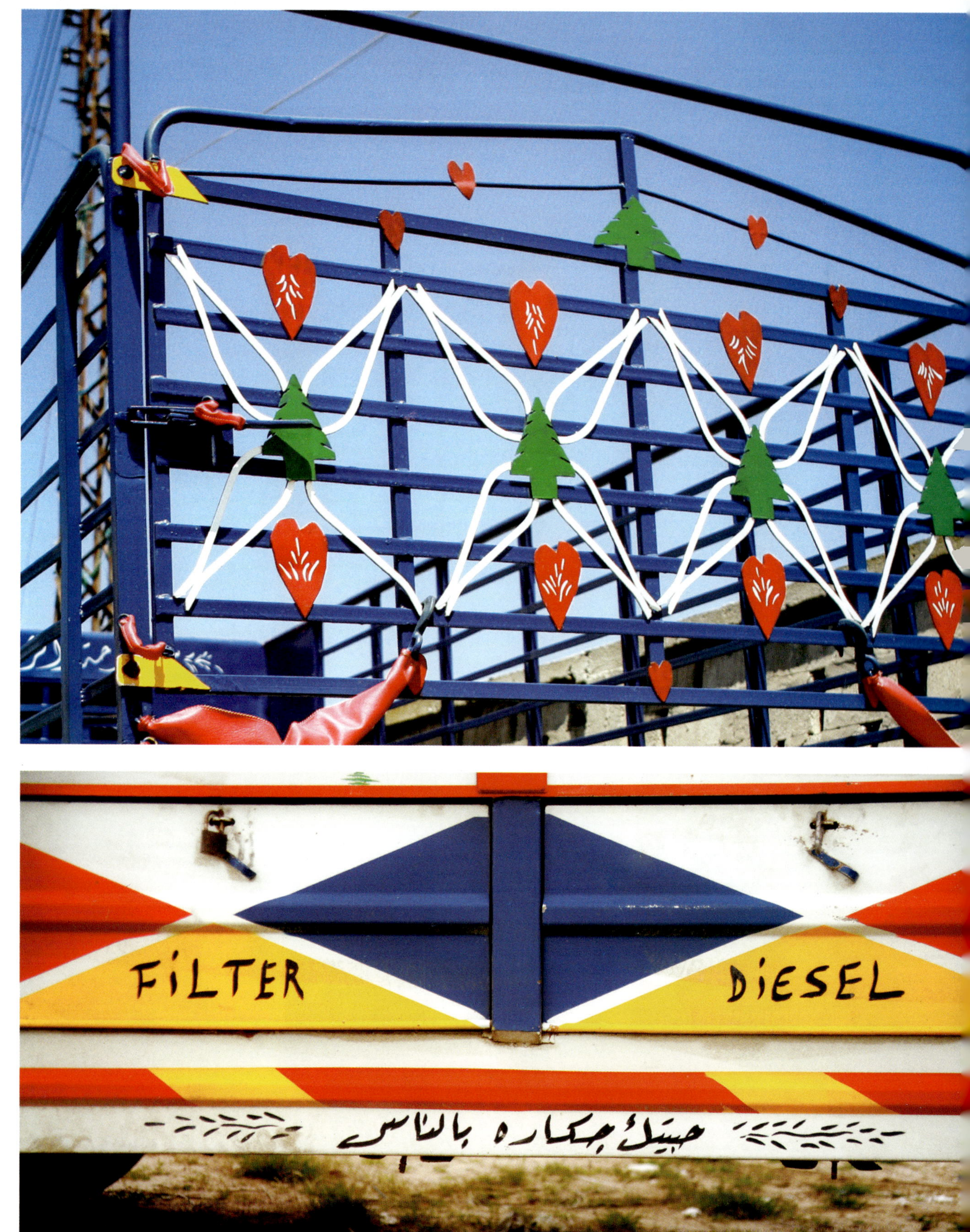
FILTER
DIESEL
حبيبك چكاره بالياس

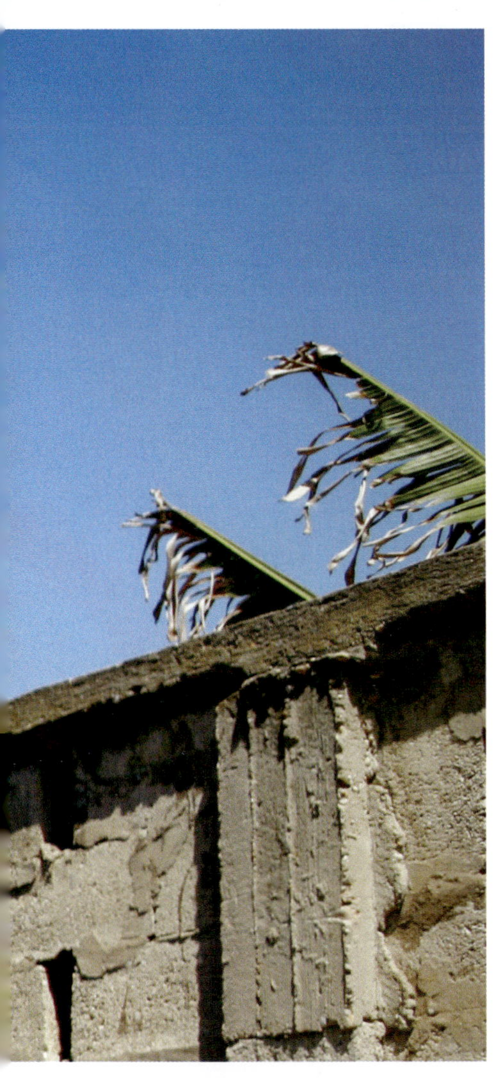

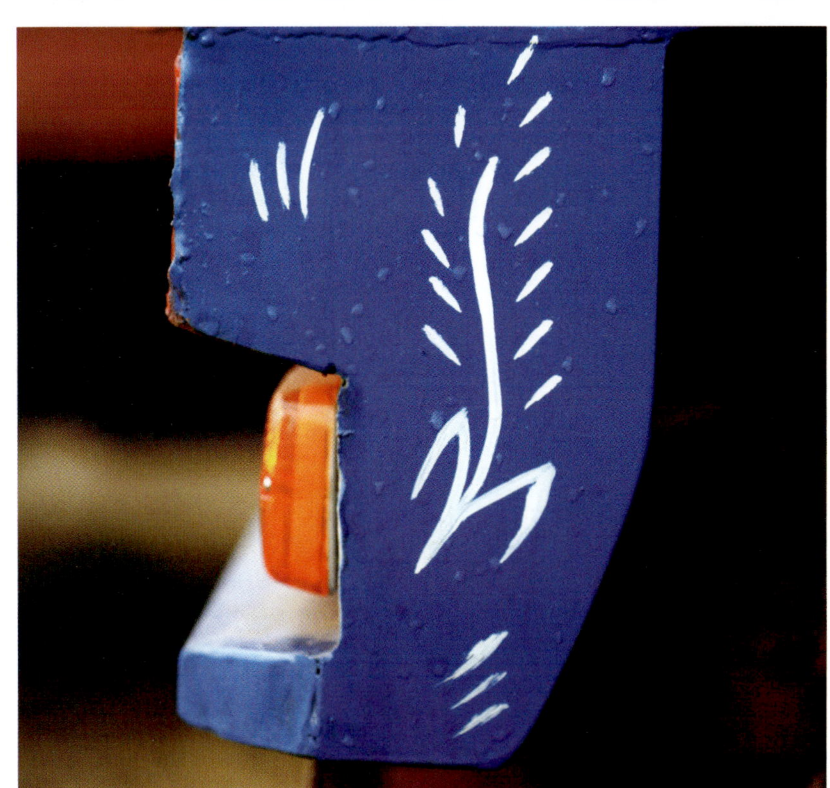

قمر الزمان

Beauty of all times

حبّيتك جكاره بالناس

I loved you to spite everyone

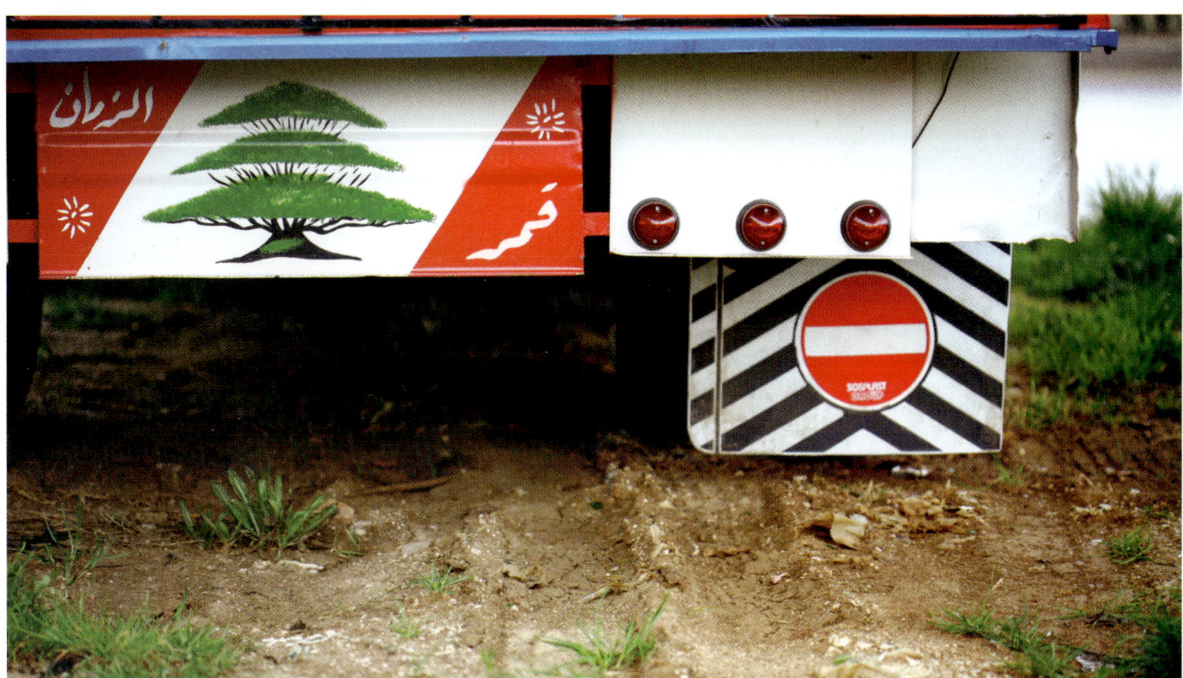

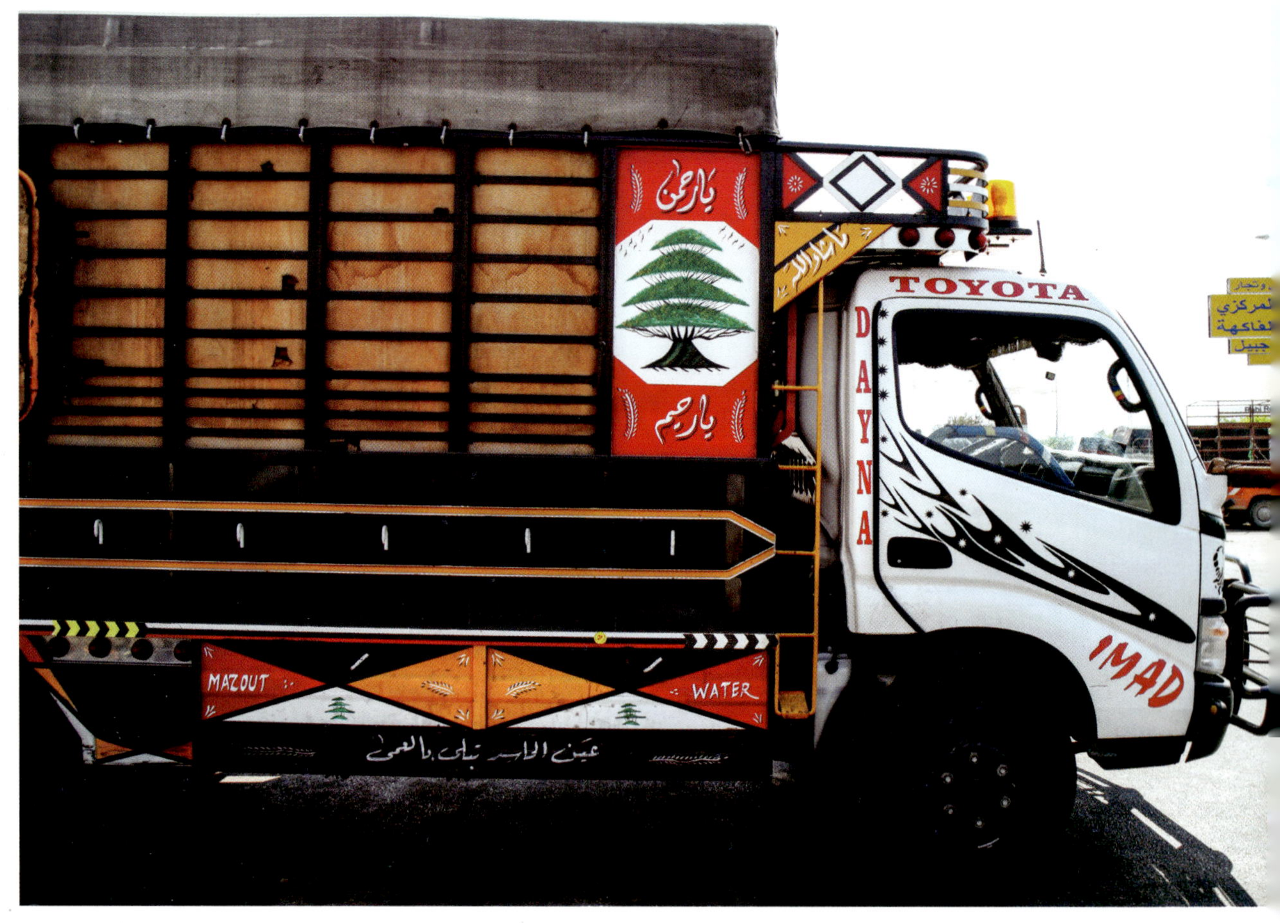

عين الحاسد تبلى بالعمى

May the eye of envy be struck with blindness

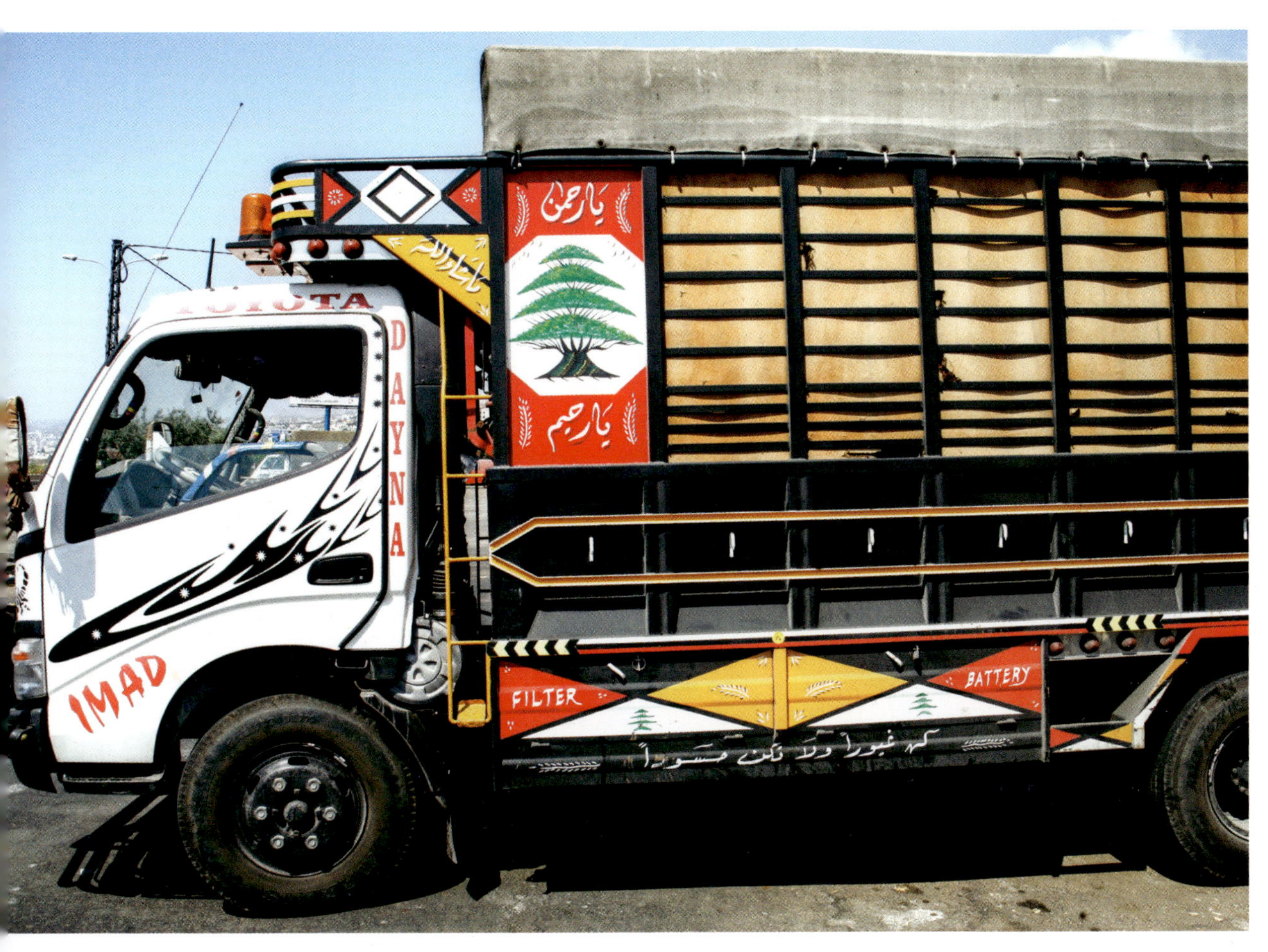

كُنْ غيوراً ولا تكن حسوداً

Be jealous but don't be envious

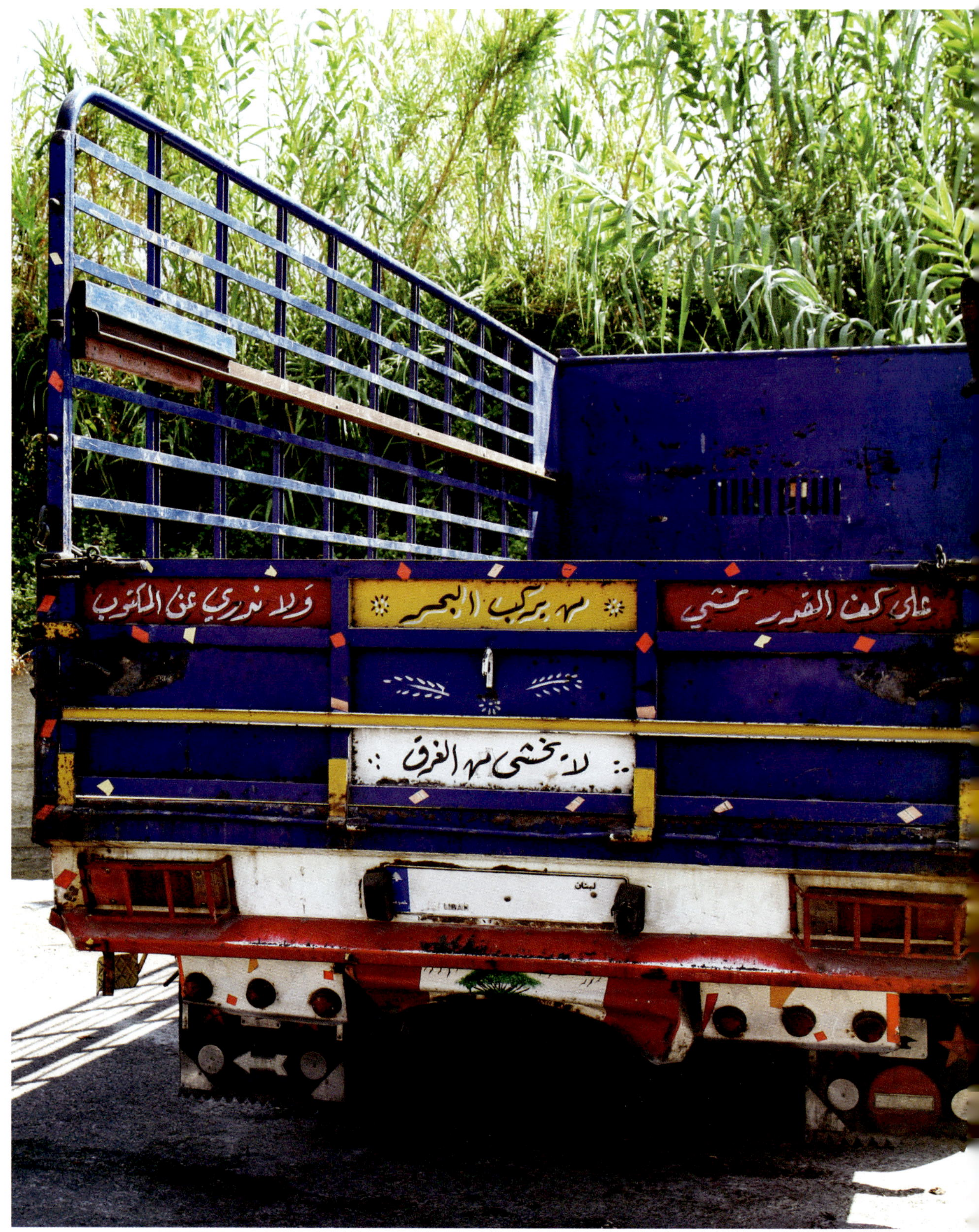
على كف القدر مشي * مهربكب البحر * ولا ندري عن المكتوب
لا يخشى من الغرق
لبنان
LIBAN

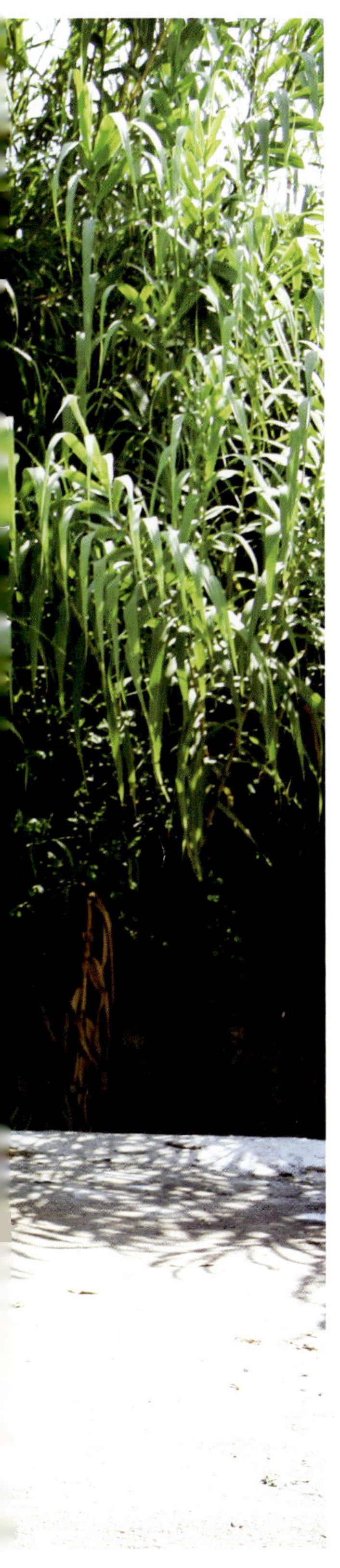

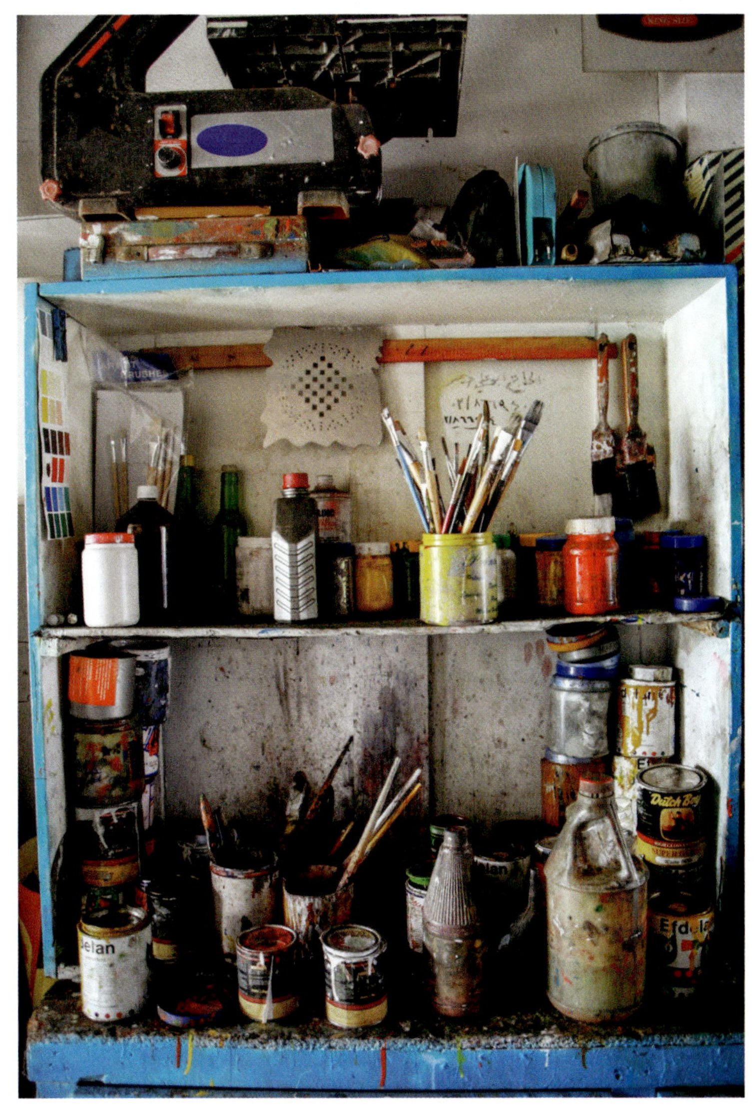

على كف القدر نمشي ولا ندري عن المكتوب

We walk the path of destiny
not knowing our fate

من يركب البحر لا يخشى من الغرق

He who sails the seas, does not fear drowning

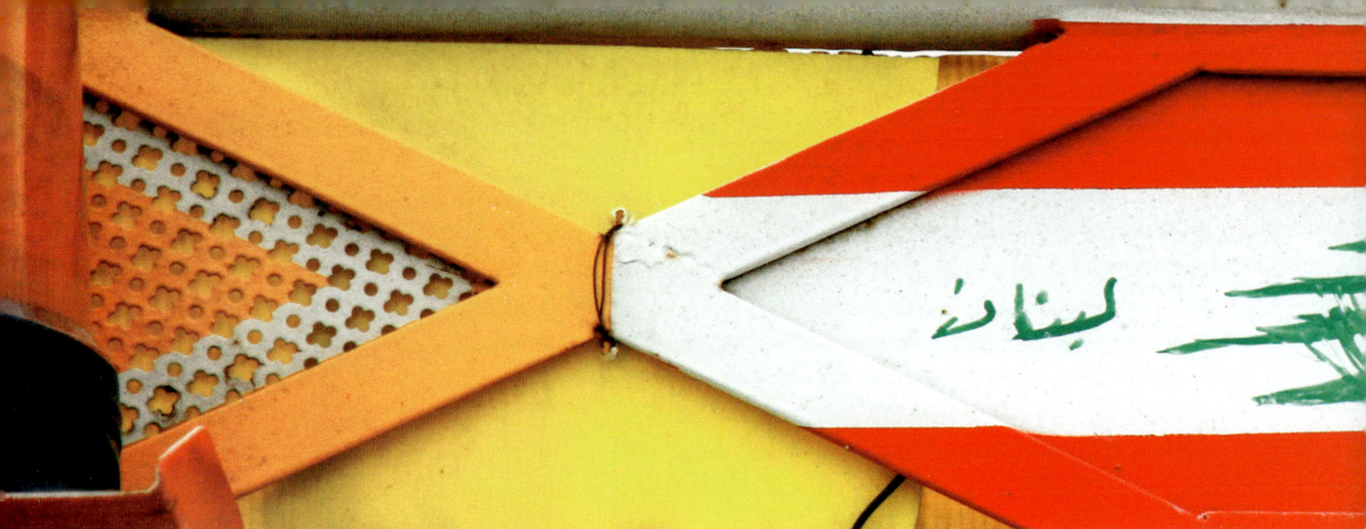

وطني لبنان

Lebanon, my country

محروسة يا عروسة

You are a protected bride

عروسة لبنان

Bride of Lebanon

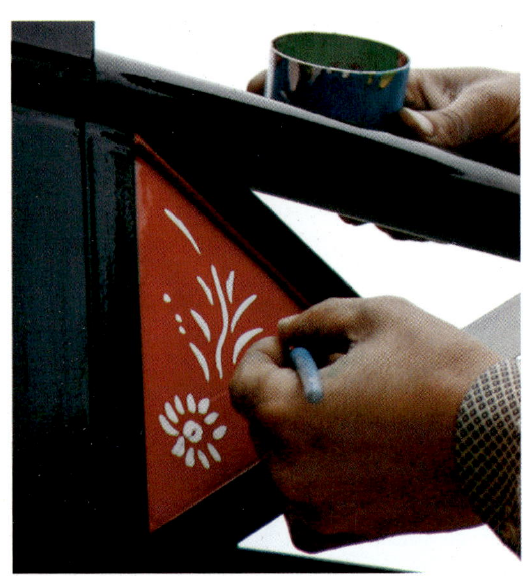

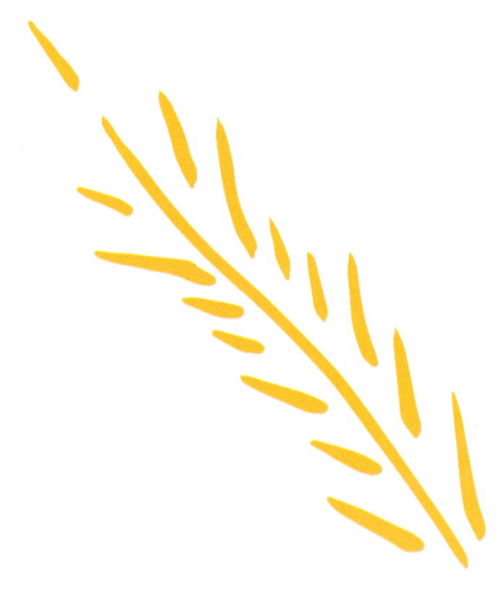

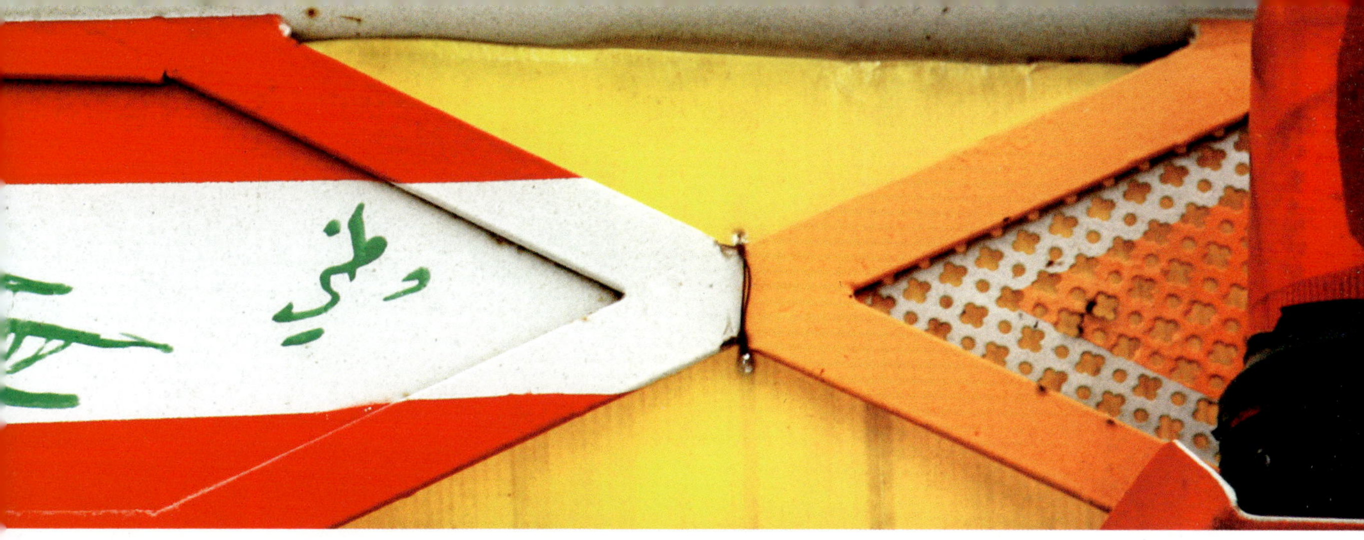

وطني

محروسة يا عروسة

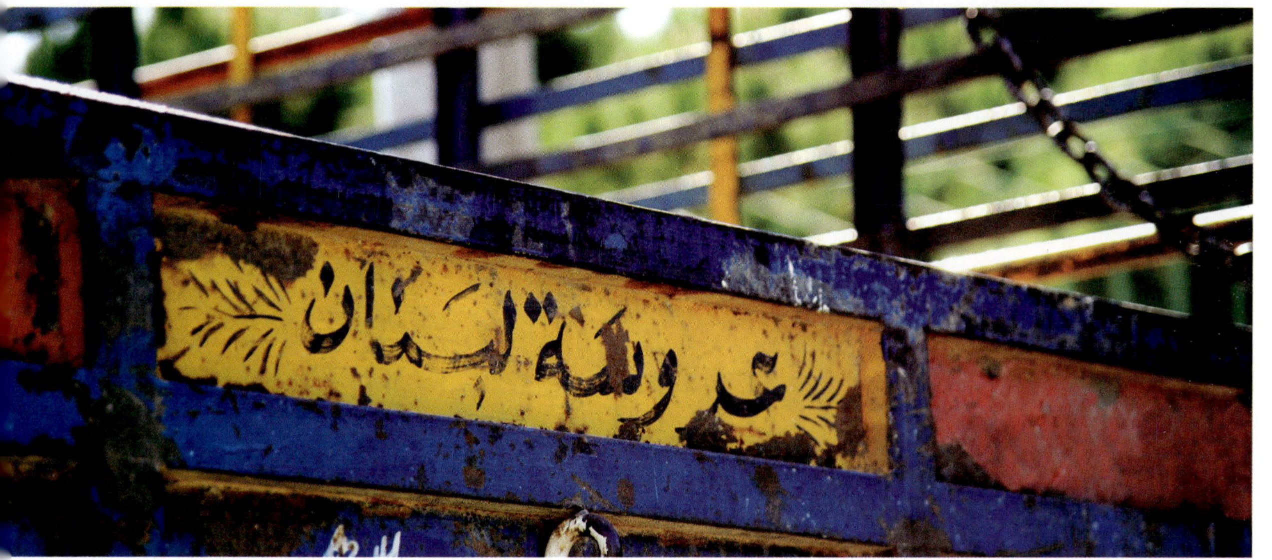

دولة لبنان

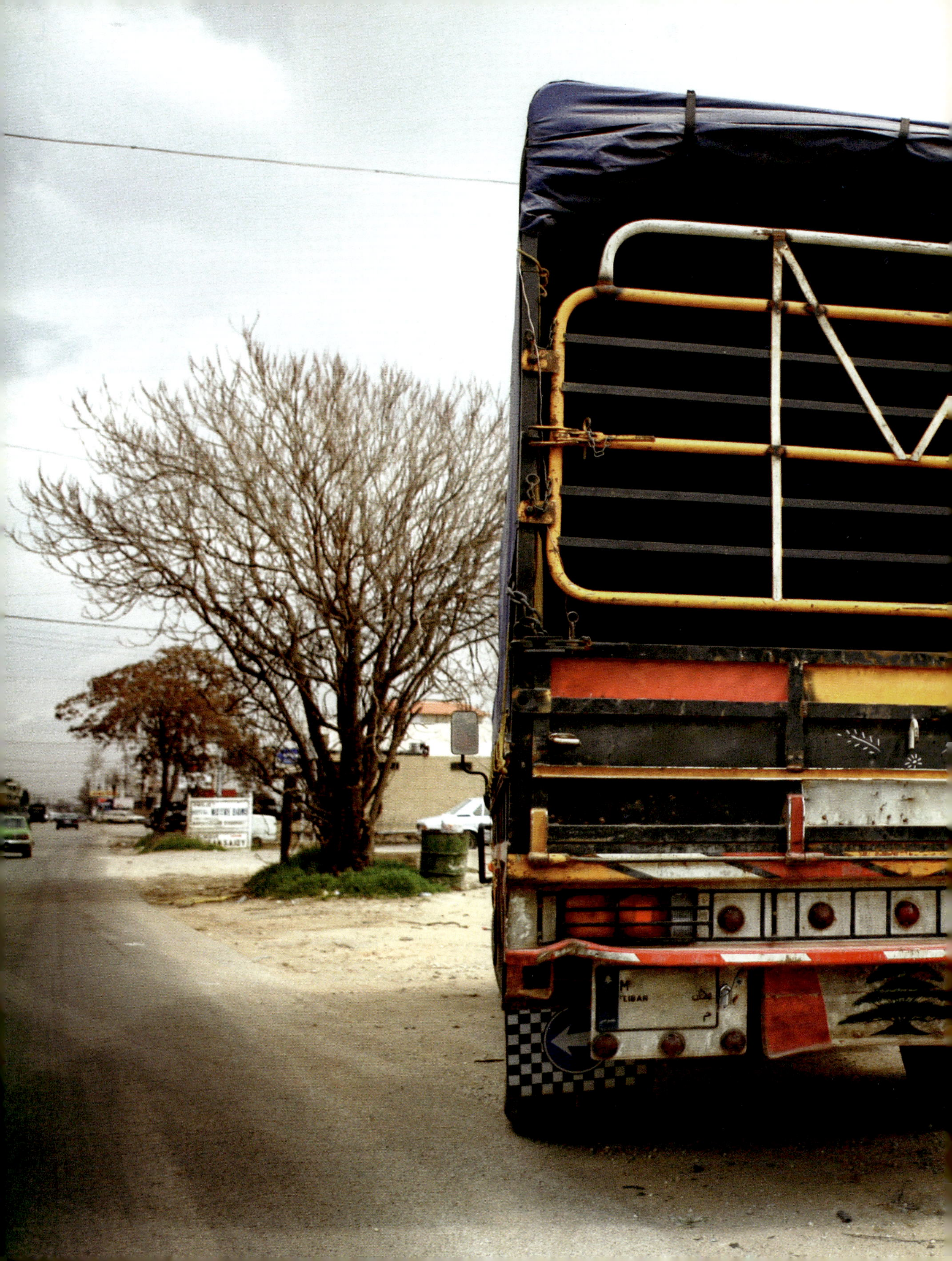

LIBAN

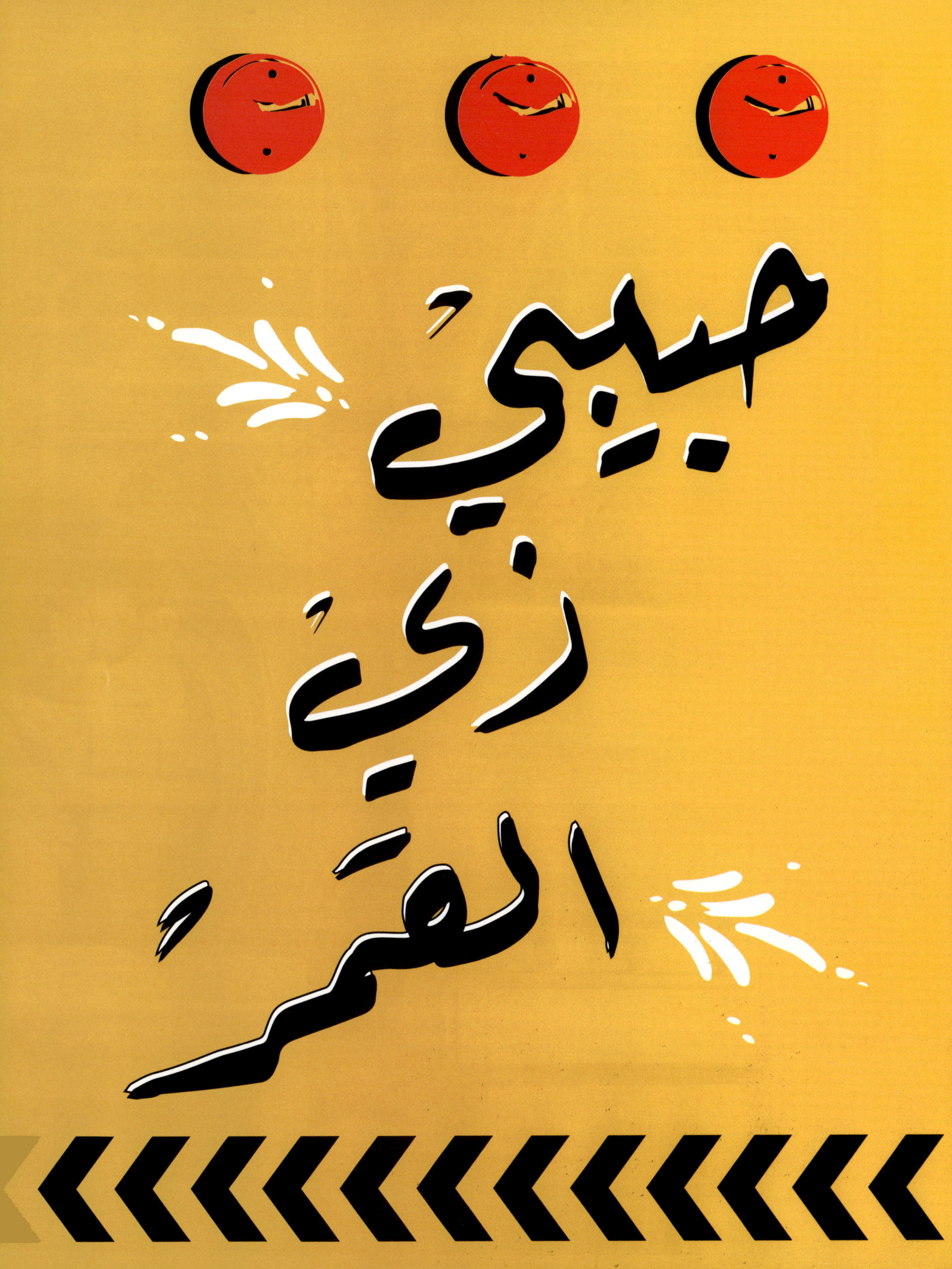

حبيبي
زكي
القمر

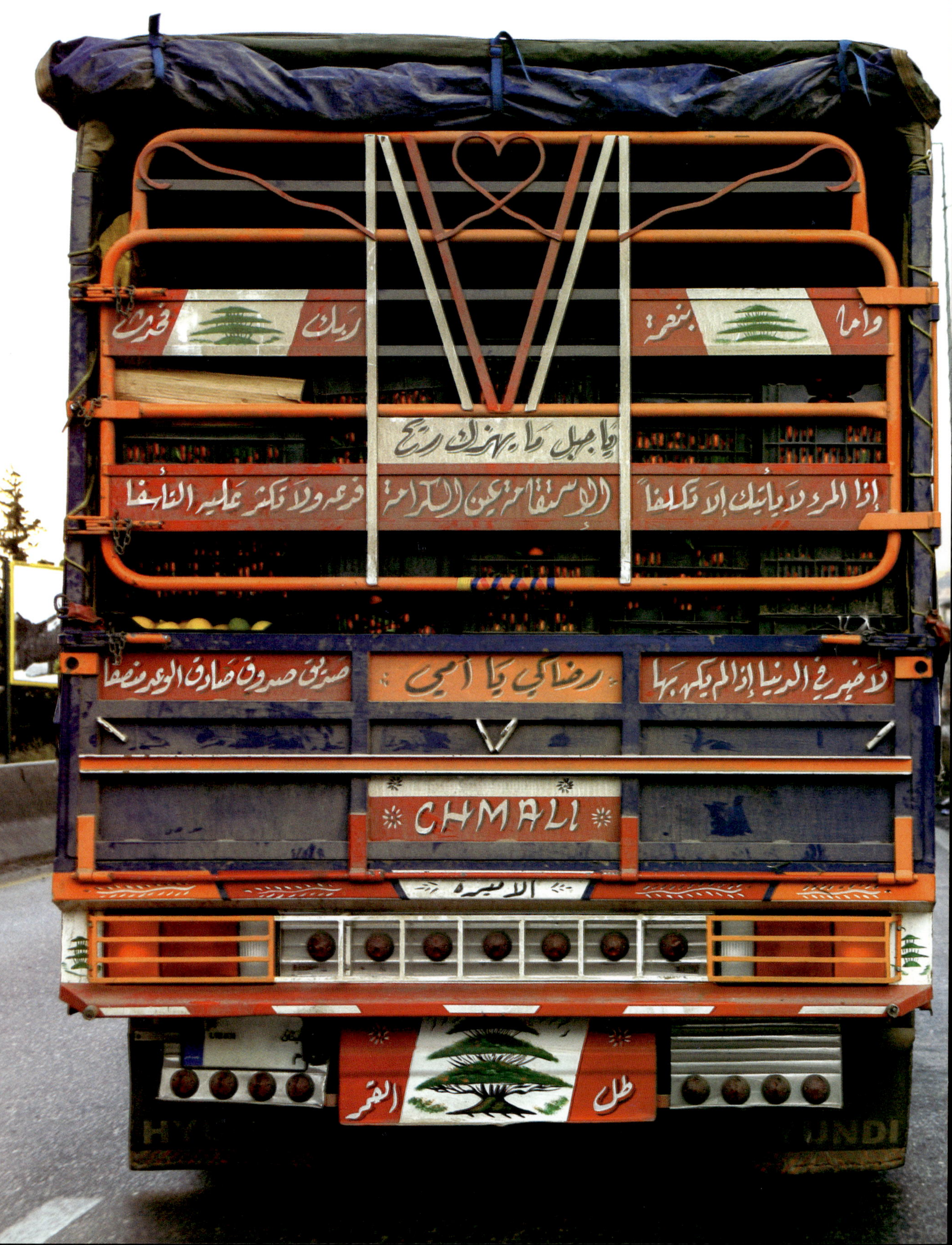
وأما بنعمة
ربك فحدث
ما أجمل ما يهزك ريح
الاستقامة عين الكرامة فدعه ولا تكثر عليه التأسفا
إذا المرء لا يأتيك إلا تكلفا
لا خير في الدنيا إذا لم يكن بها صديقي صدوق صادق الود منصفا
رضاكي يا أمي
CHMALI
الأميرة
طل القمر

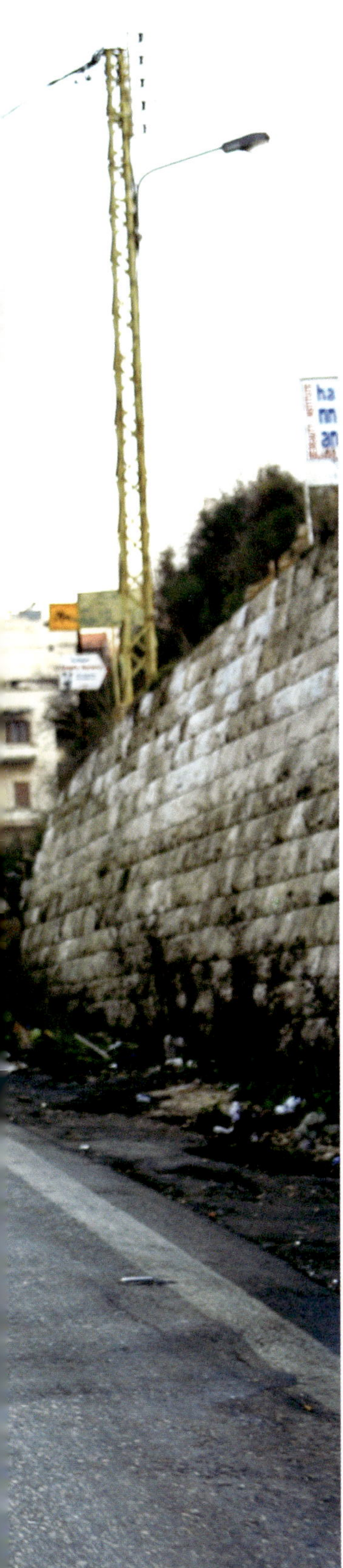

حبيبي زي القمر

My love is the most beautiful

وأما بنعمة ربك فحدّث

Show God's benevolence

يا جبل ما يهزّك ريح

Like a mountain, unaffected by hurricanes

إذا المرء لا يأتيك إلا تكلّفاً فدعه ولا تكثر عليه التأسفا

If you are approached by a hypocrite, ignore him without regrets

الإستقامة عين الكرامة

Integrity is dignity

لا خير في الدنيا إذا لم يكن بها صديق صدوق صادق الوعد منصفاً

Life is unworthy without a faithful, honest and loyal friend

رضاكِ يَا أمّي

Your blessings mother

الأميرة

The princess

طلّ القمر

The beauty appeared

عروسة الجنوب

Bride of the south

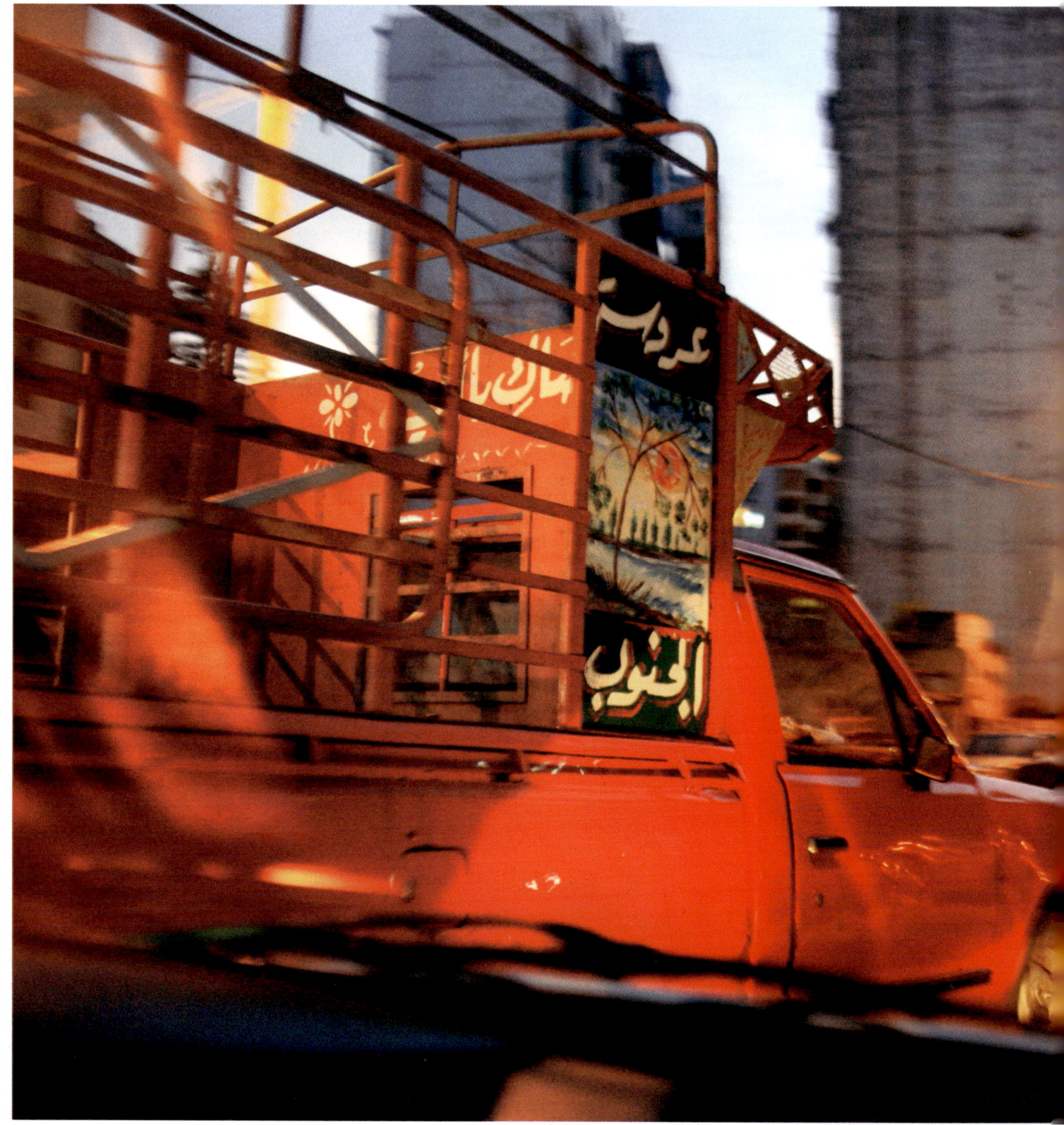

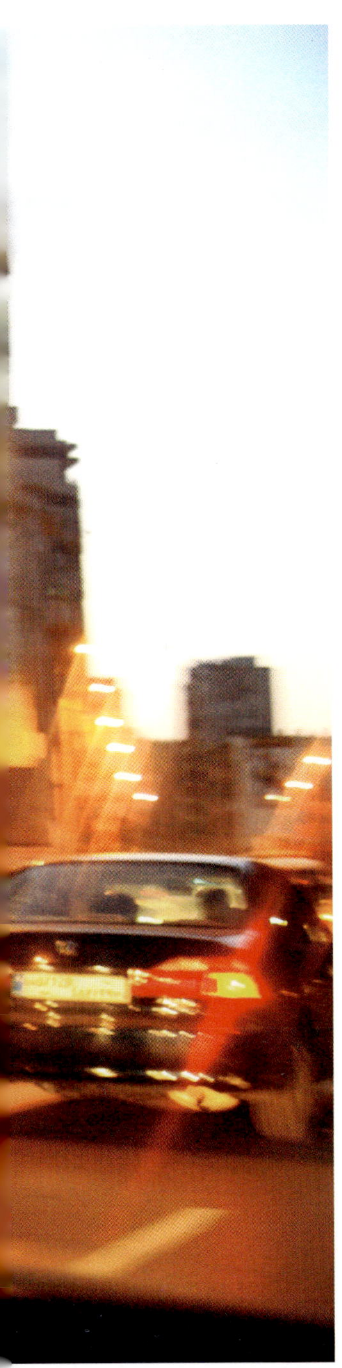

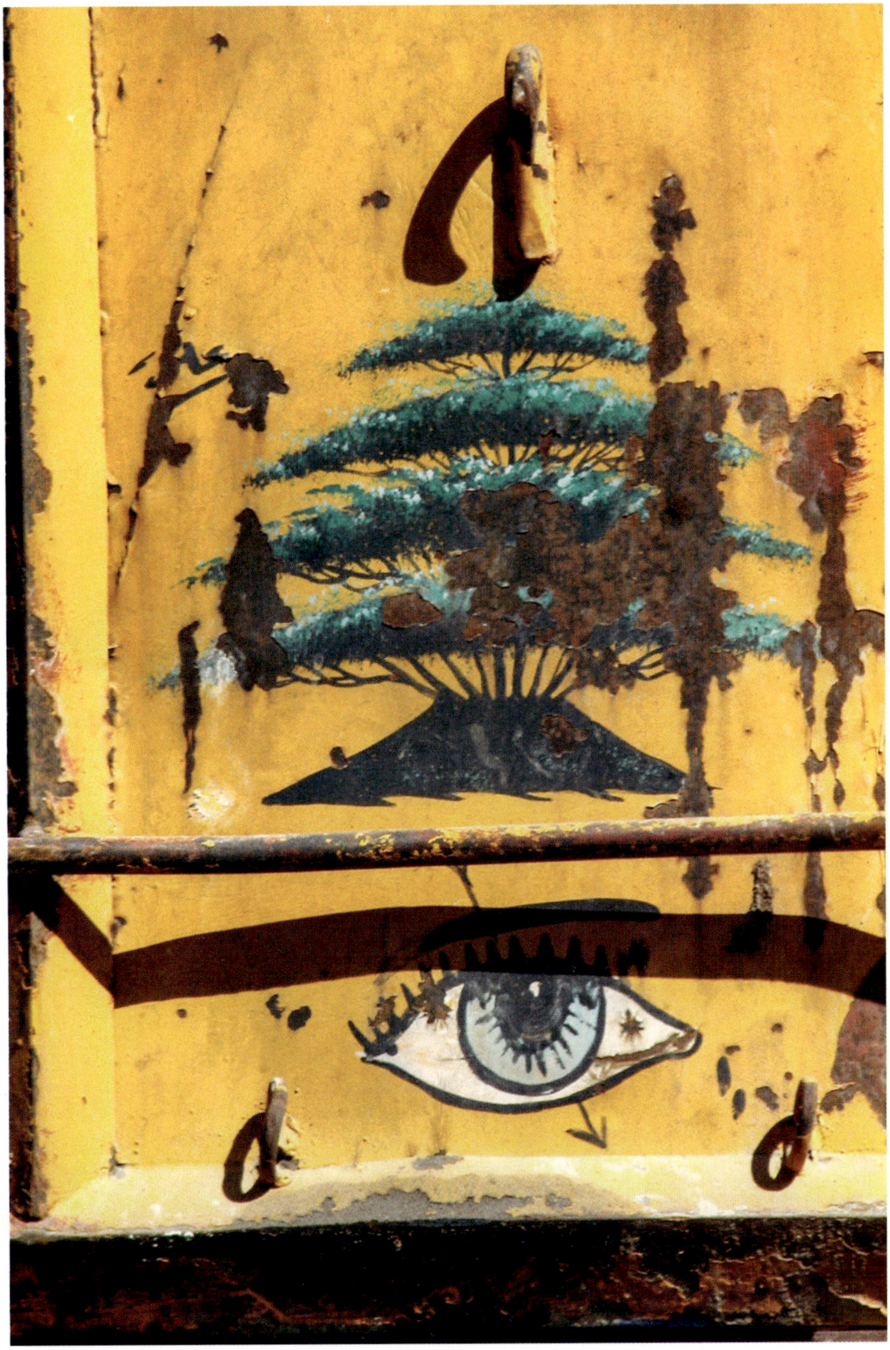

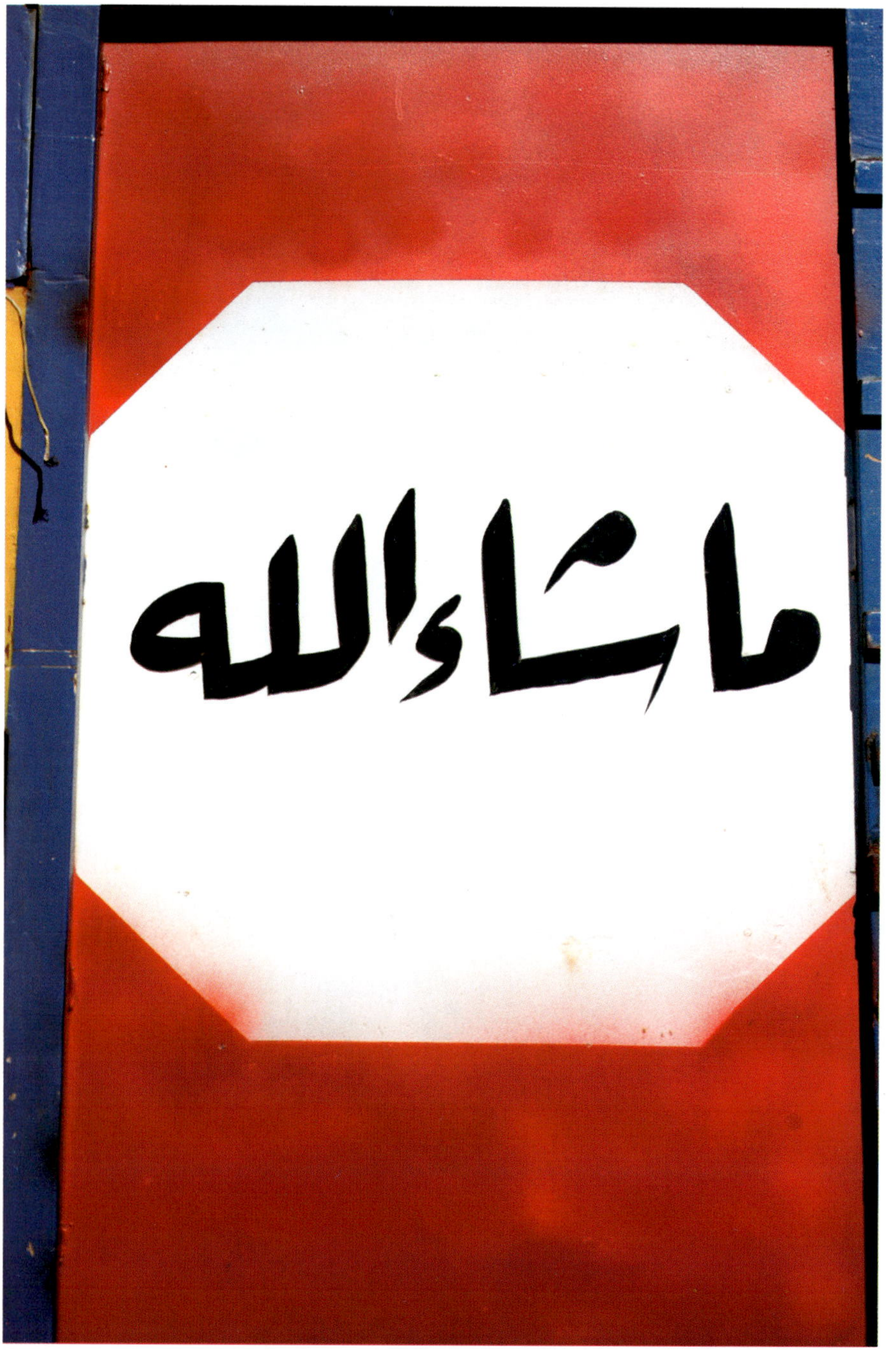

ما شاء الله

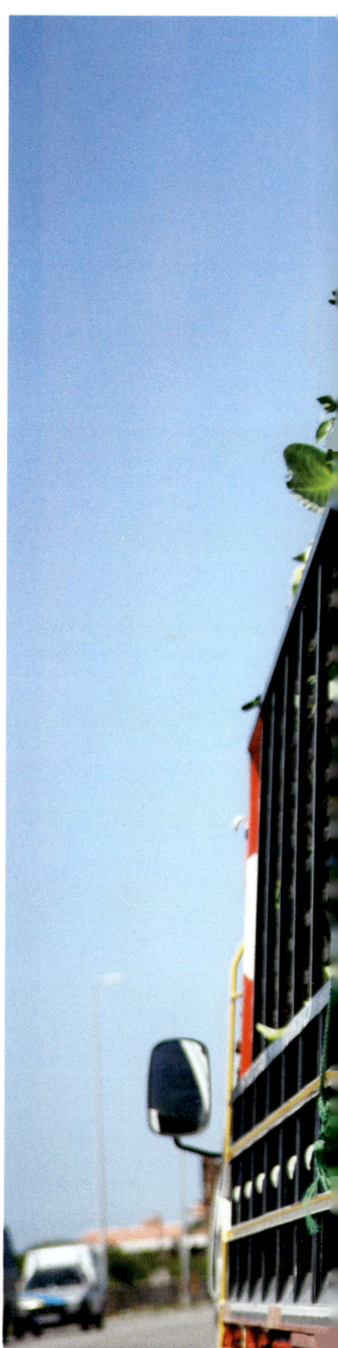

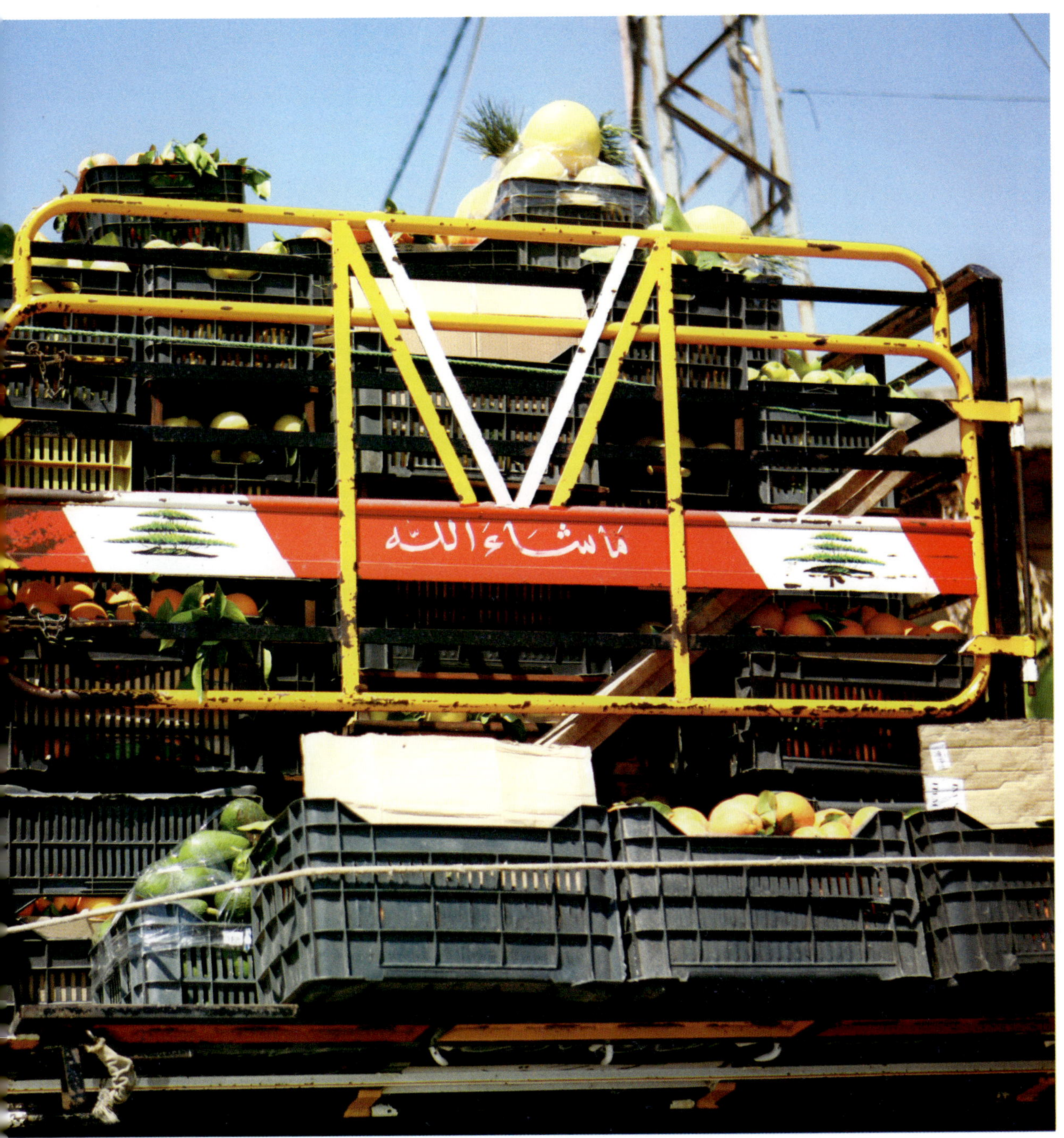
ما شاء الله

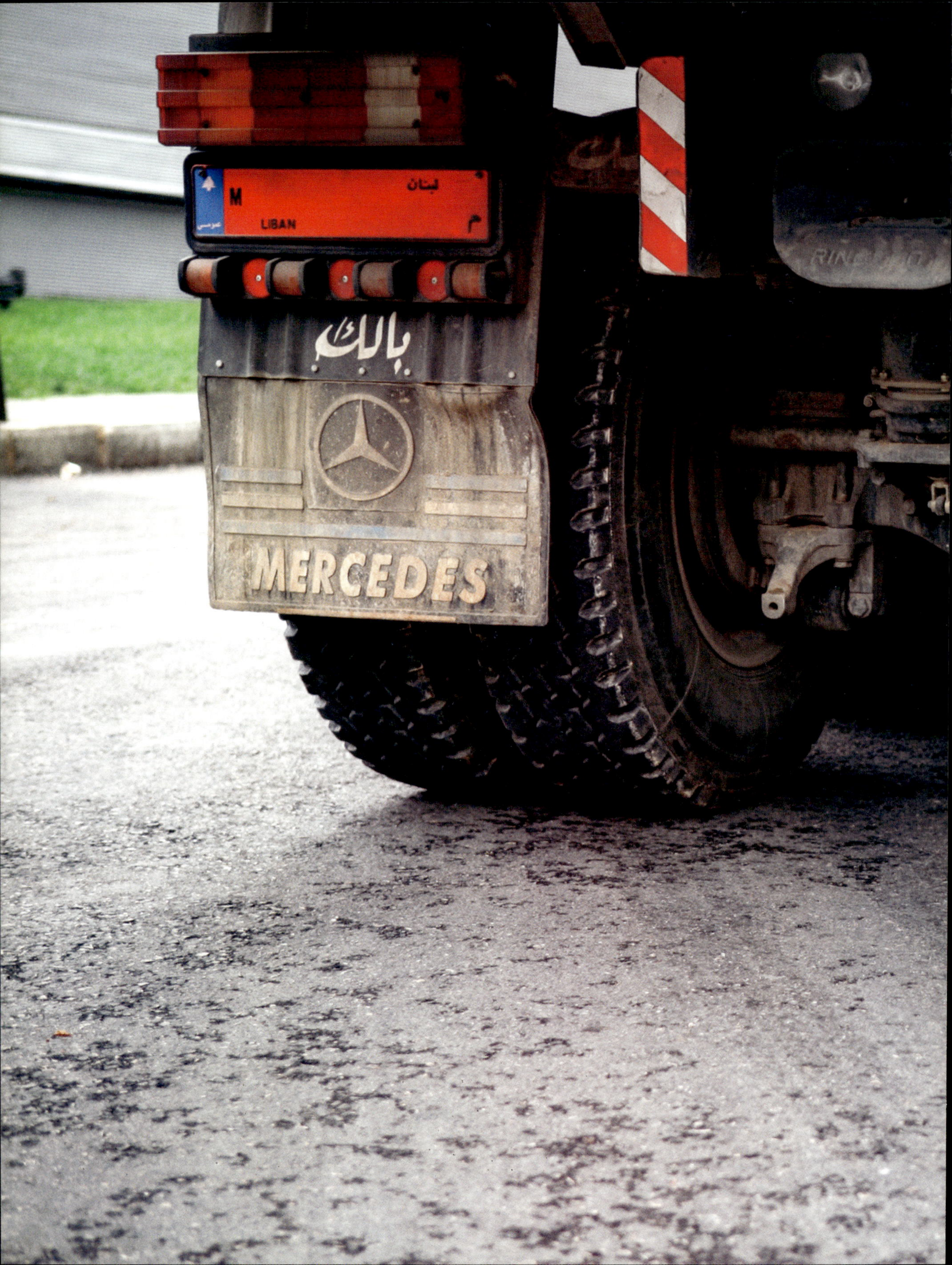

M
لبنان
م
LIBAN
بالك
MERCEDES

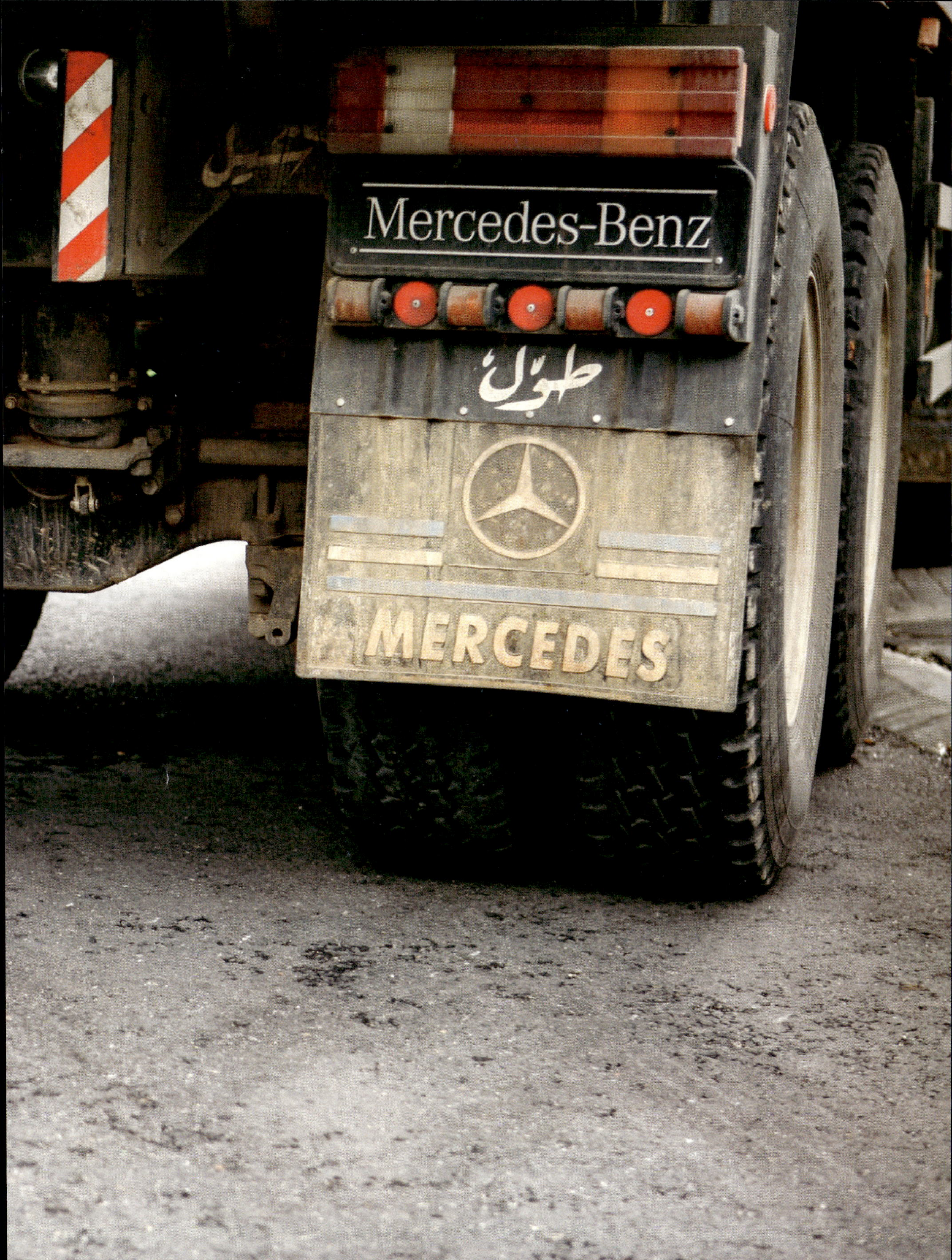

Mercedes-Benz
طوّل
MERCEDES

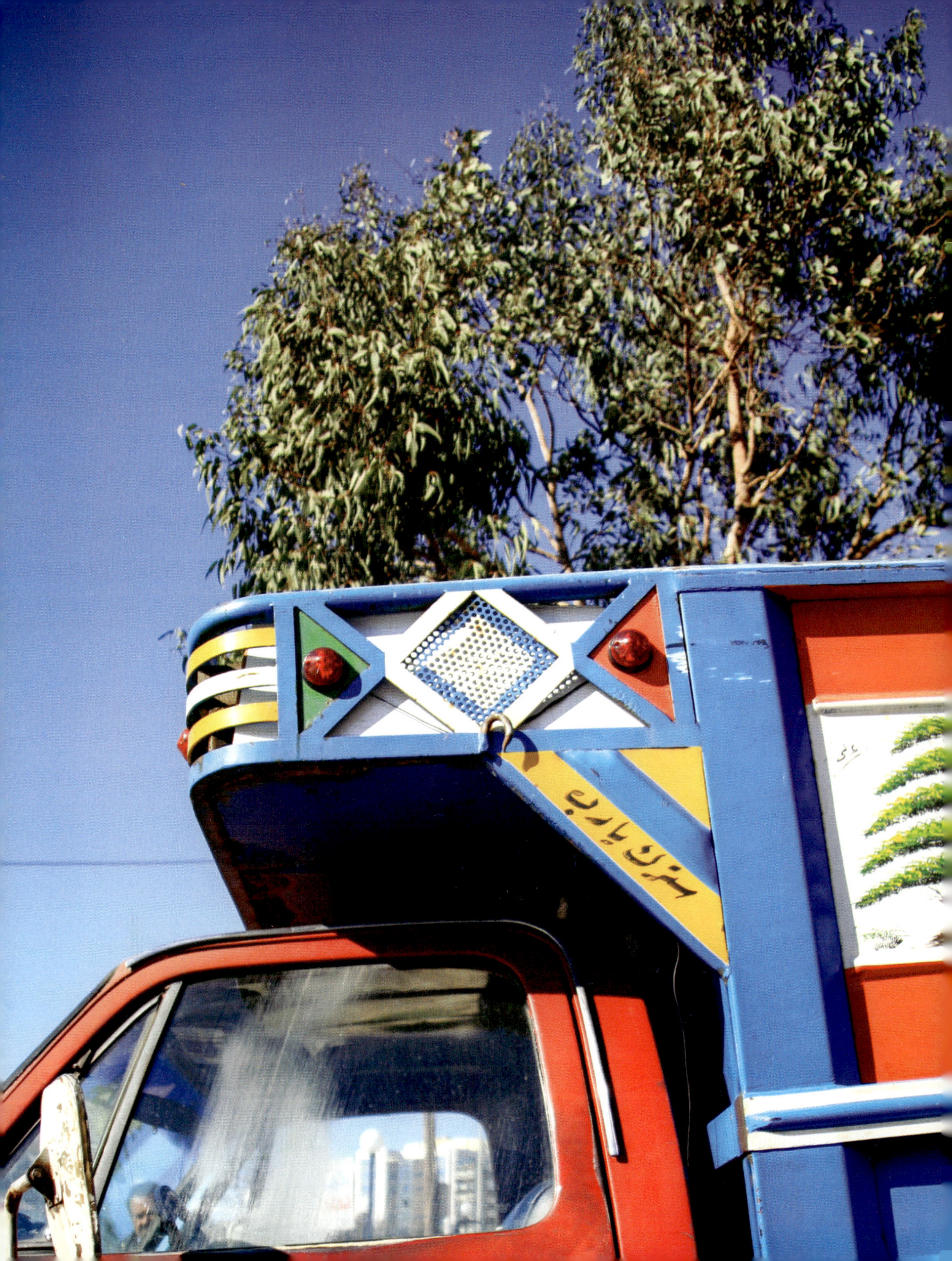

طوّل بالك

Be patient

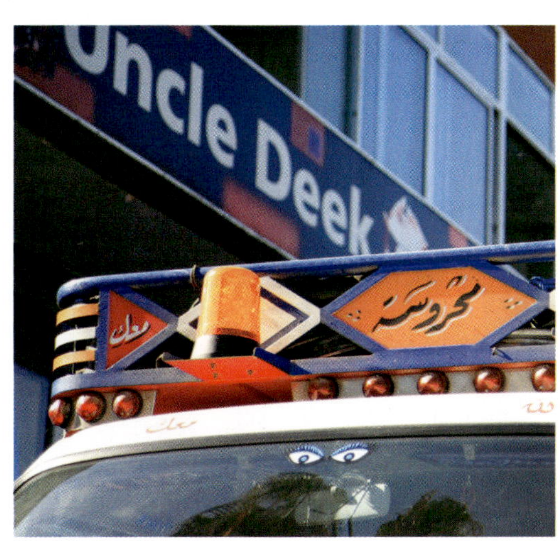

سَترك يا ربّ

God, protect me

محروسة

Protected

يا رضى اللّه ورضى الوالدين

God's and my Parent's contentment

يا خوفي من عيون الناس

I fear people's evil eyes

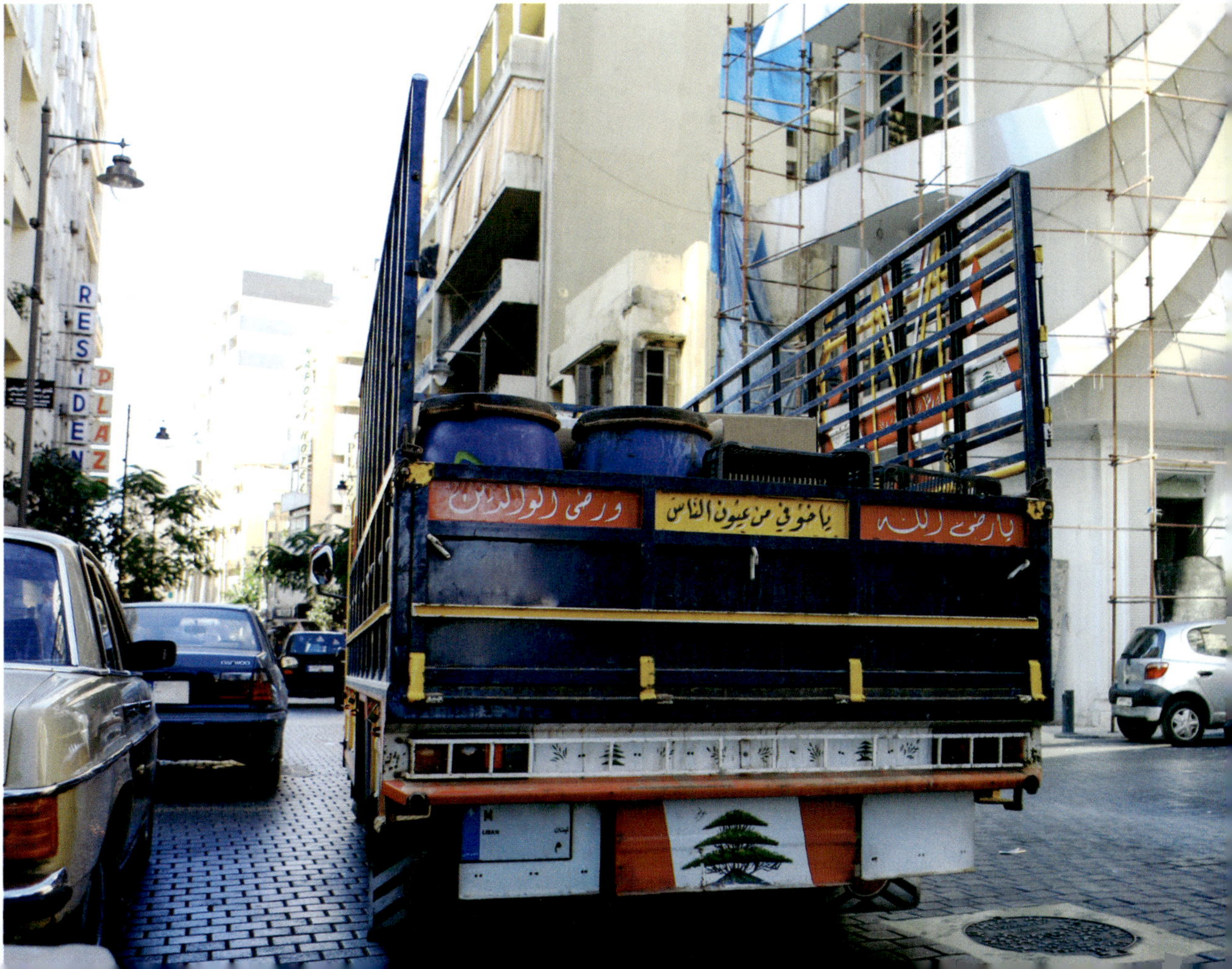

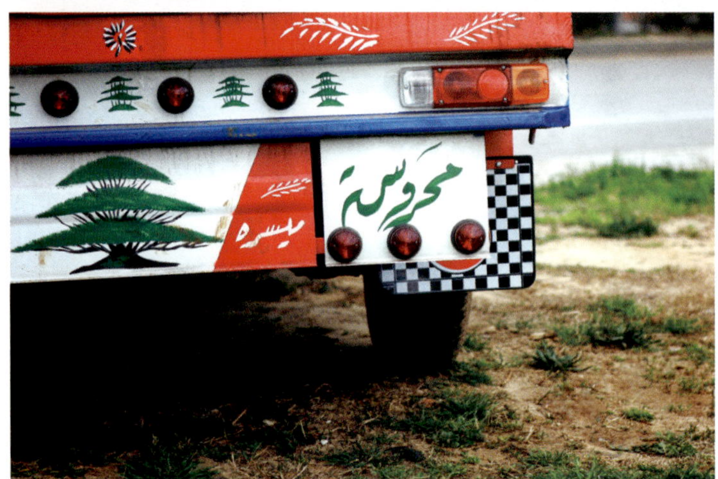

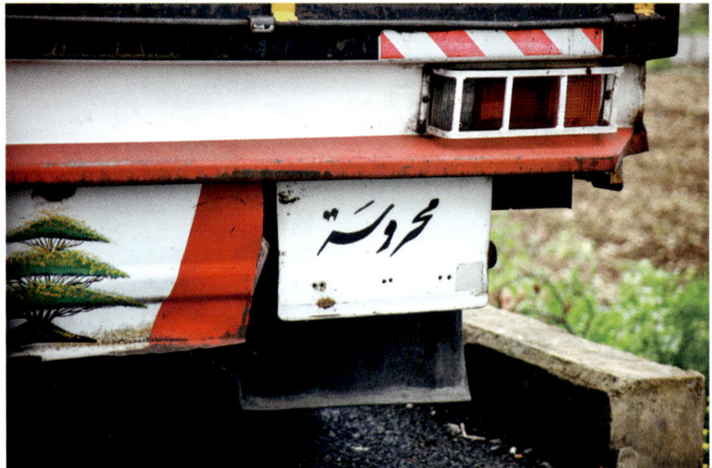

محروسة

Protected

أمّوره

Cute

ميسّرة

Facilitated

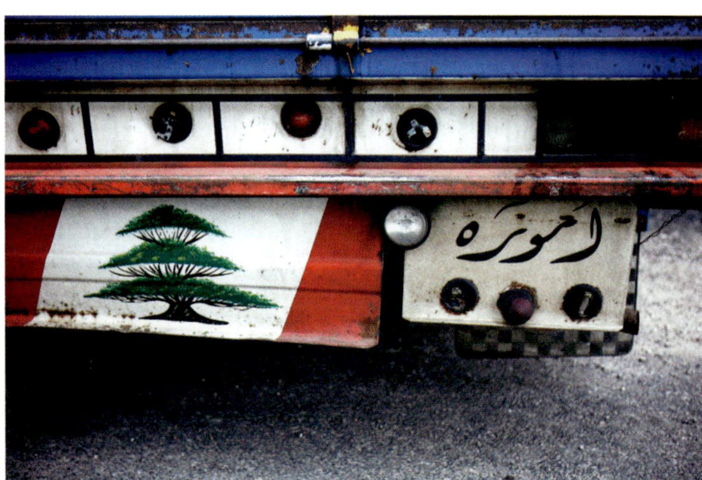

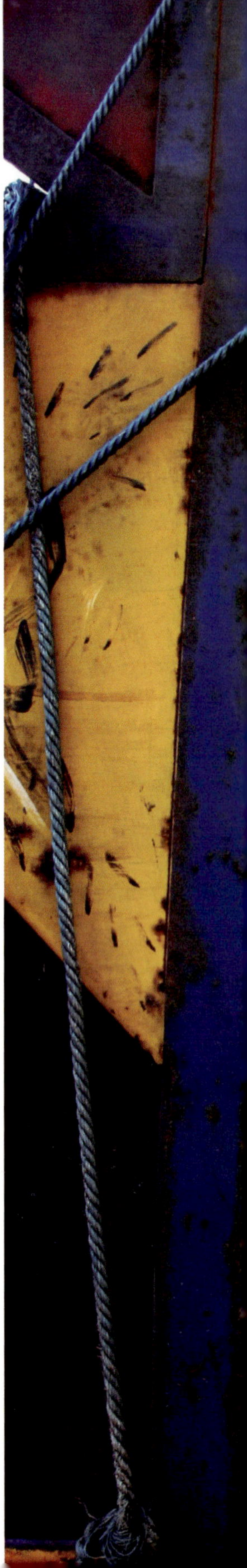

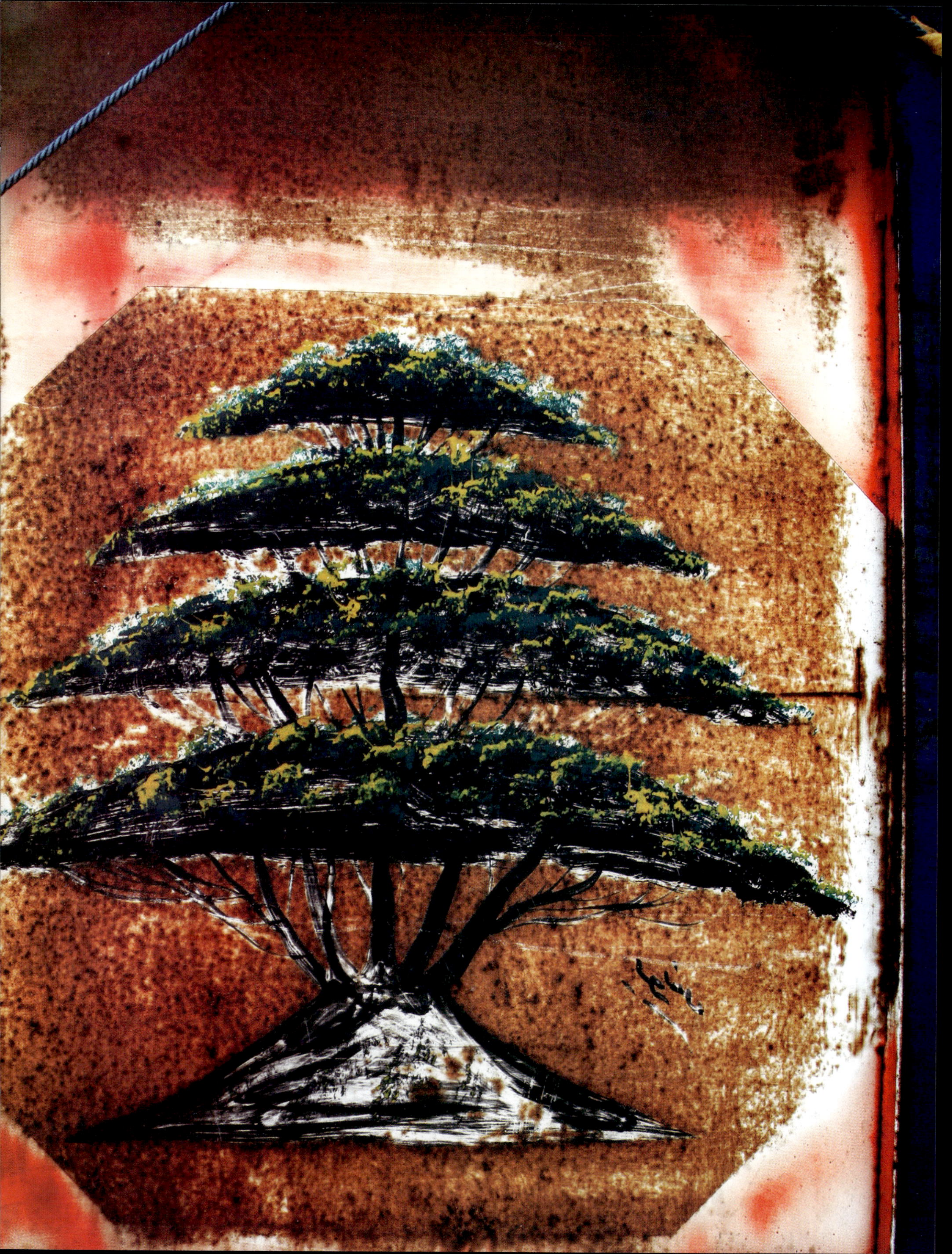

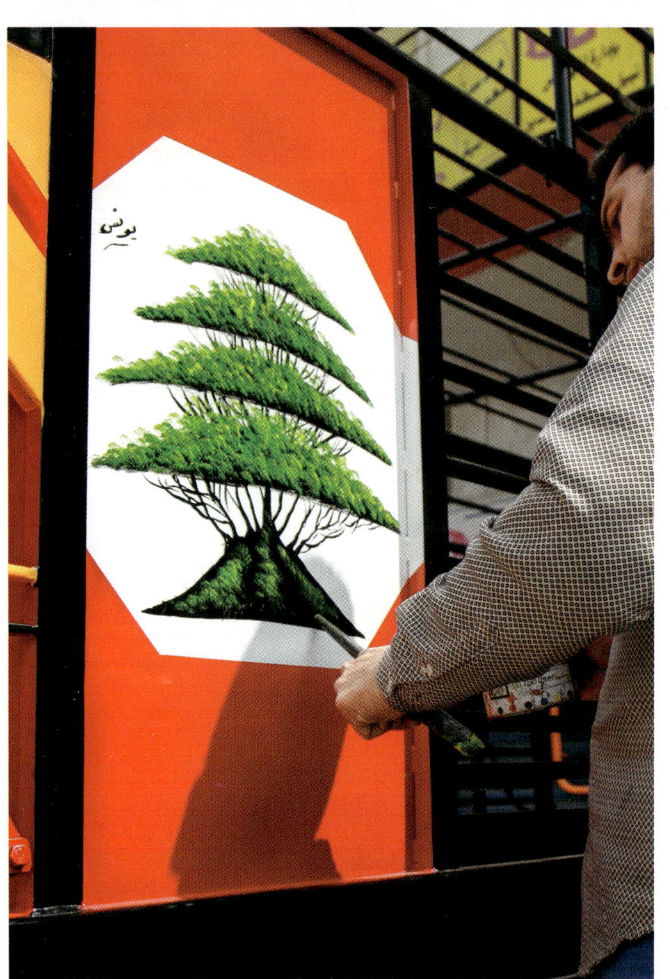

يونس

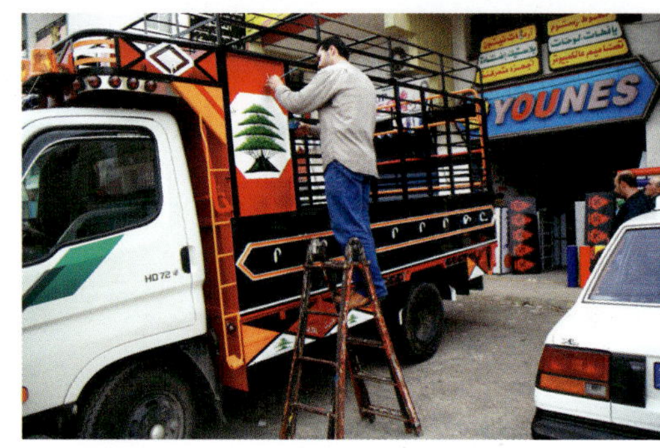

YOUNES

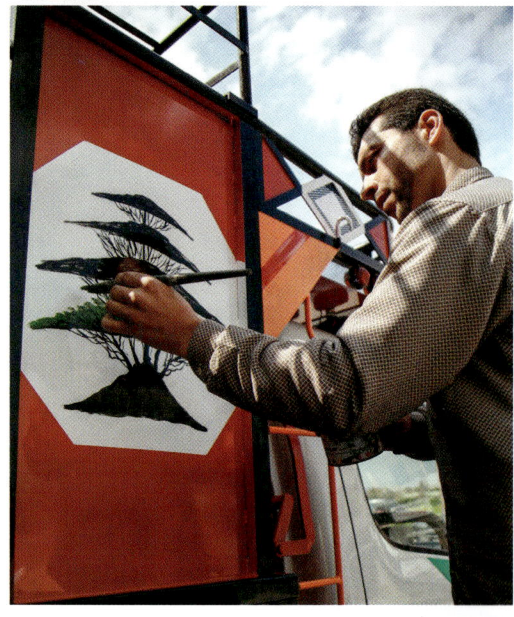

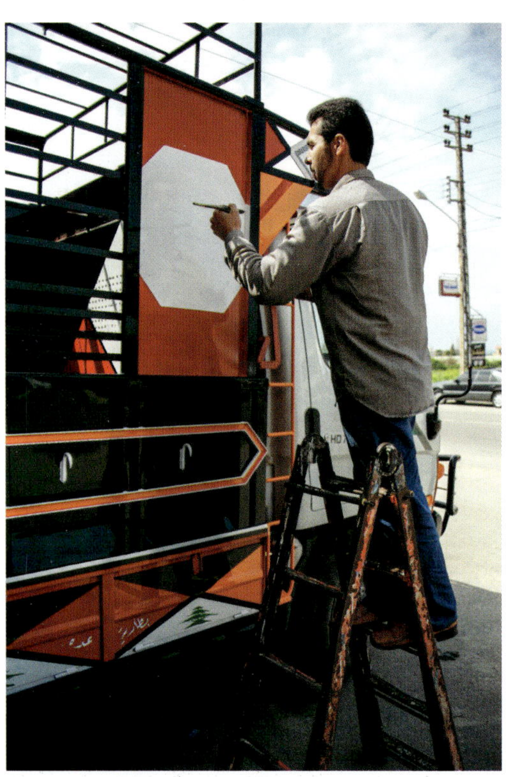

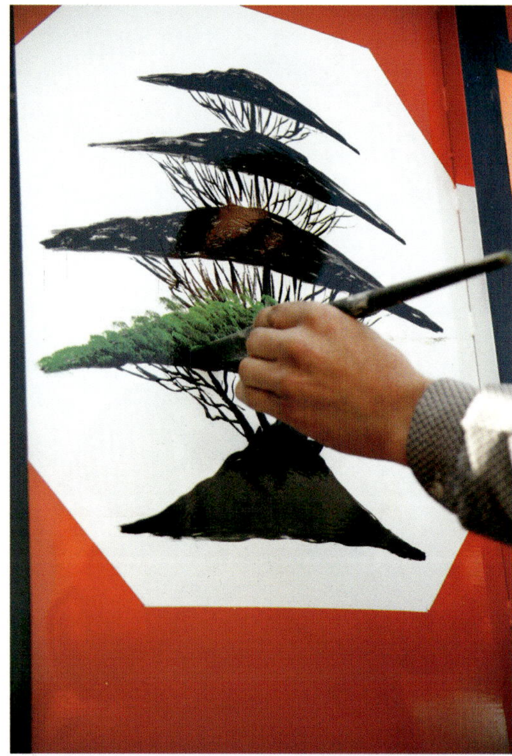

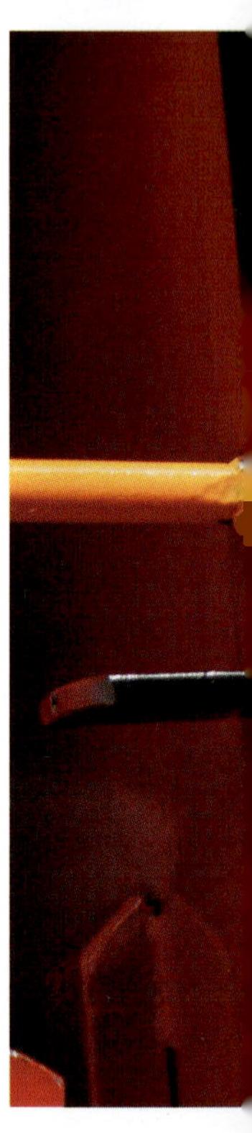

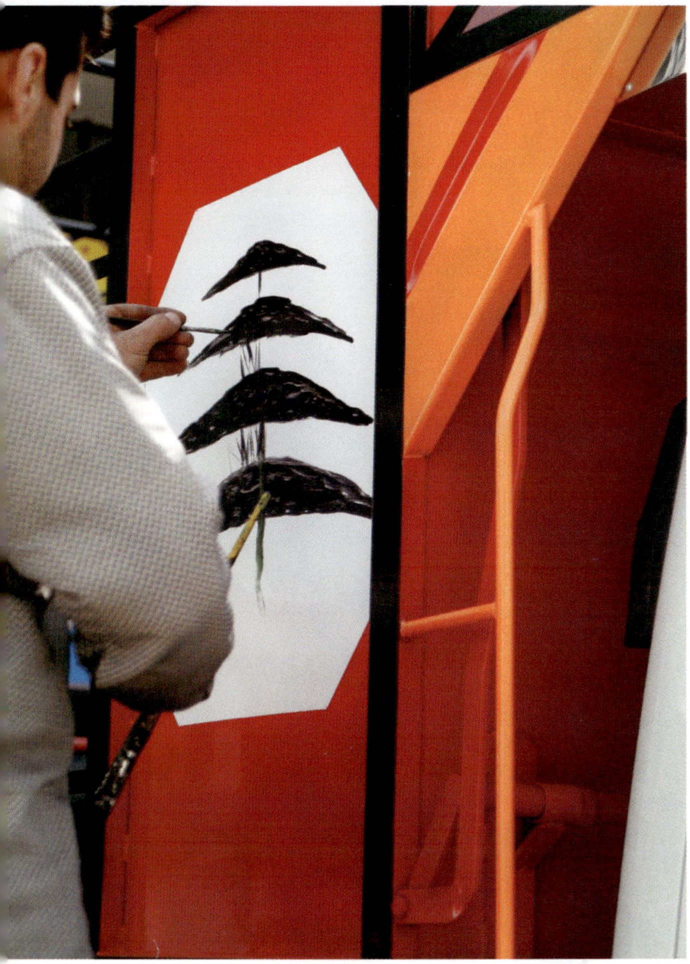

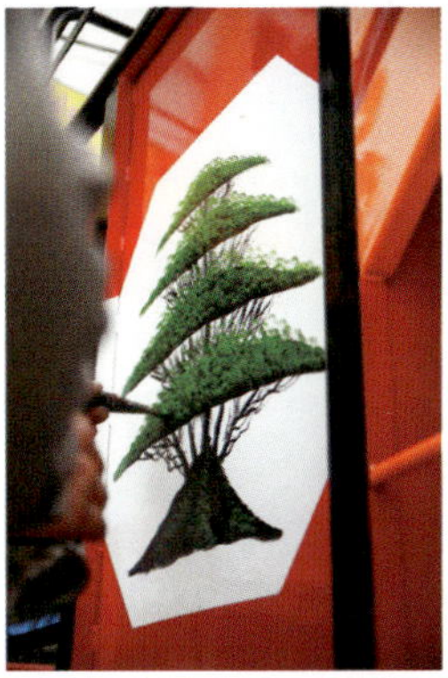

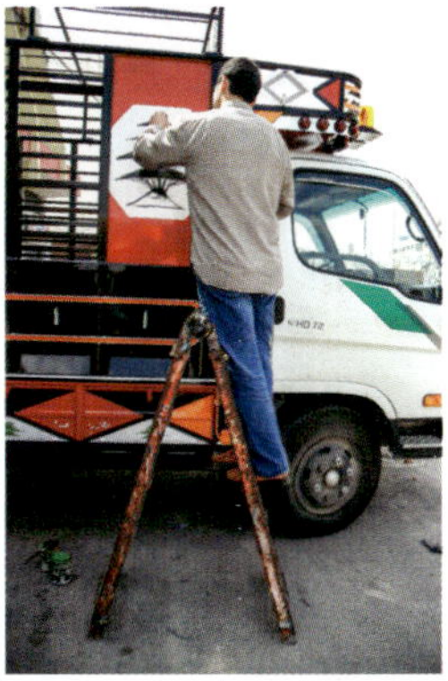

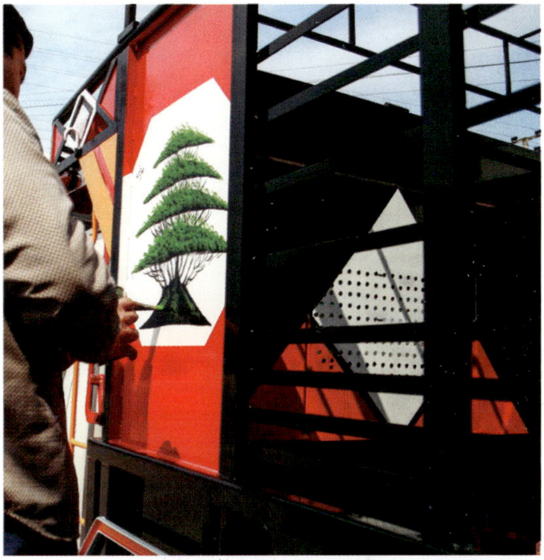

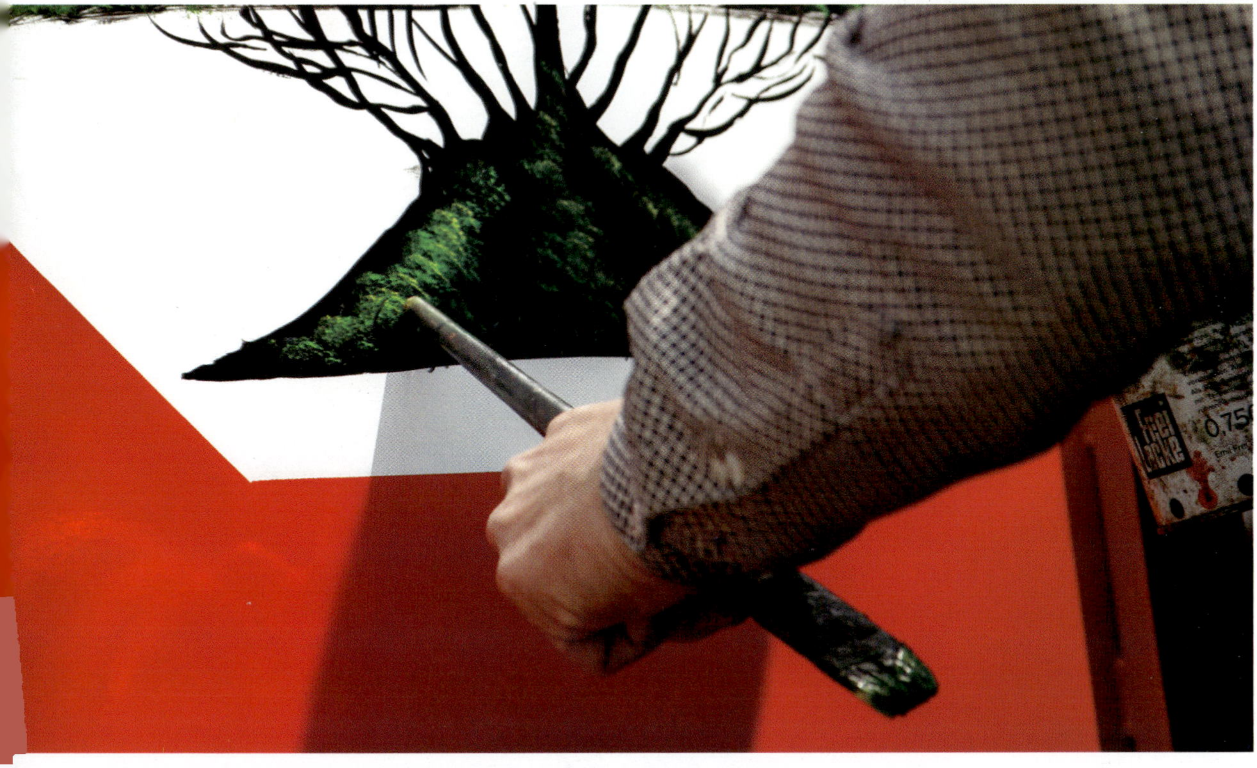

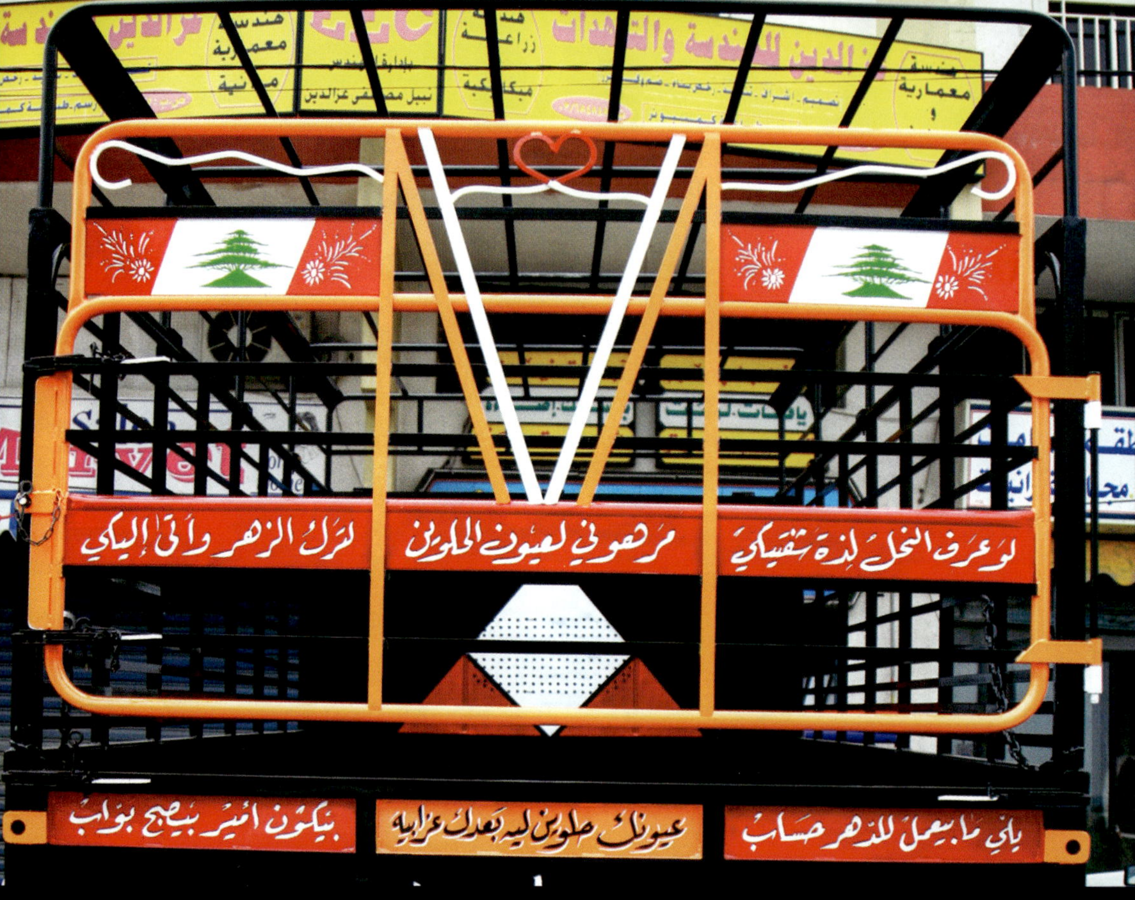

لو عرف النحل لذة شـفتيكي لترك الزهر و أتى إليكي

Had the bees known the sweetness of your lips,
it would have abandoned the flowers and came to you

مرهوني لعيون الحلوين

Hostage to your beautiful eyes

يلّي ما بيعملْ للدهر حساب، بيكون أمير بيصبح بوّاب

He who does not live cautiously,
turns from a prince to a doorman

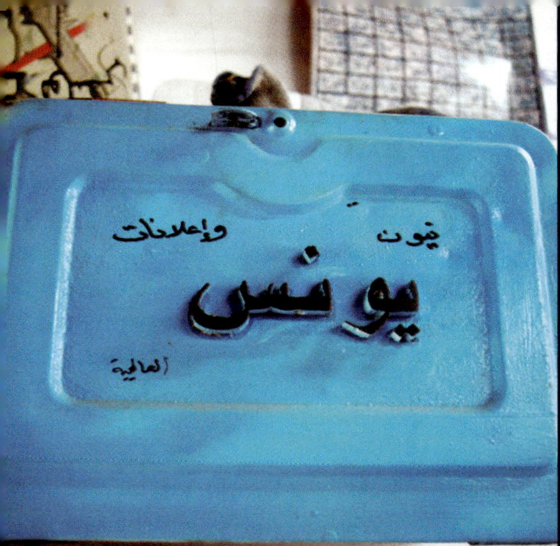

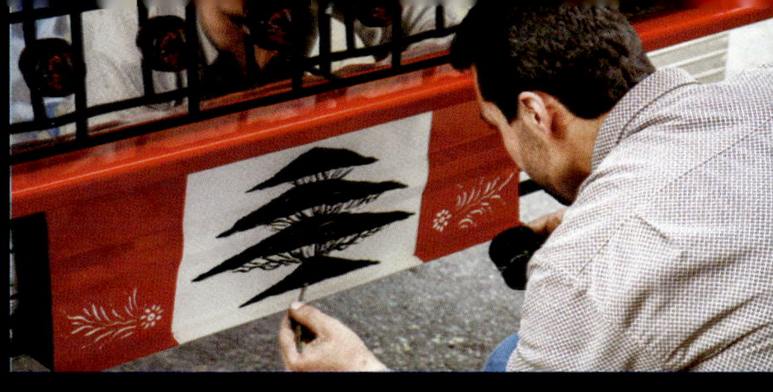

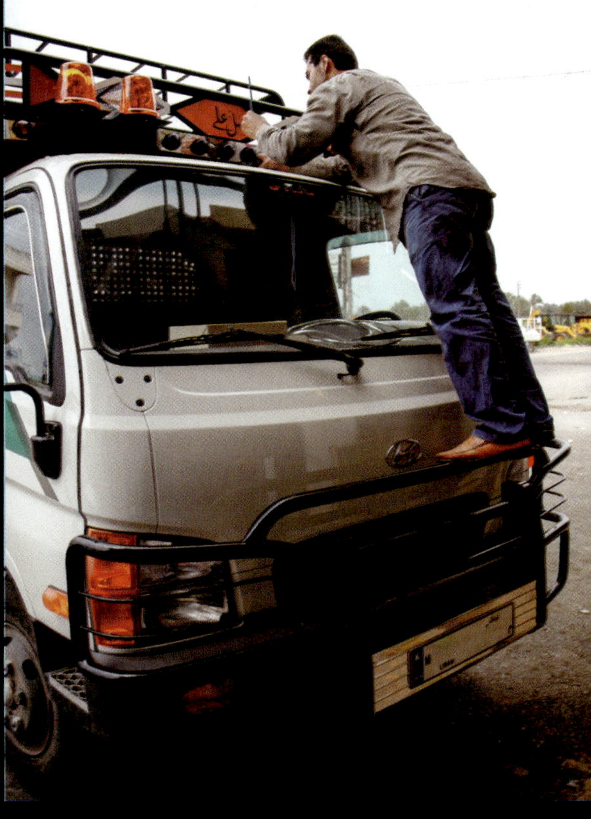
بيصل على

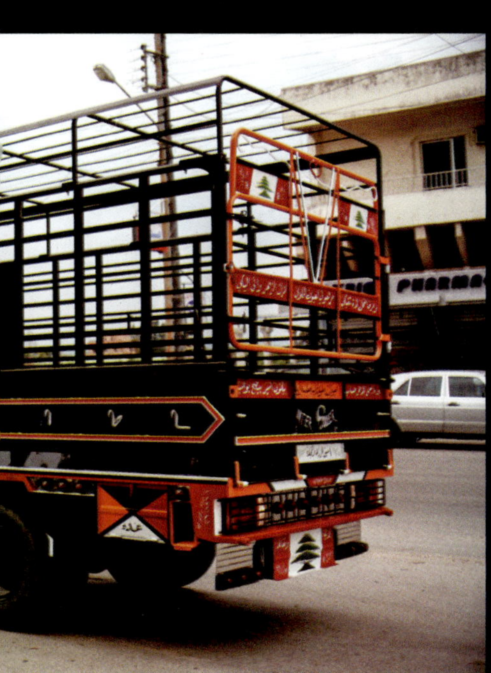
فنون يونس وإعلانات العالمية
بيكون أمير بيصبح بولم

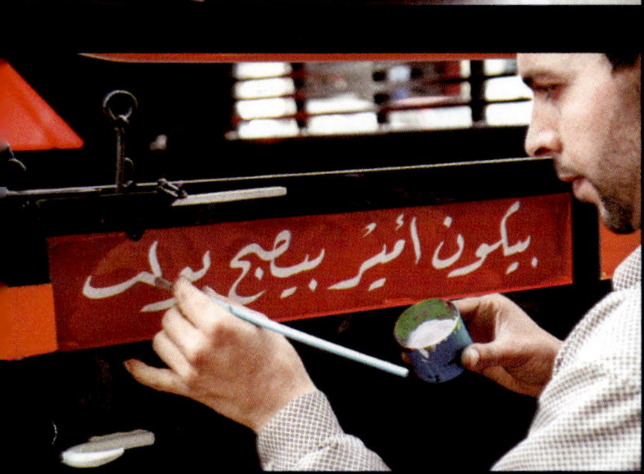

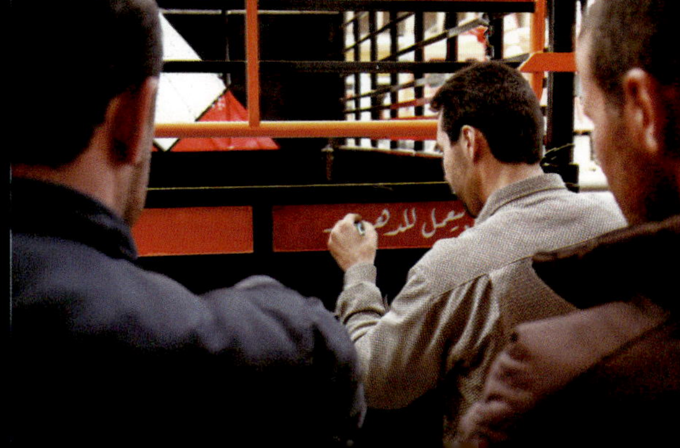
بيصل للدمشق

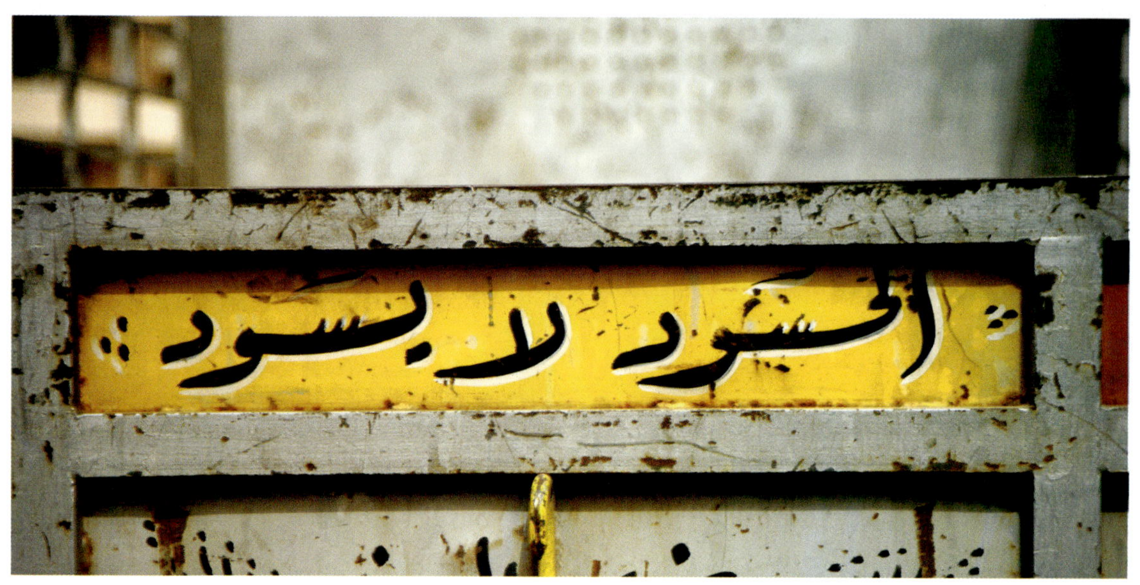

الحسود لا يسود

The envious will never prevail

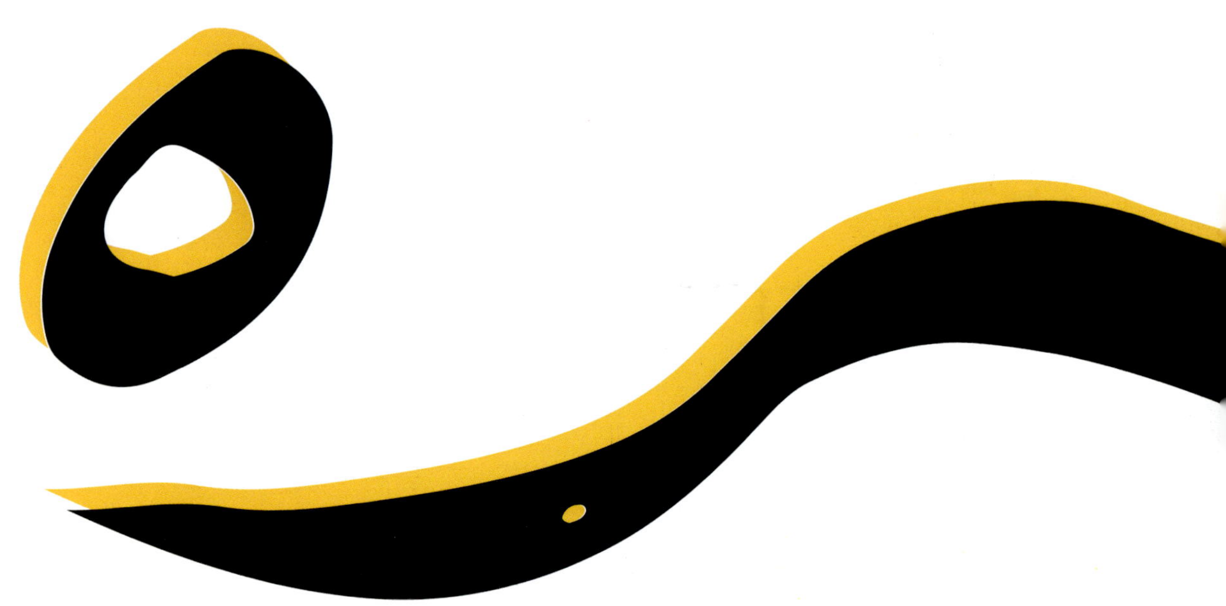

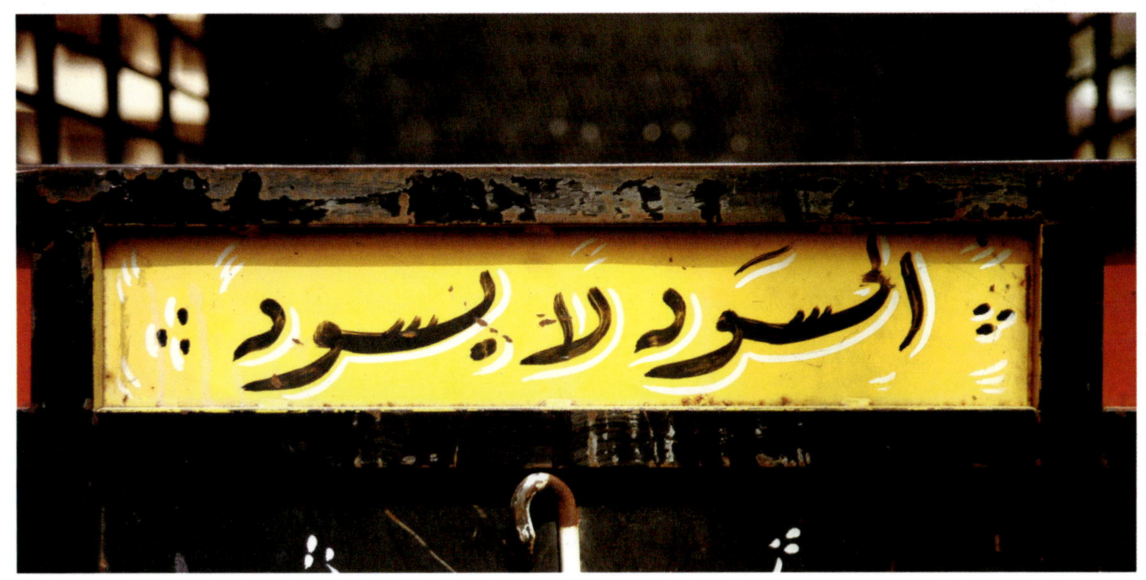

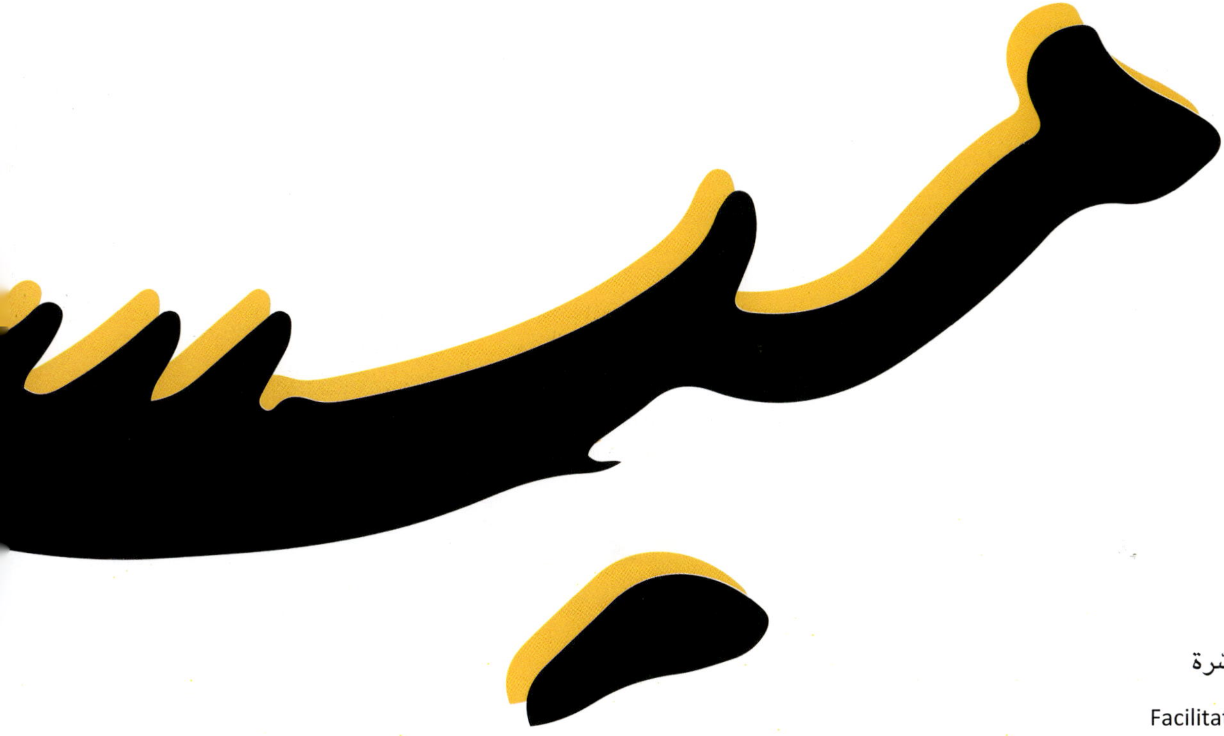

ميسّرة

Facilitated

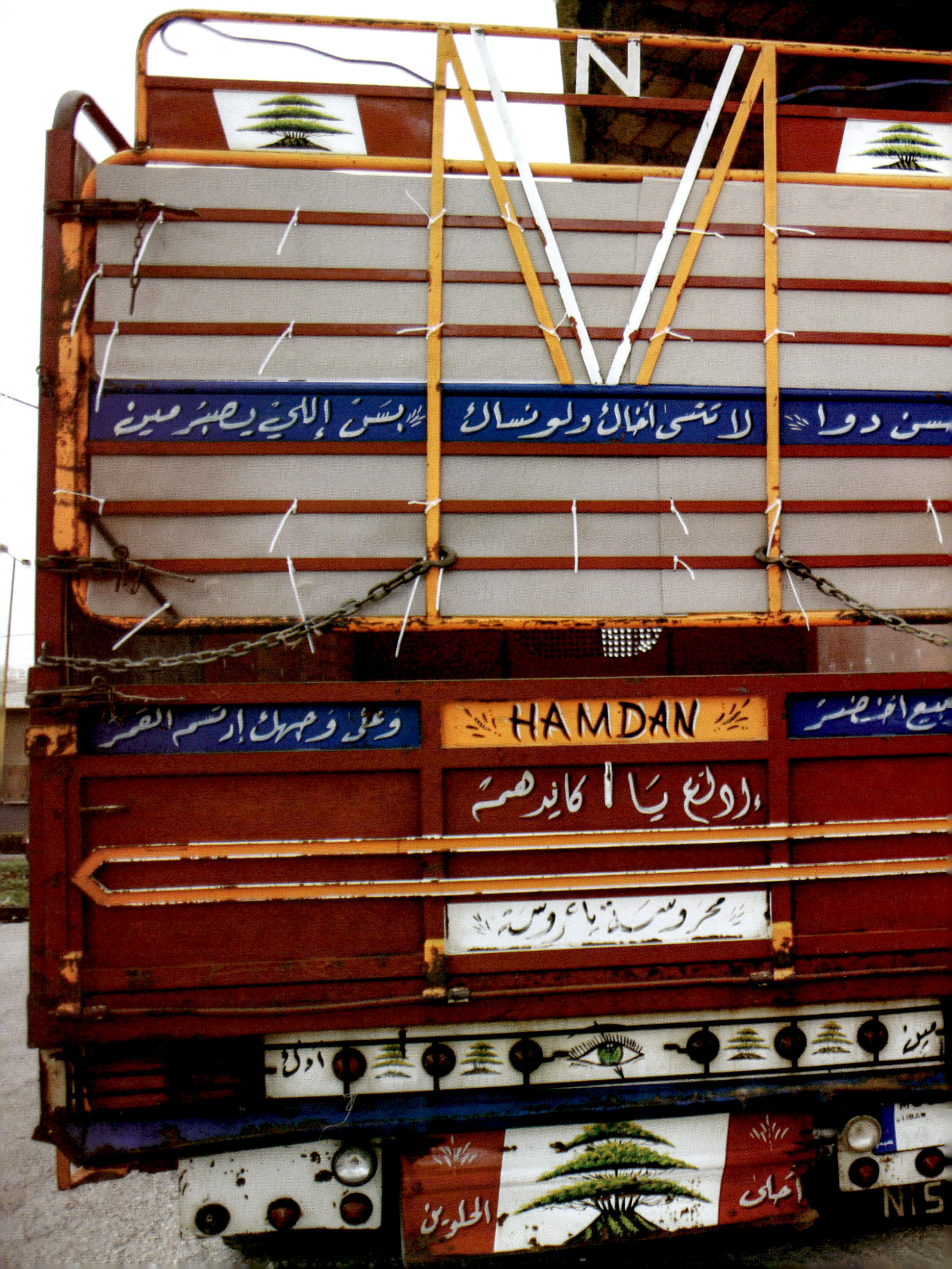

HAMDAN

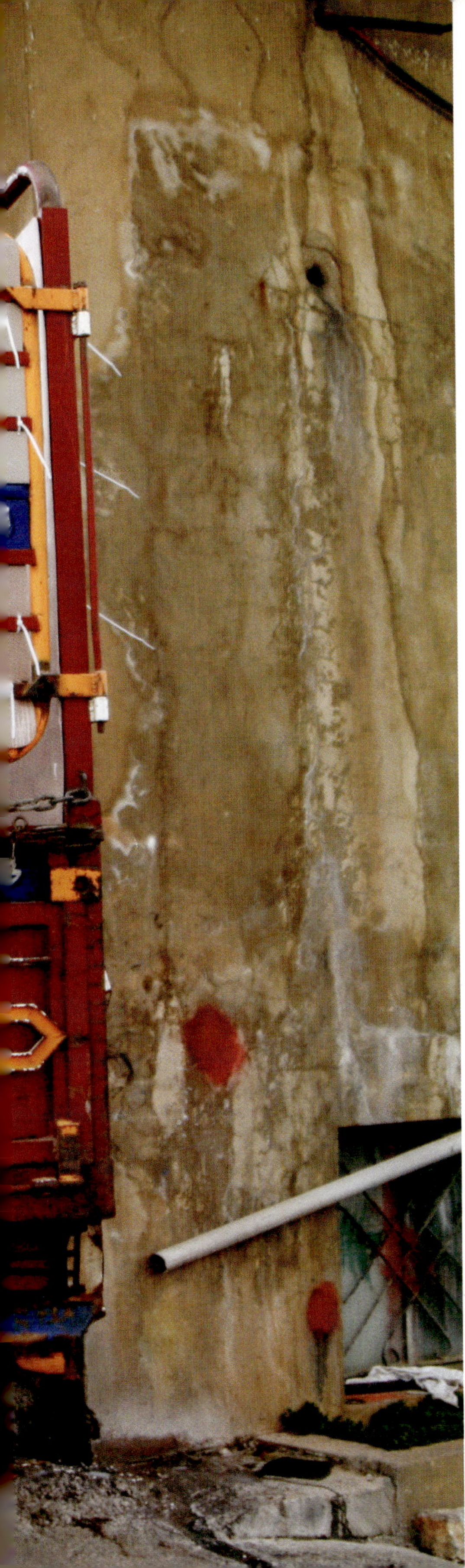

الصبر أحسن دوا، بس إللي يصبر مين

Patience is the best medicine, but who can be patient?

لا تنس أخاك ولو نساك

Don't forget your brother even if he did

في عينك ربيع أخضر وعلى وجهك ارتسم القمر

Green spring is in your eyes
and the moon is etched on your face

إدلّع يا كايدهم

Flaunt it

محروسة يا عروسة

You are a protected bride

مين أدّك

You are the best

أحلى الحلوين

Beauty of all beauties

اللّه كريم

God is gracious

انظر بعينك وارحم بقلبك

Look with your eyes and be merciful with your heart

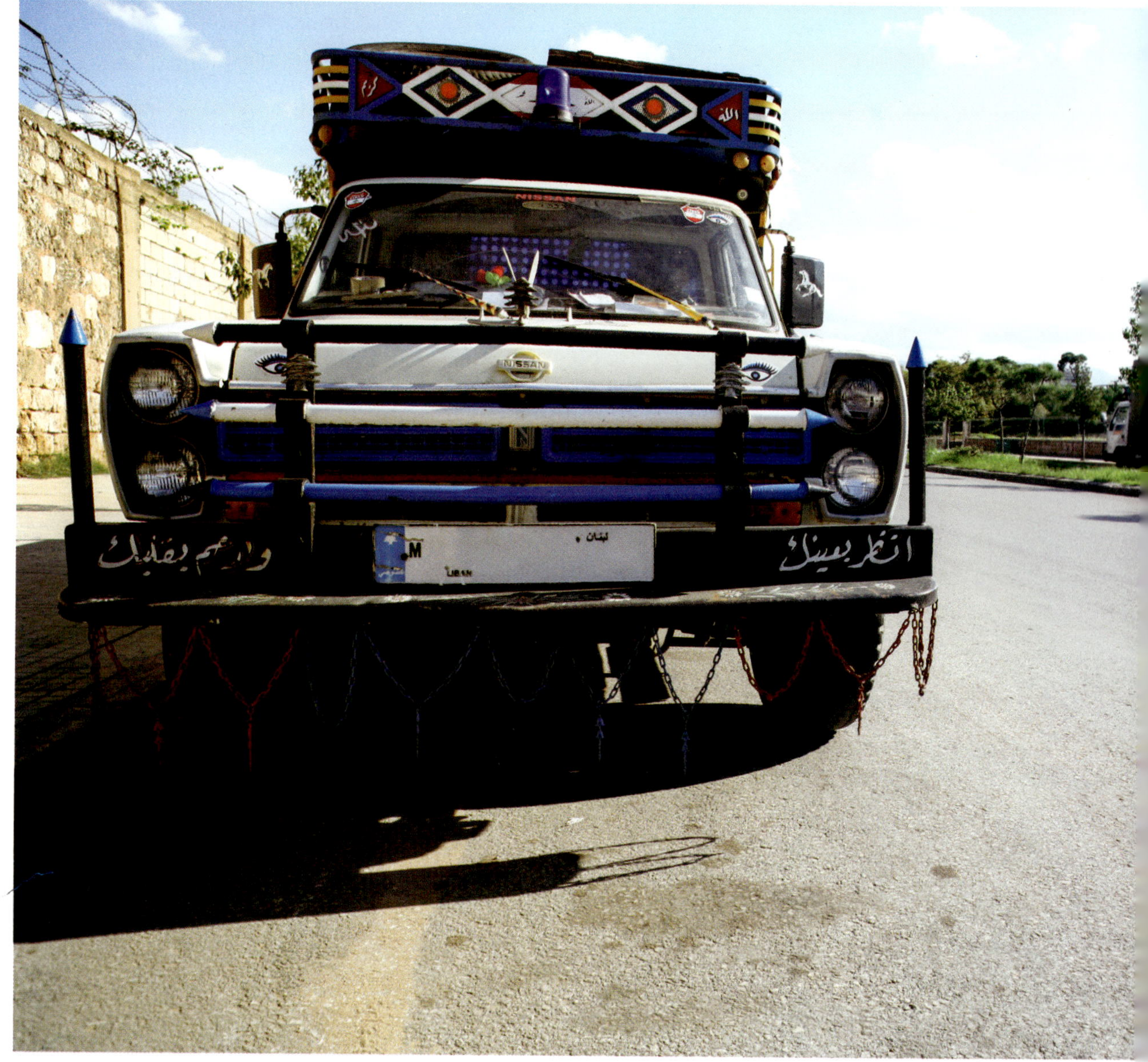

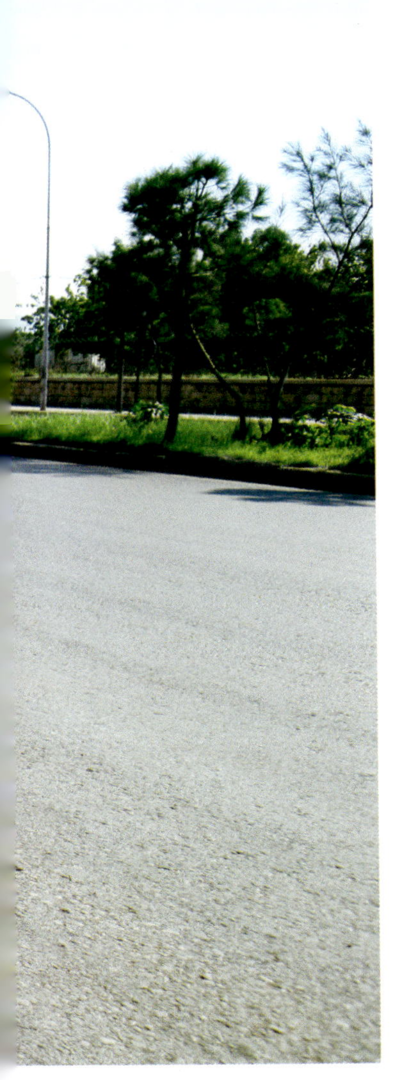

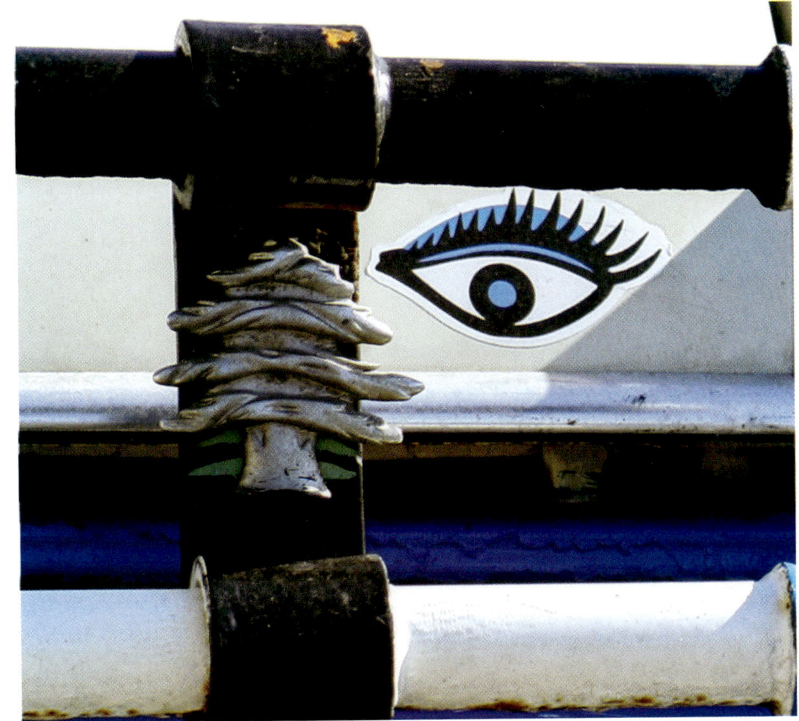

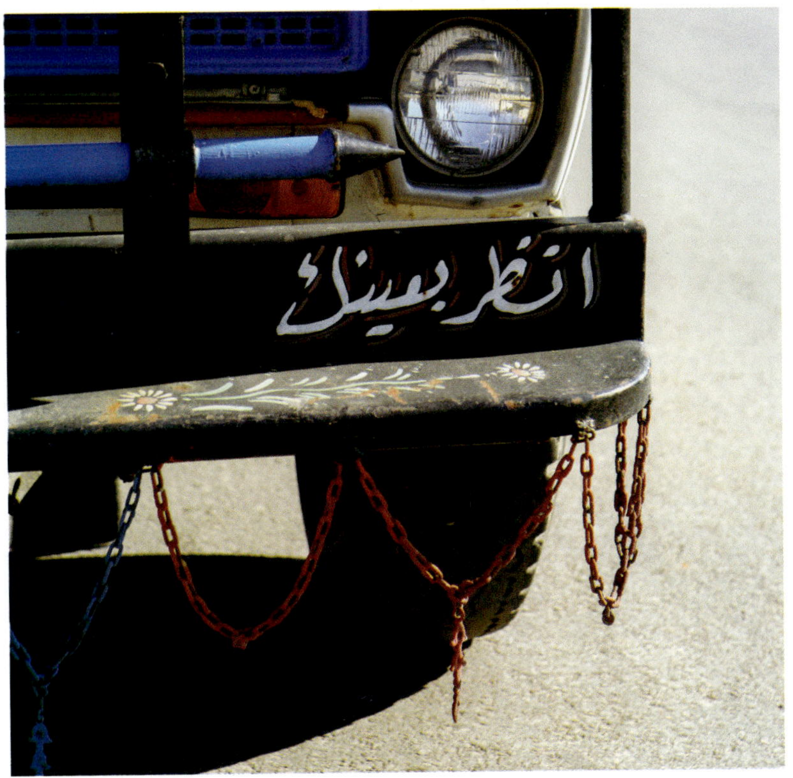

انظر بعينك

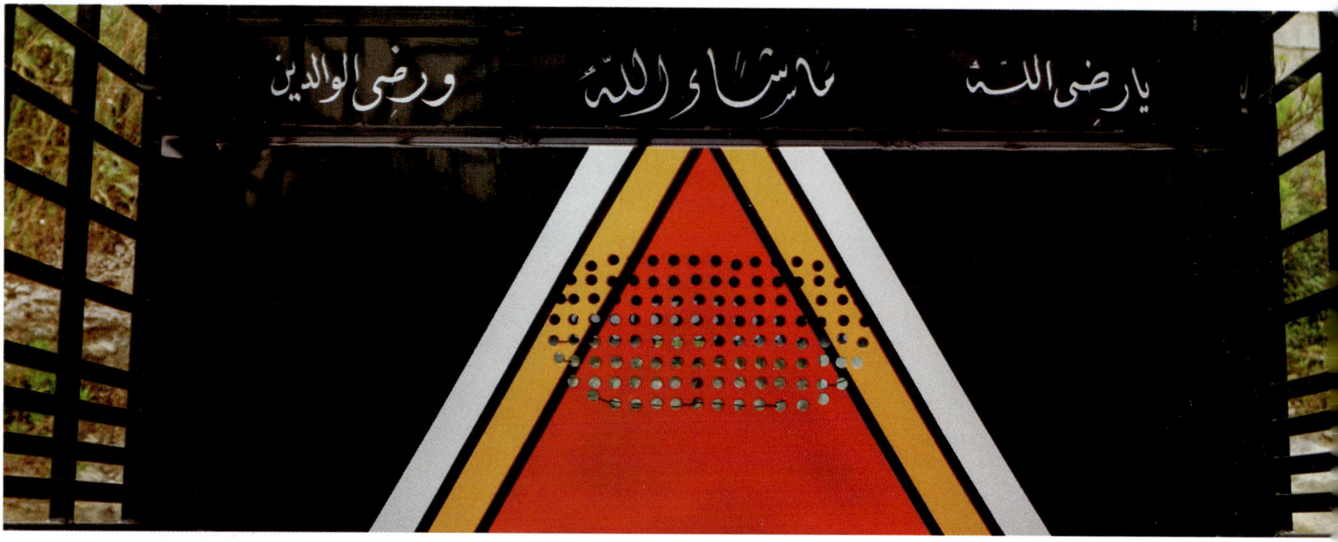

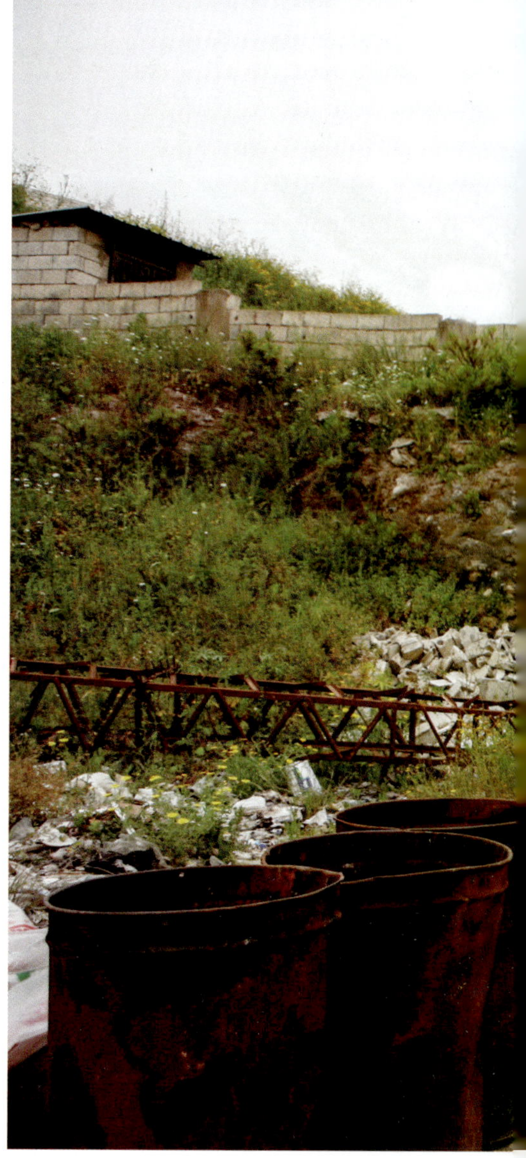

يا رِضى اللّه   ما شاء اللّه   ورضِى الوالدين

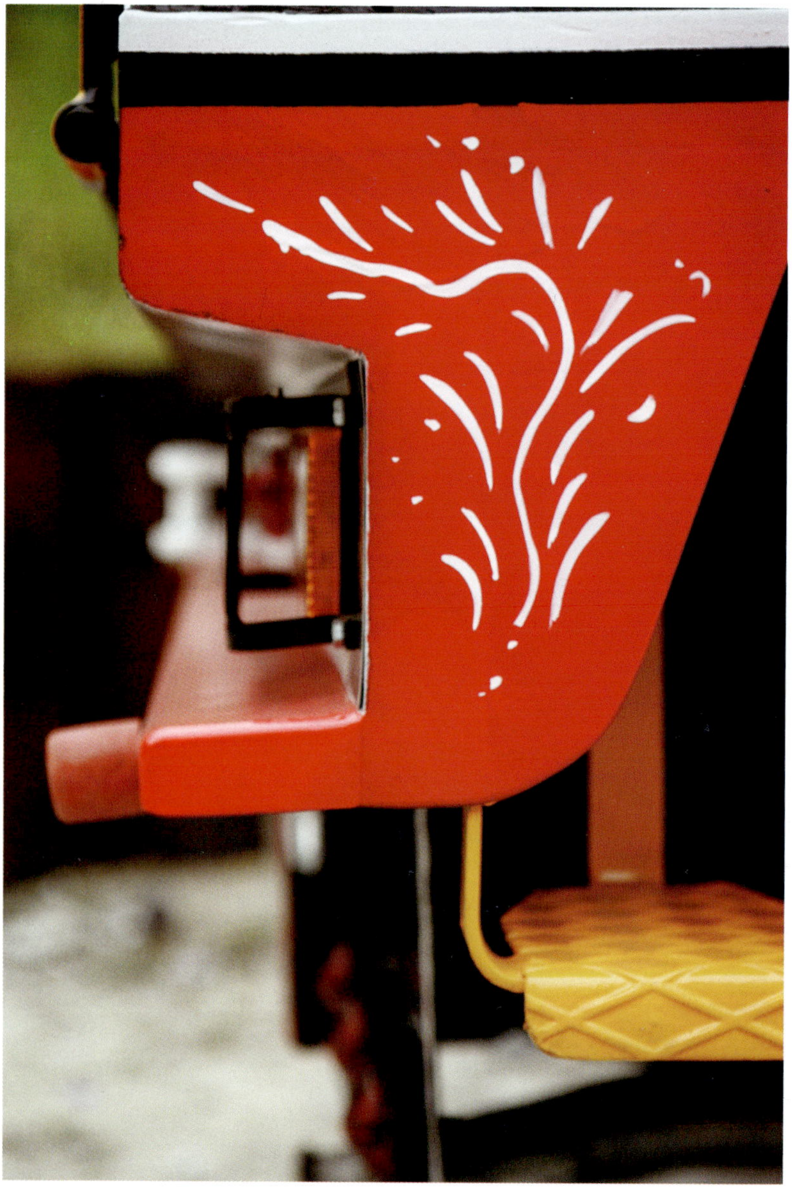

رضاكِ يَا أُمّي

Your blessings mother

يا رضى اللّه ورضى الوالدين

God's and my parent's contentment

بالتأنّي السلامة

Safety is being careful

كُنْ مع اللّه ولا تبالي

Rely on God and don't worry

ما شاء اللّه

May God Bless

بحسن الأخلاق تدرّ الأرزاق

With ethics there is prosperity

لا تكن للعيش مجروح الفؤاد، إنما الرّزق على ربّ العباد

Don't live heartbroken over life, for sustenance if from God

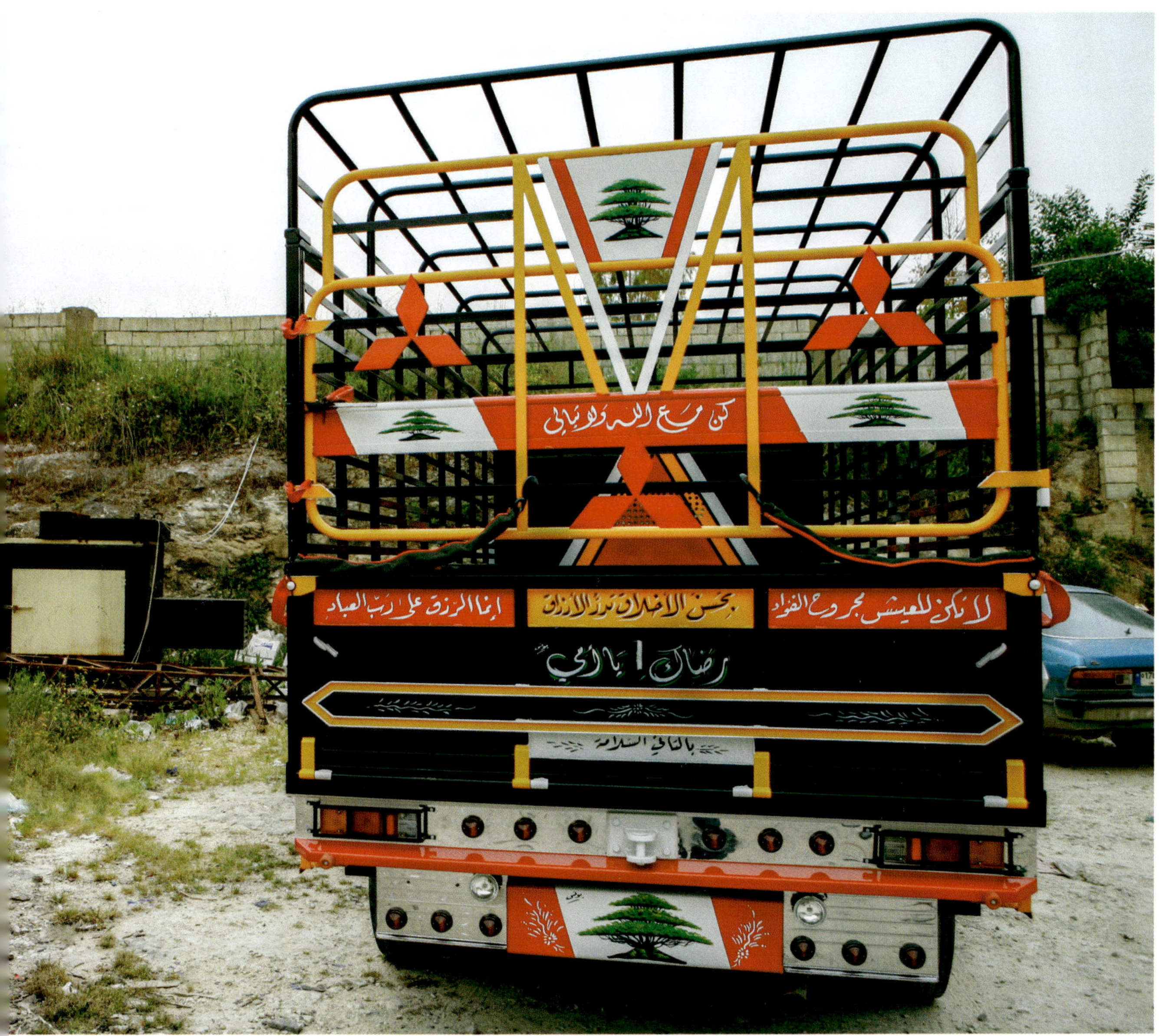

موعود

Promised

دلّوعة رامي

Rami's darling

مين أدّك

You are the best

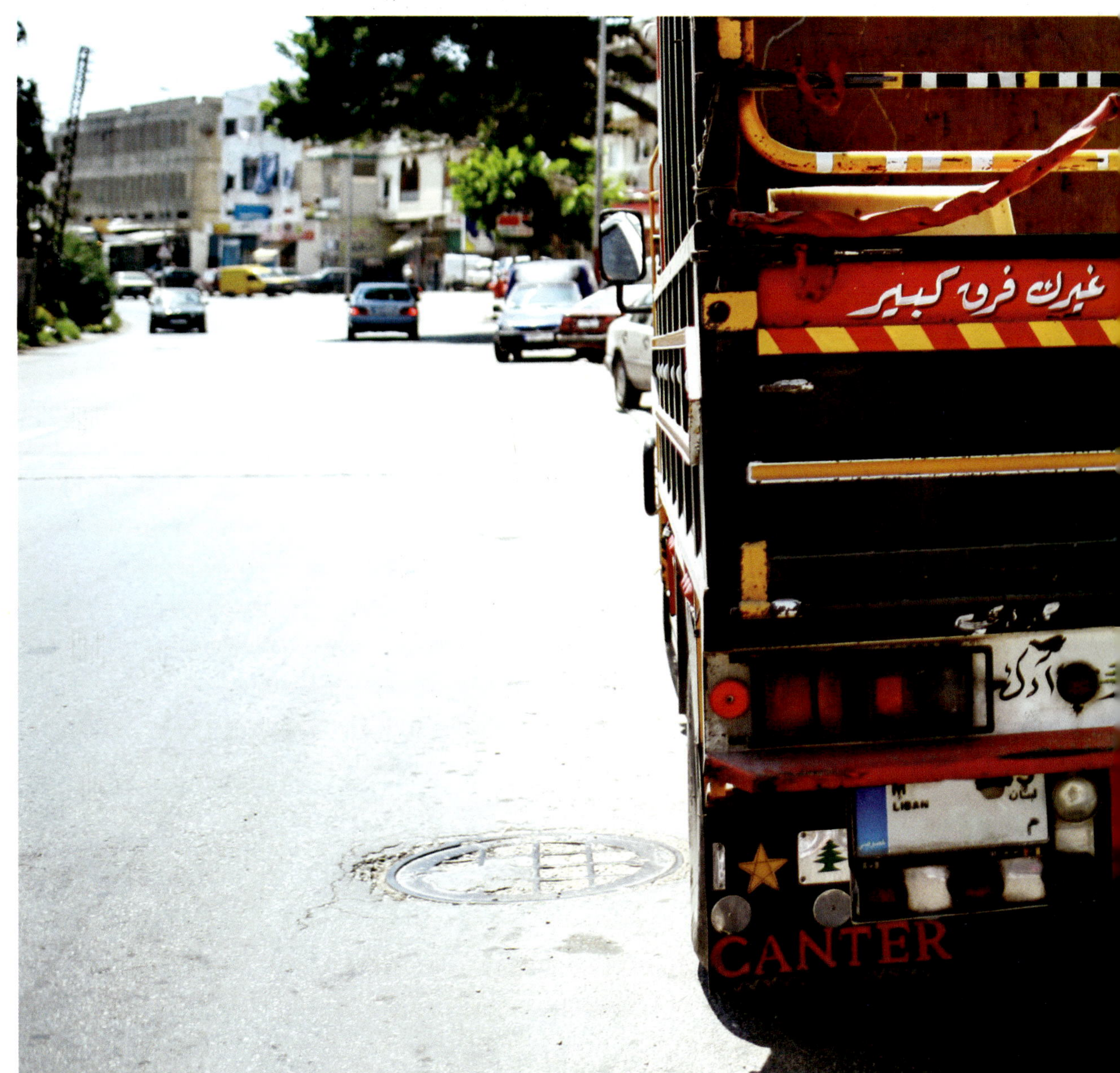

غيرك فرق كبير

إذا شئت الوصول فامشي الأصول

If you want to reach your goals, follow the principles

الفرق بينك وبين غيرك فرق كبير

There is a big difference between you and others

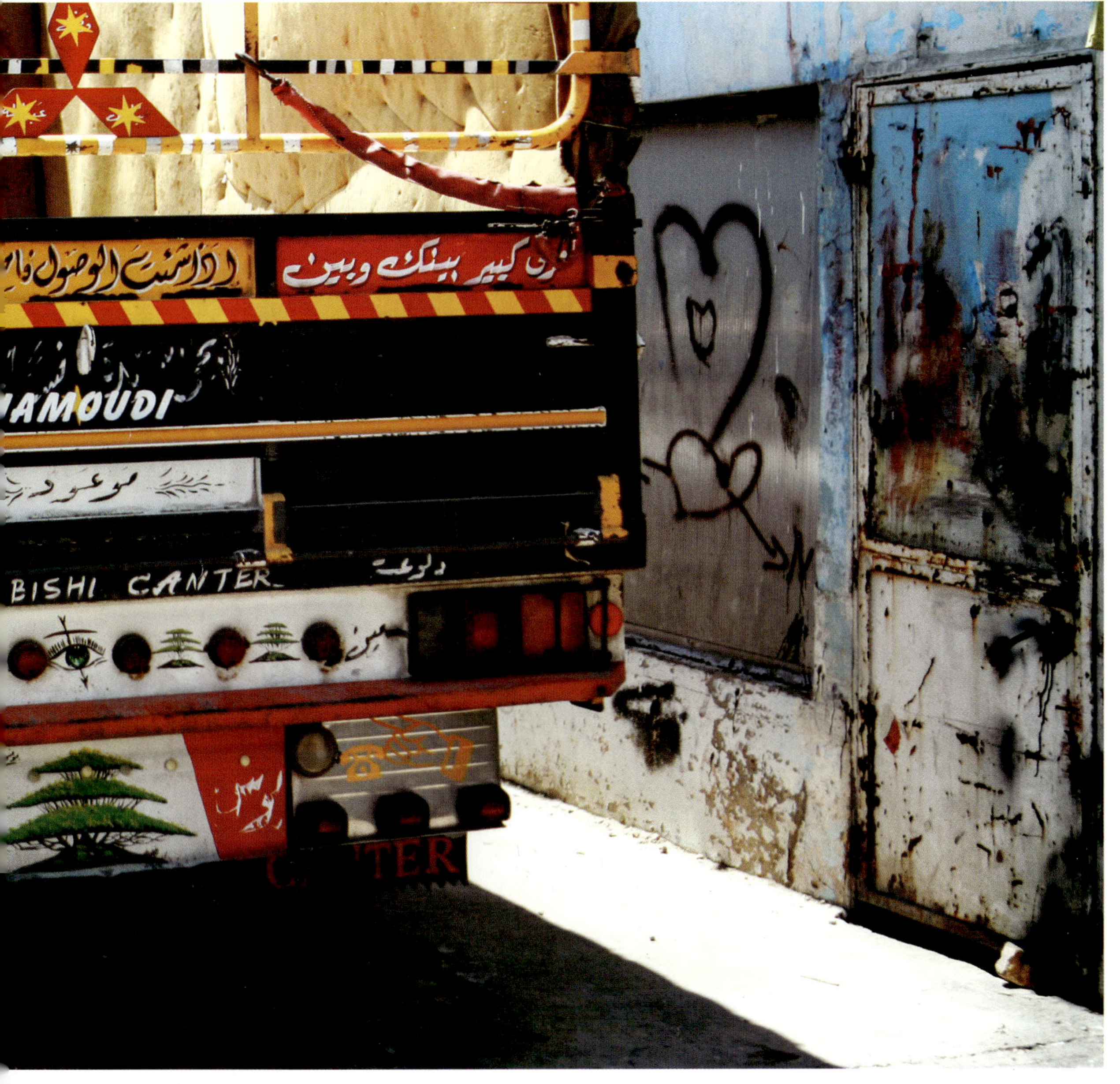

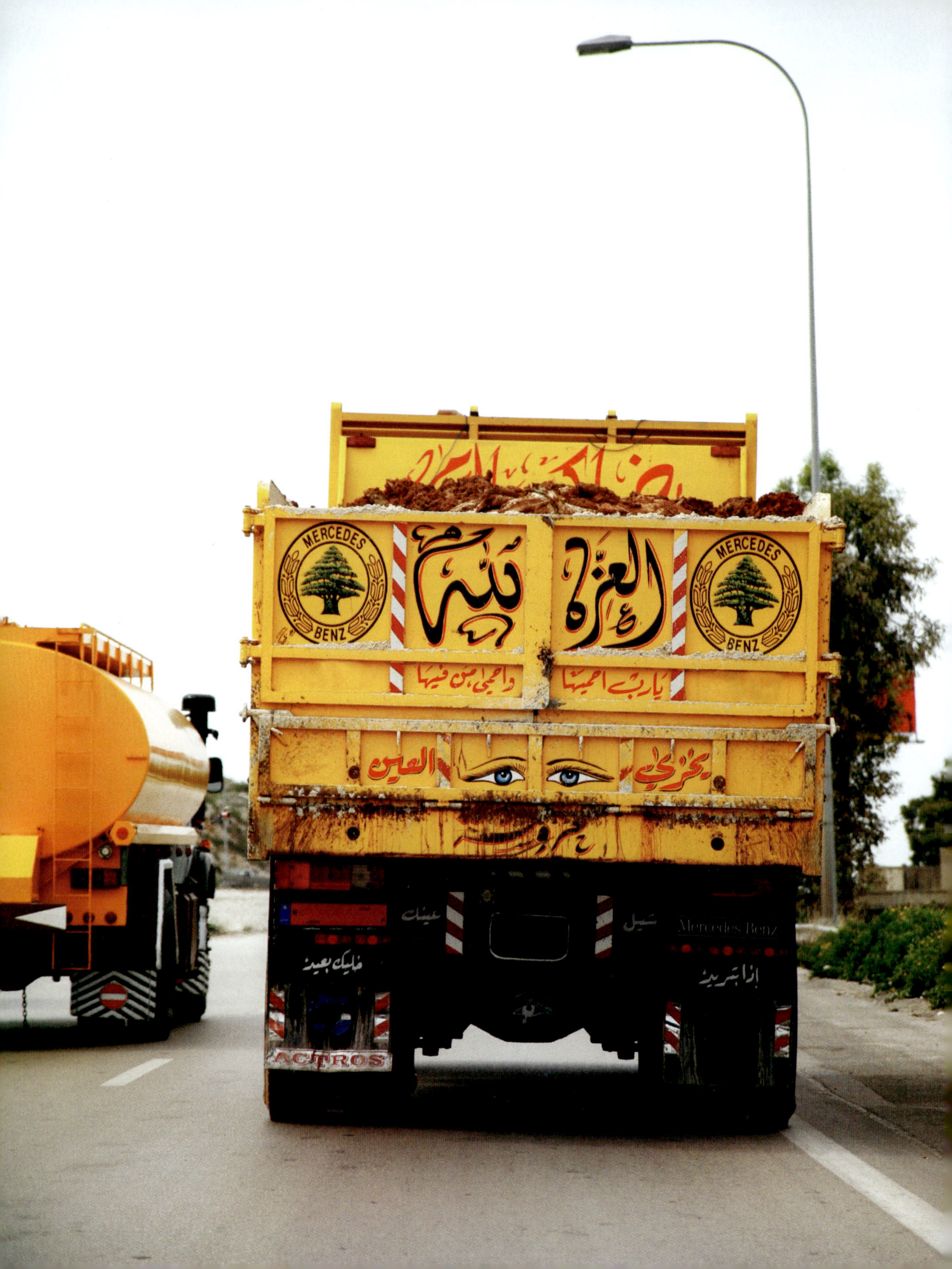

MERCEDES BENZ
العزّة ليّة
MERCEDES BENZ
واحميني من فيها
يا رب احمينا
الصين
بحري
Mercedes Benz
عينك
سيل
ضليك بعيد
إذا بتريد
ACTROS

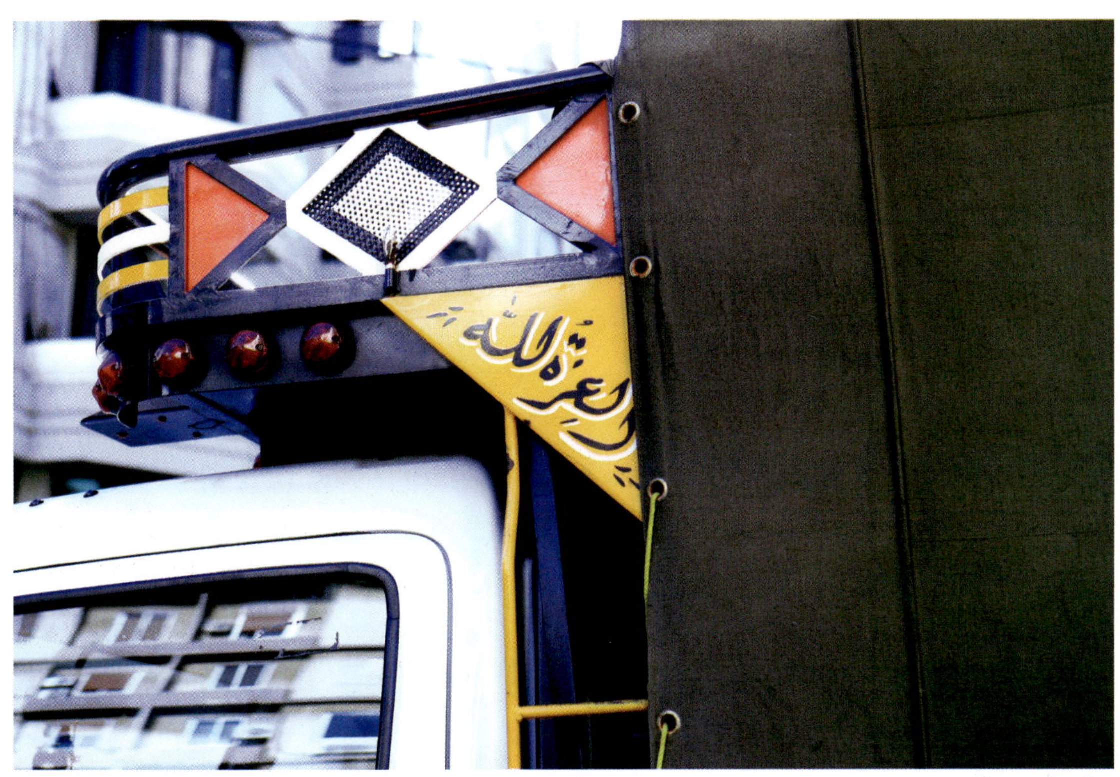

رضاكِ يَا أمّي

Your blessings mother

يا ربّ احميها واحمي من فيها

May God protect her and all within

يخزي العين

Protect from the evil eye

محروسة

Protected

العزّة لله

Glory to God

إذا بتريد خليك بعيد

Kindly keep your distance

شيل عينك

Look away

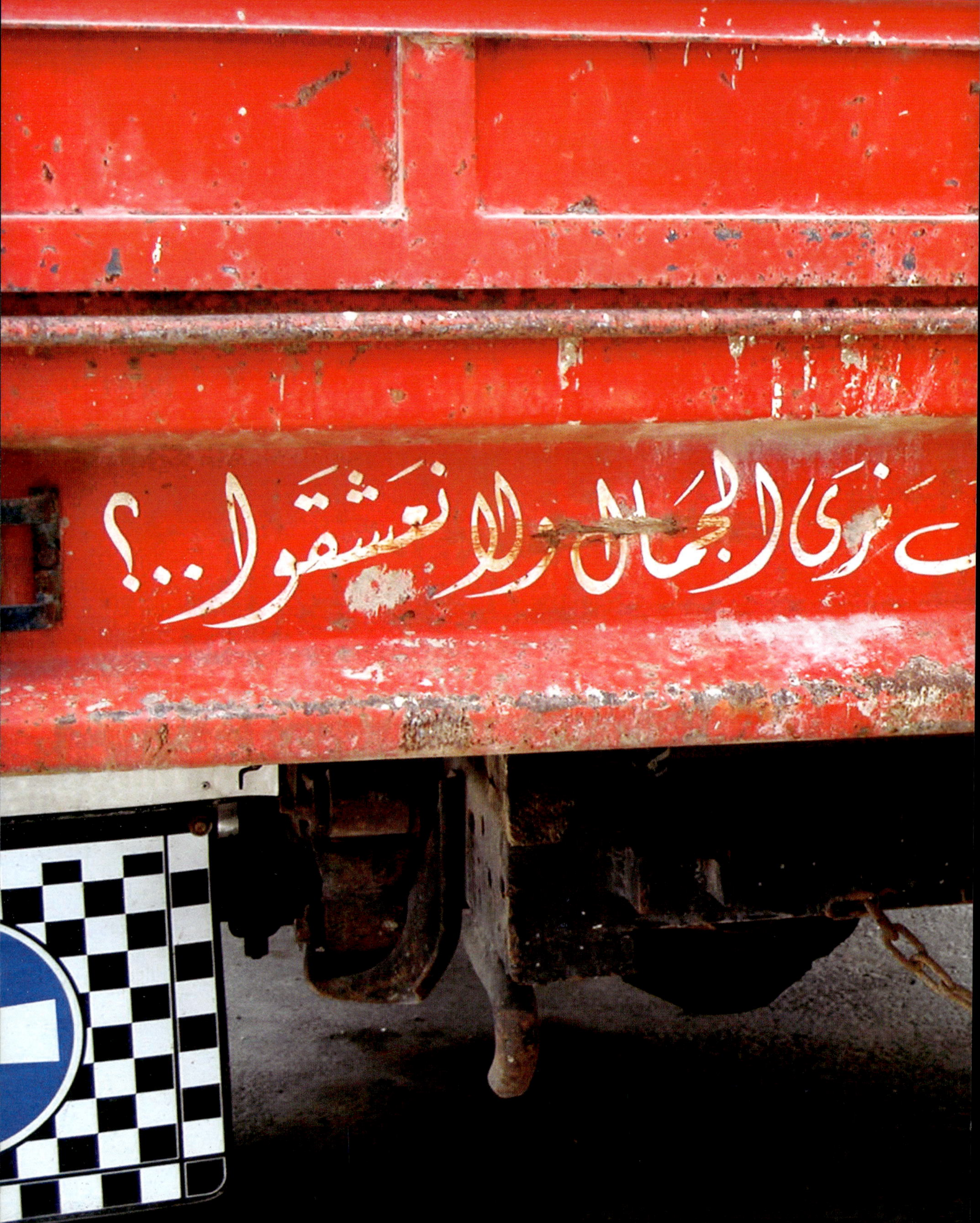
نرى الجمال ولا نتشقوا...؟

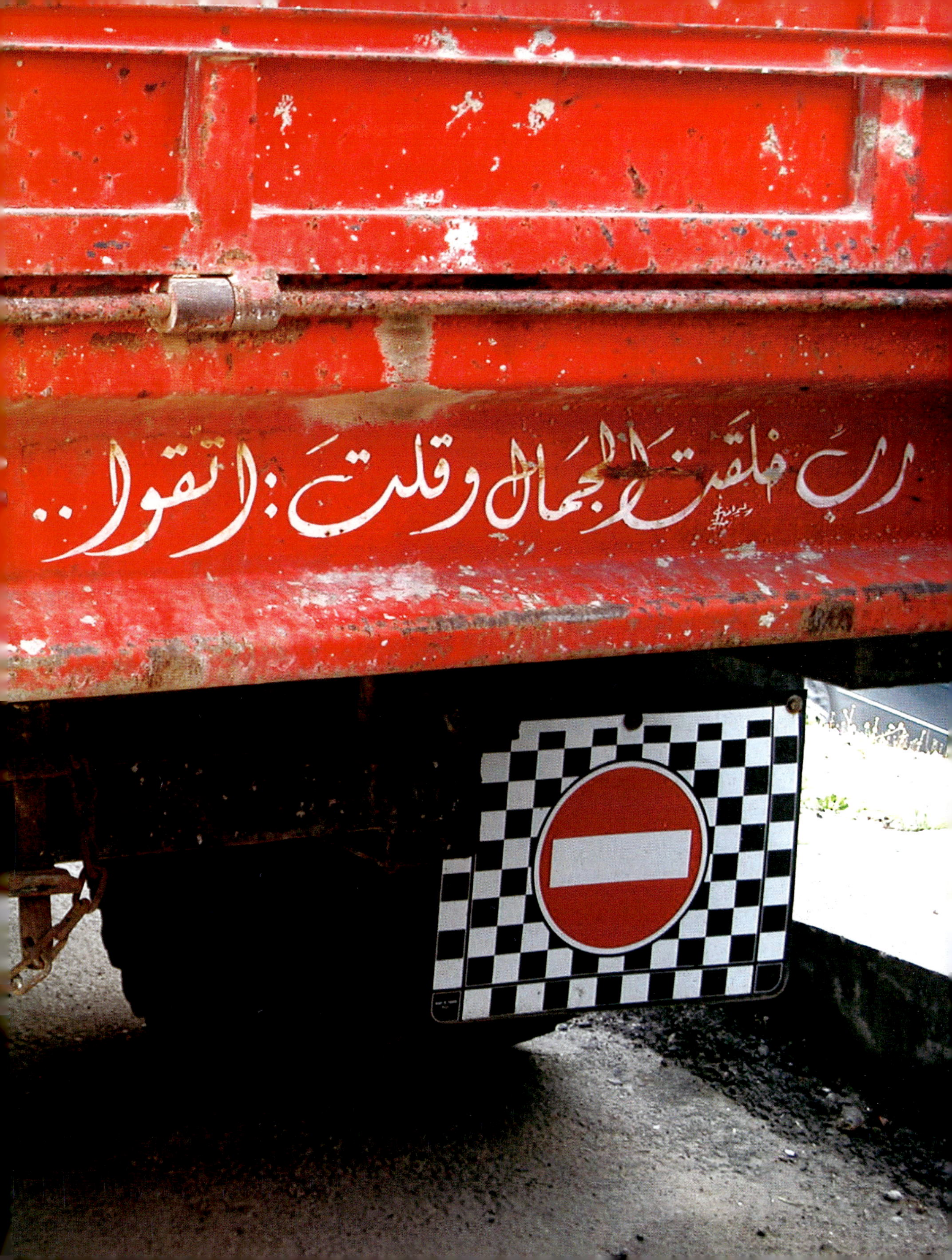
رب خلقت الجمال وقلت: اتقوا

Previous page

رَبِّ خلقت الجمال و قلت: اتقوا ...
فكيف نَرى الجمال ولا نعشقوا ..؟

God created beauty and said: Be pious...
How could we see beauty and not fall in love

إذا أردت أن تعرف نعمة اللّه عليك... أغمض عينيك

If you want to know God's blessings just close your eyes

رَبِّ إشـرح لي صَدري، ويسّـر لي أمري وَرِضاك عني

God relieve my burdens and bless me with your contentment

الدنيا ساعة فاجعلها طاعة

Life is but an hour, spend it in obedience

رضاكِ يَا أمّي

Your blessings mother

محروسة

Protected

حلو الرّواق

Serenity is bliss

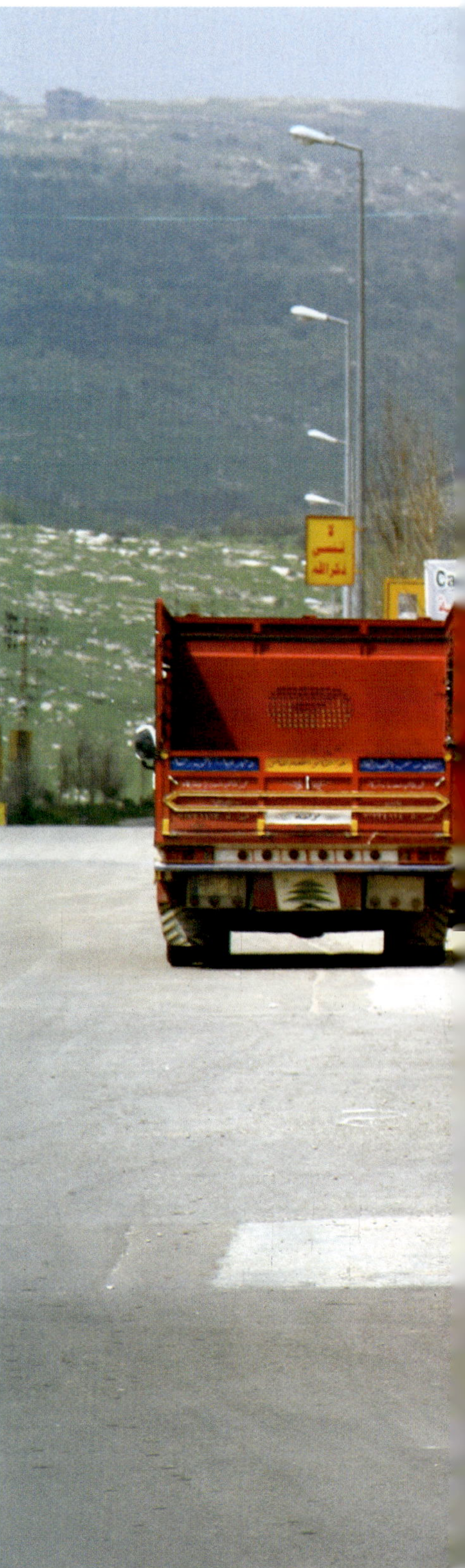

144

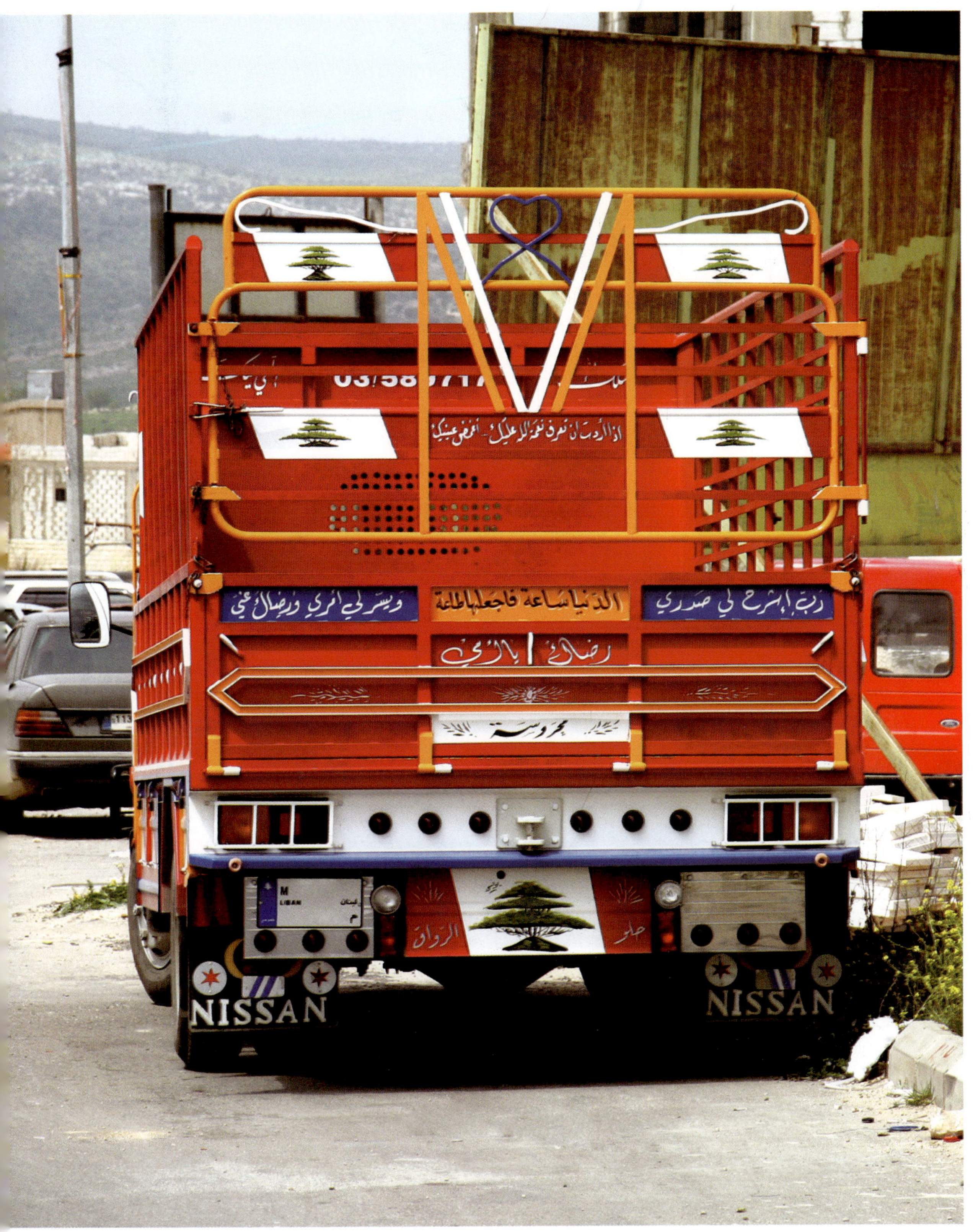

03/589717
NISSAN
NISSAN
M LIBAN

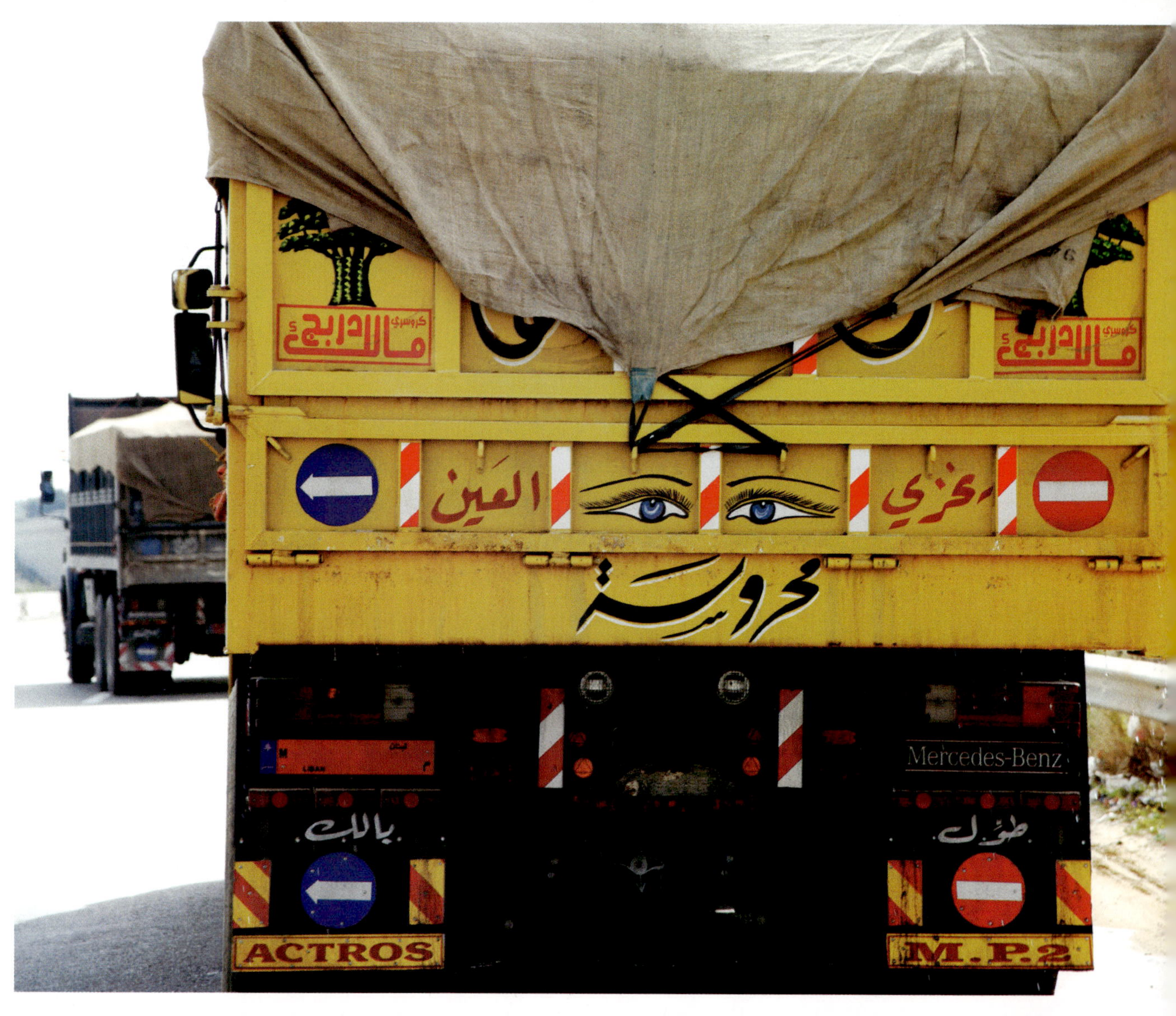

مالدربج
مالدربج
العين
محروسة
بالك.
طول.
Mercedes-Benz
ACTROS
M.P.2
هذا من فضلِ ربّي

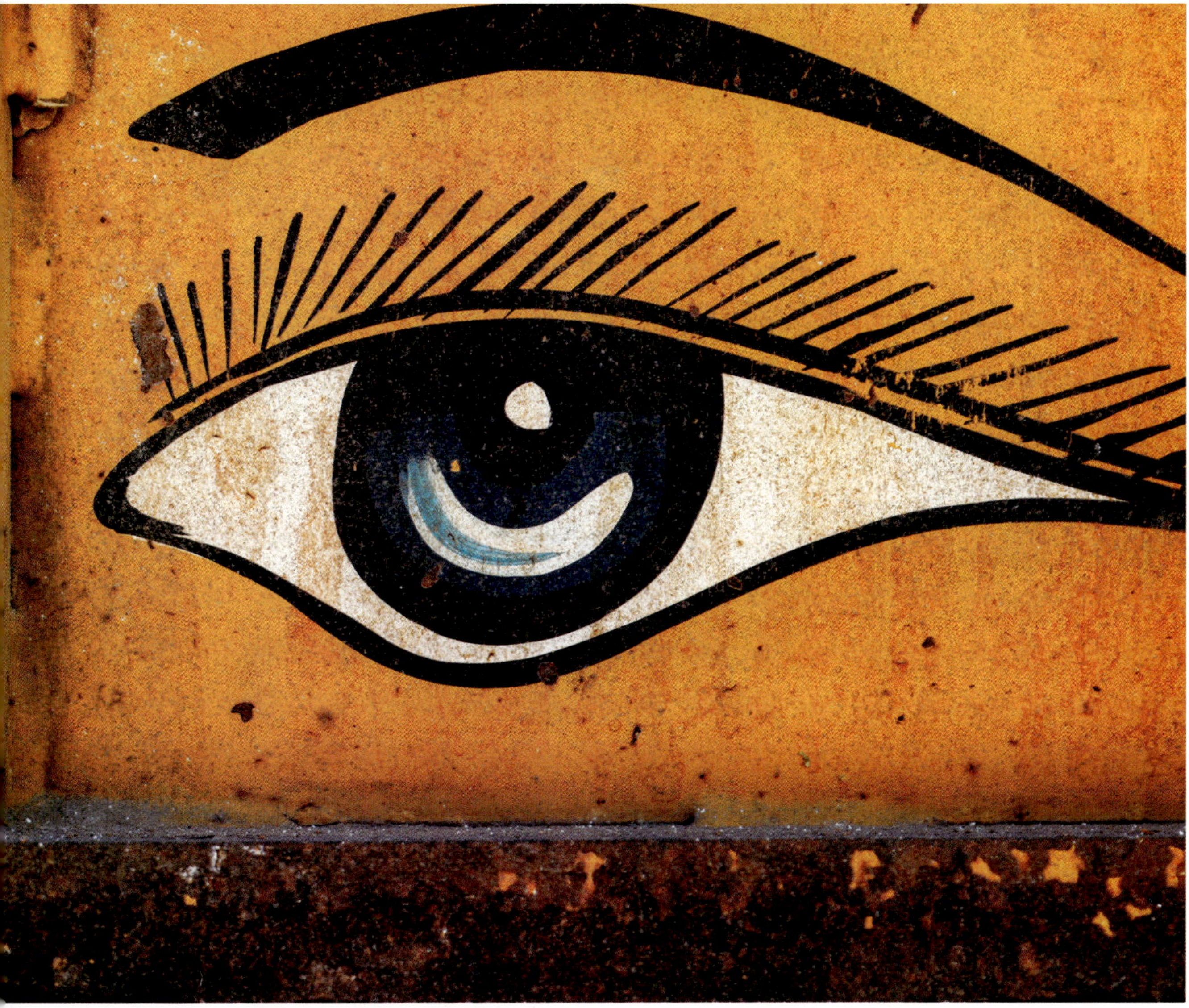

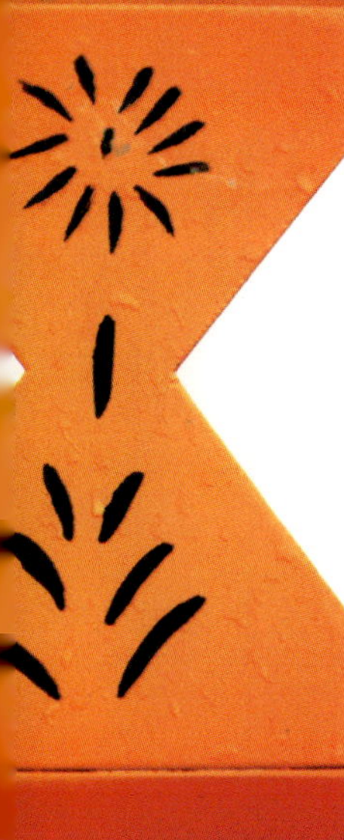
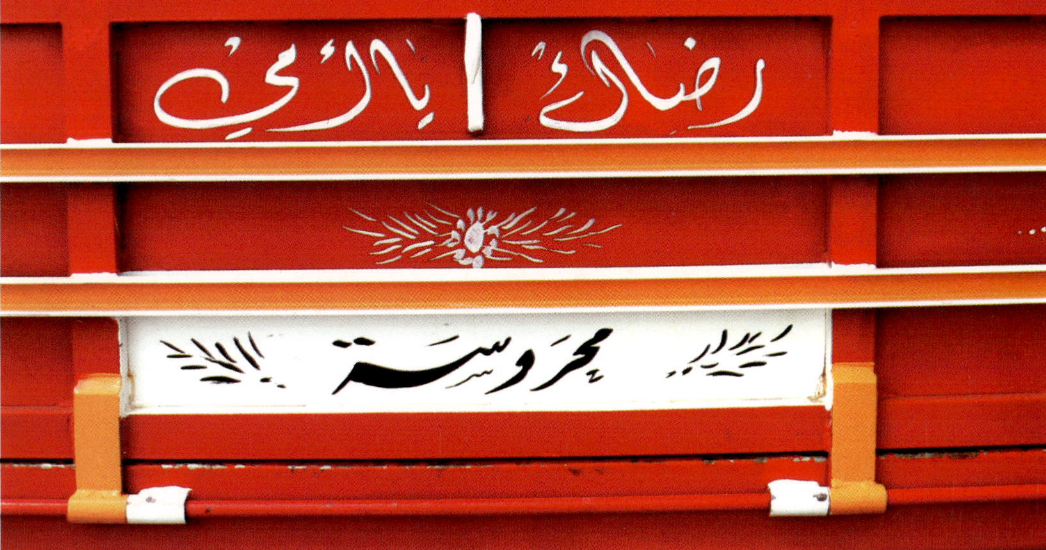
رضا يا رب
محروسة

ما شاء الله

May God Bless

عيونك حلوين

Your eyes are beautiful

حمامة بيضة

White dove

ربّ يسّر

God pave my way

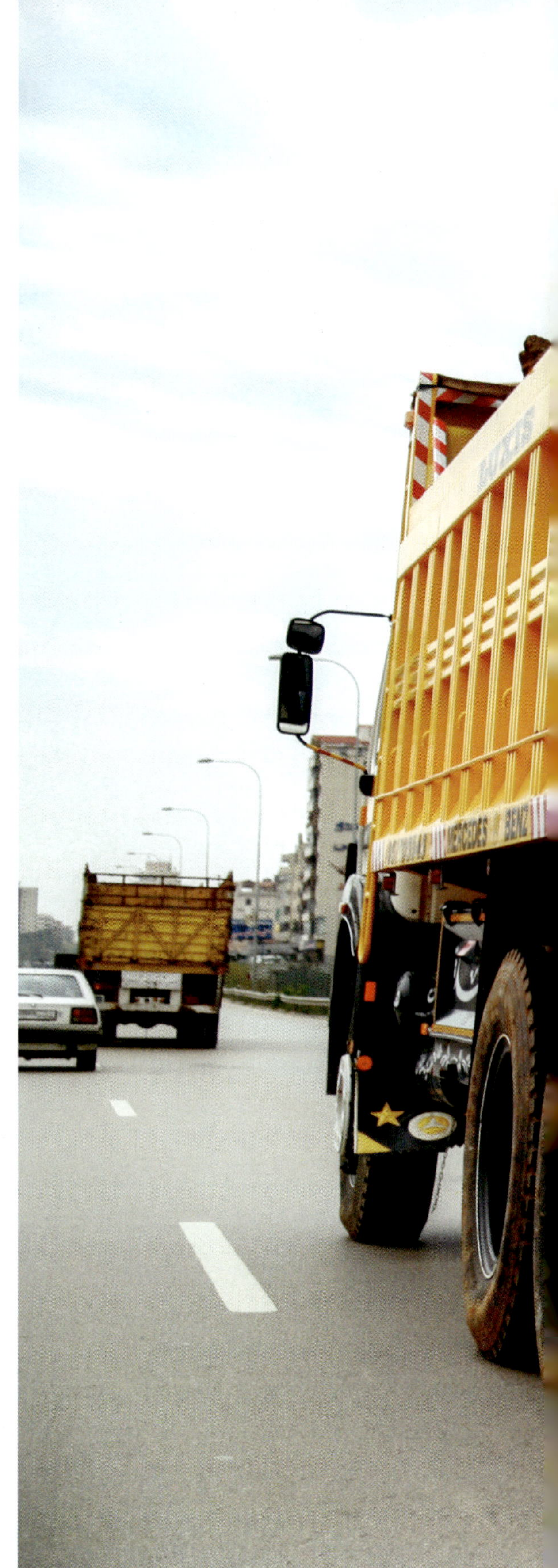

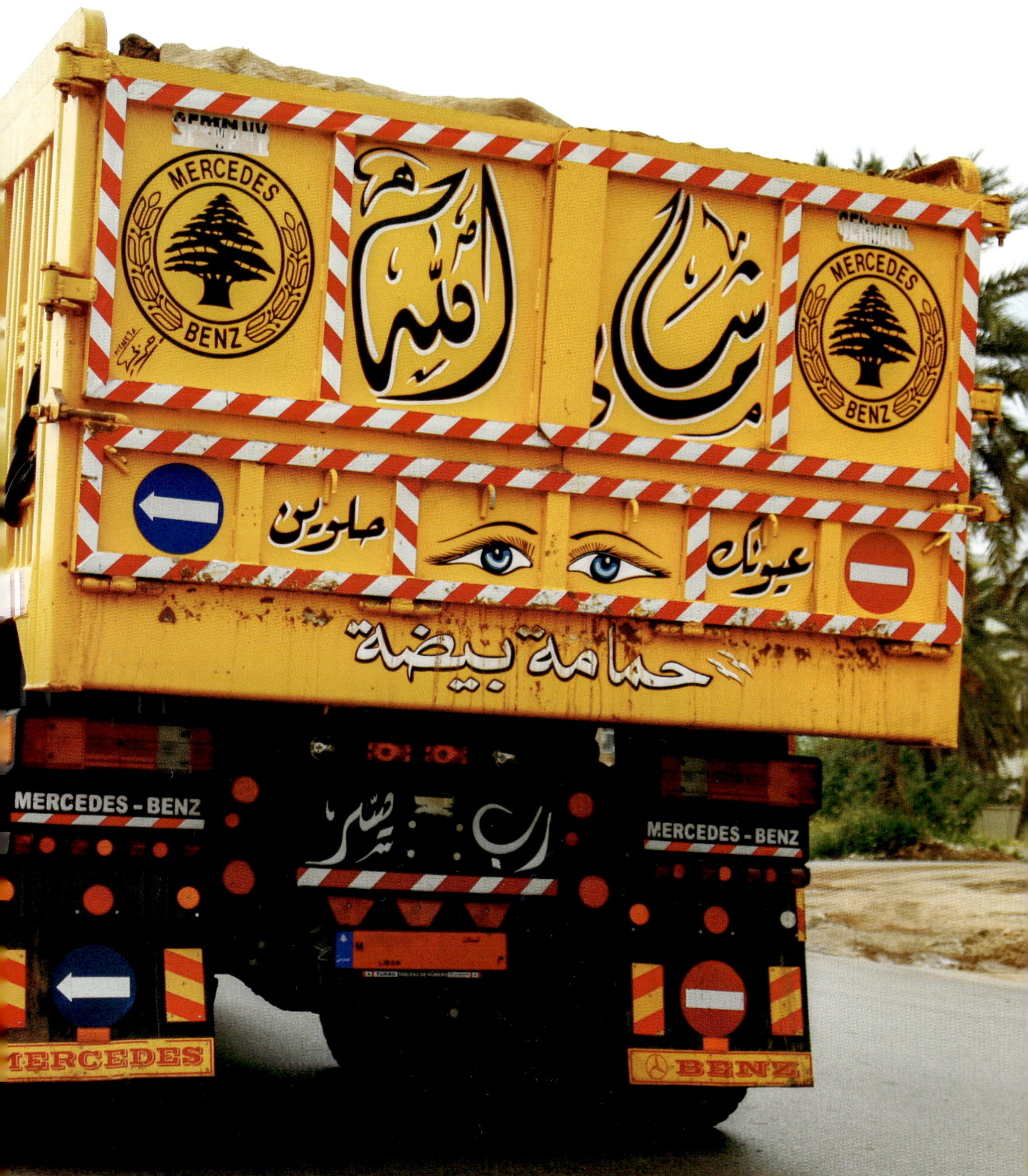

MERCEDES BENZ
MERCEDES BENZ
GERMANY
GERMANY
الله
طرابلس
عيونك
حمامة بيضة
رب يسلّمك
MERCEDES - BENZ
MERCEDES - BENZ
MERCEDES
BENZ

Don't live heartbroken over life, for sustenance is from God

Be patient for after every hardship there is ease

Everything has a solution in time

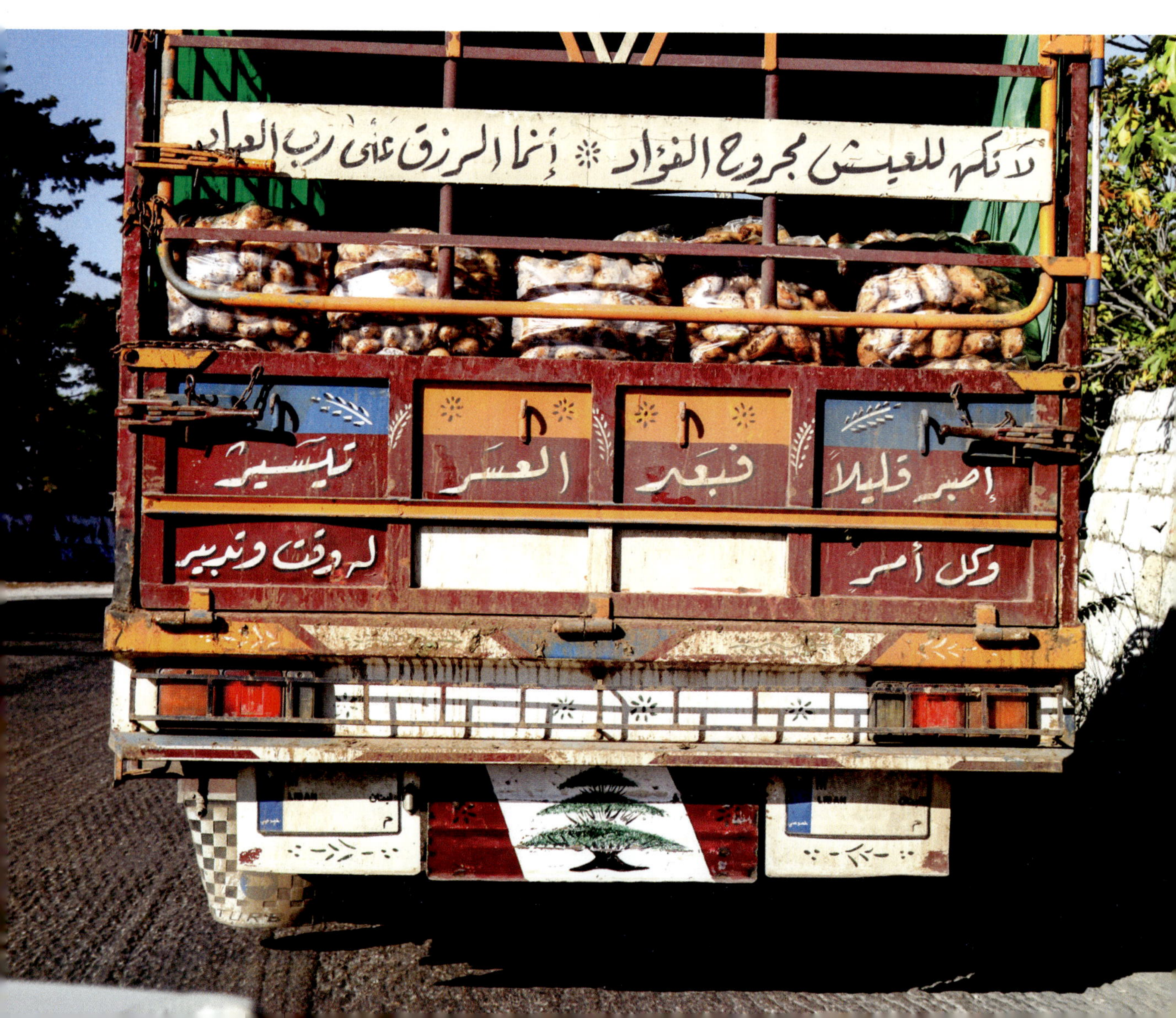

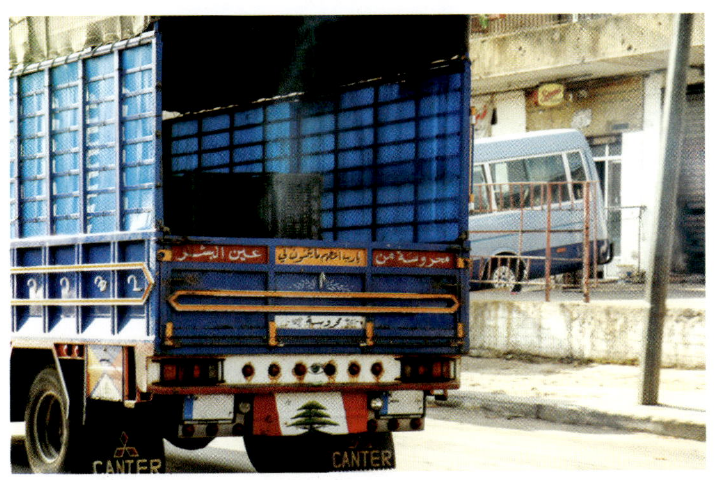

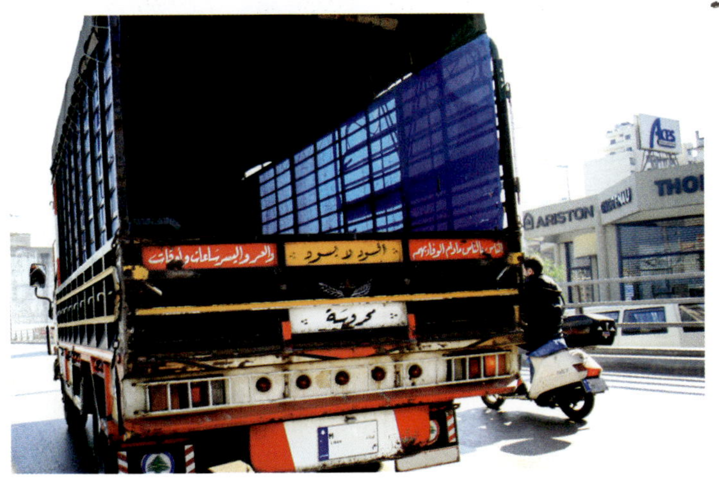

يا ربِّ أعطهم ما يتمنون لي

Please God grant them what they wish me

محروسة من عين البشر

Protected from envious eyes

الحسود لا يسود

The envious will never prevail

الناس بالناس ما دام الوفاء بهم، والعسر واليسر ساعات وأوقات

People depend on one another as long as there is loyalty,
and the good and bad times will merely pass

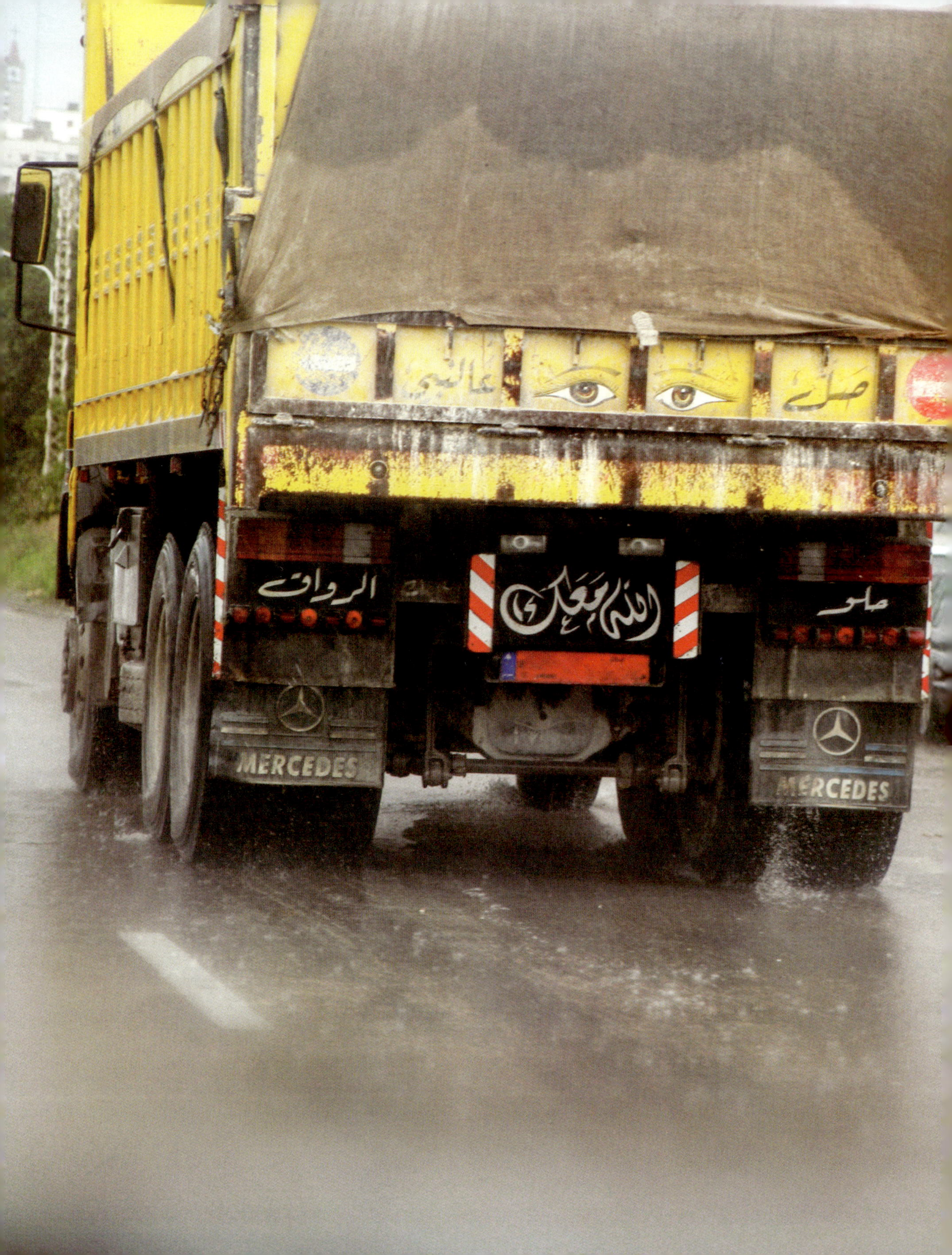

الله معك
الرواق

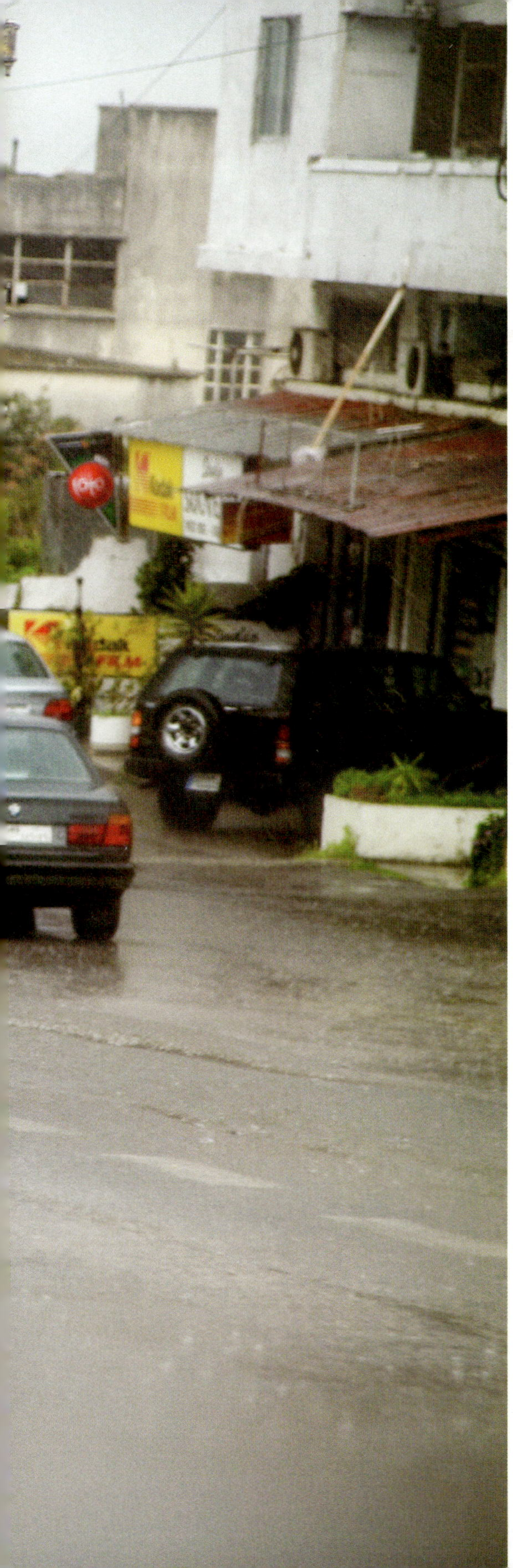

صلّي عالنّبي

Pray upon the Prophet

حلو الرّواق

Serenity is bliss

اللّه معك

God be with you

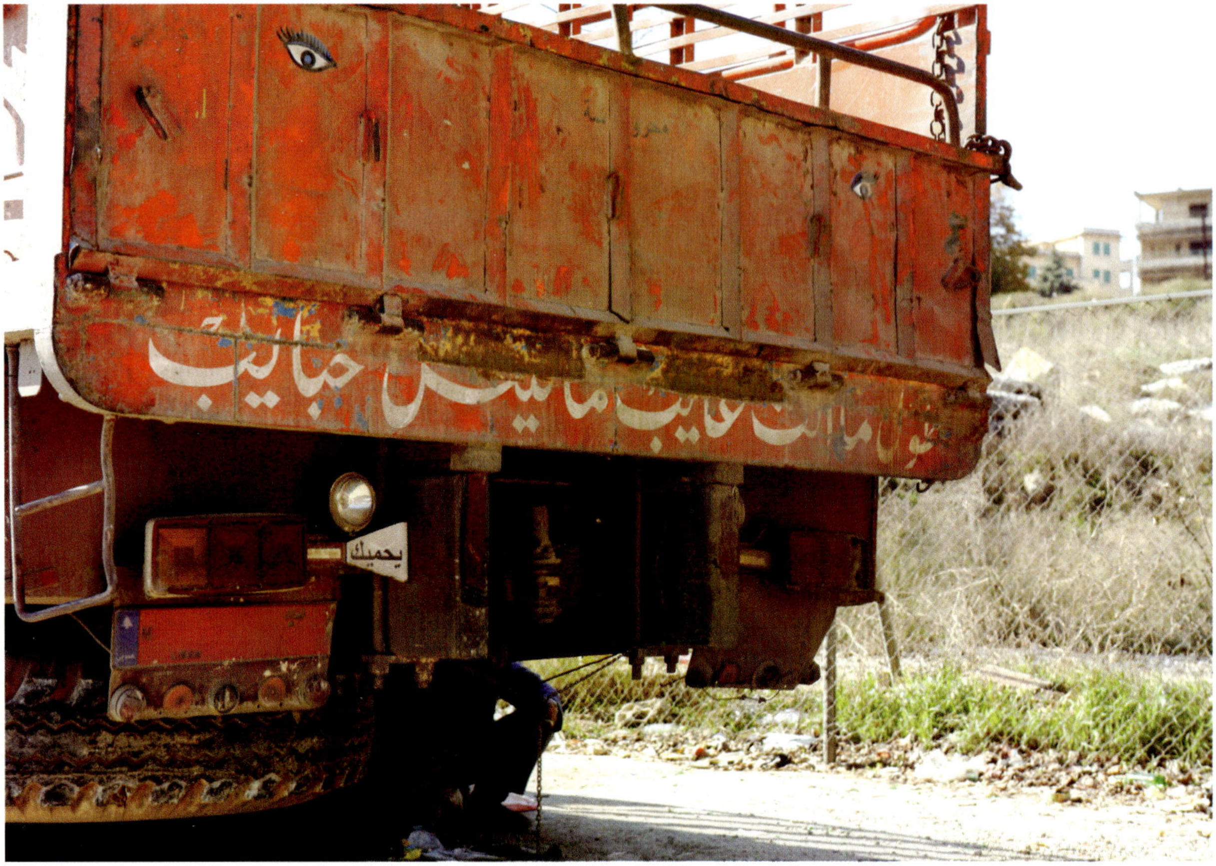

طول ما انت حبايب ما بيس حبايب
يحميك

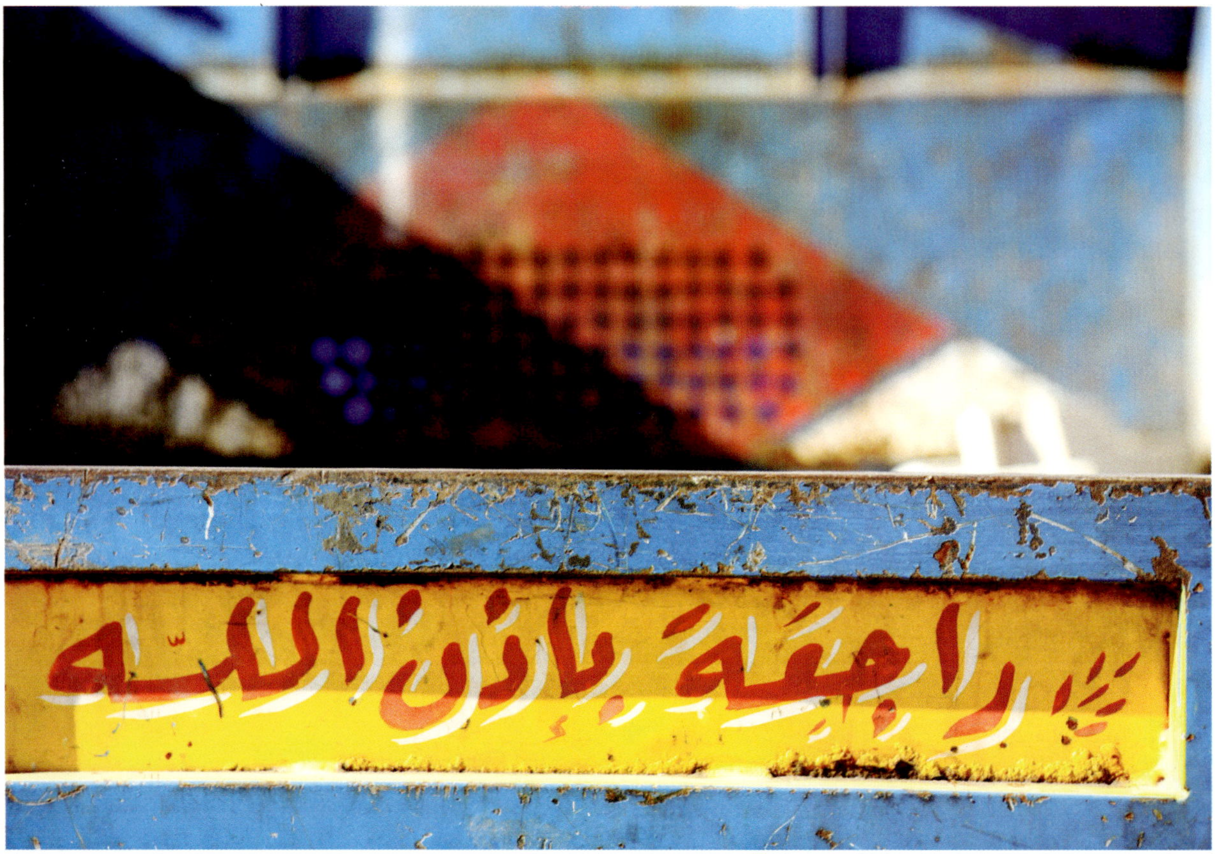

راجعة بإذن الله

طول ما أنت غايب ماليش حبايب

When you are away I have no one

يحميك

God protect you

راجعة بإذن اللّه

Returning by God's will

قمر الزمان

Beauty of all times

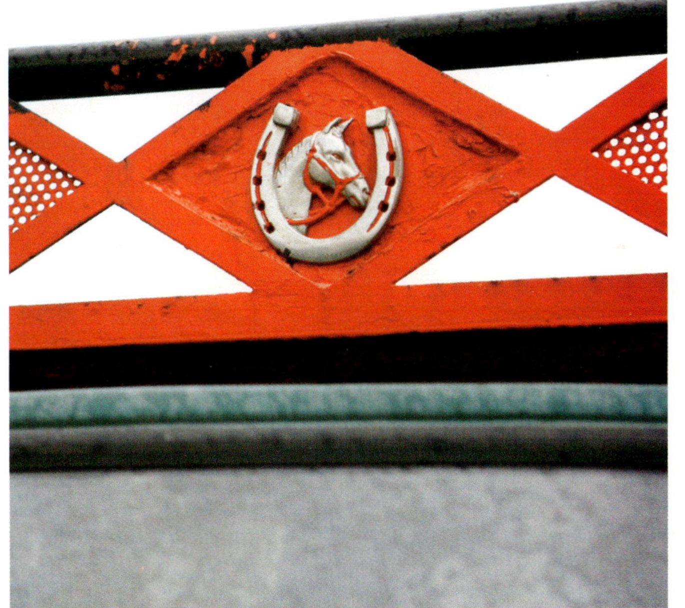

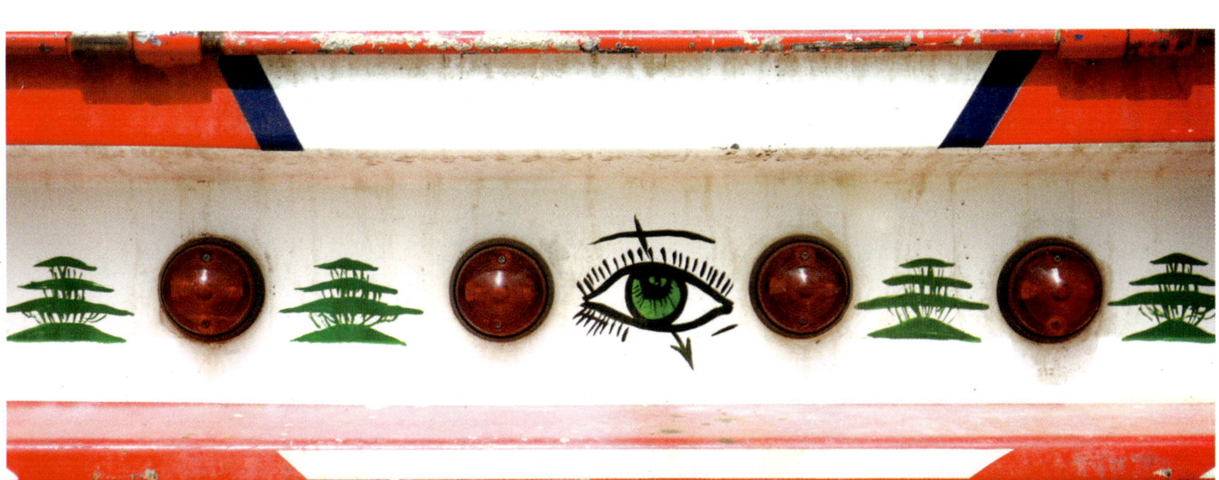

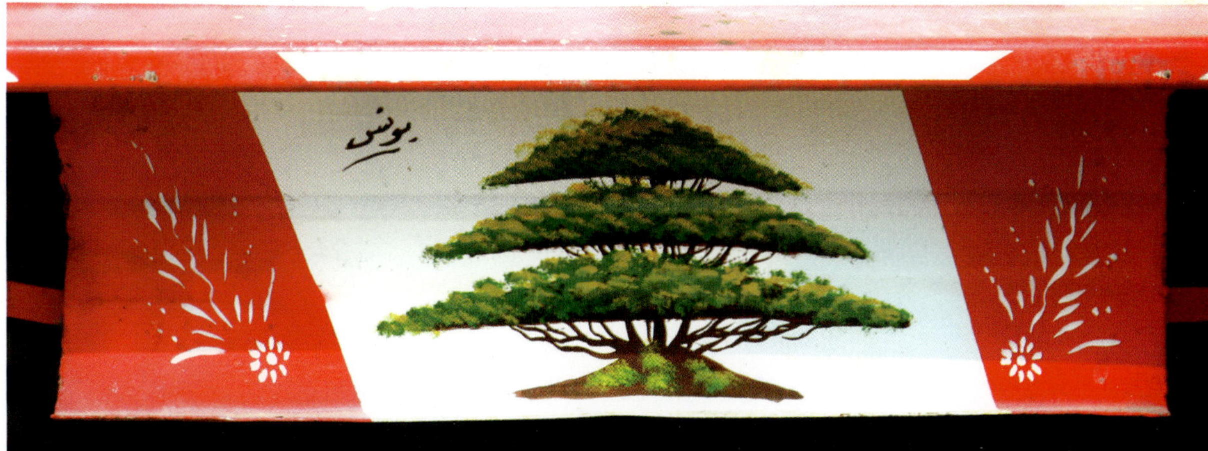

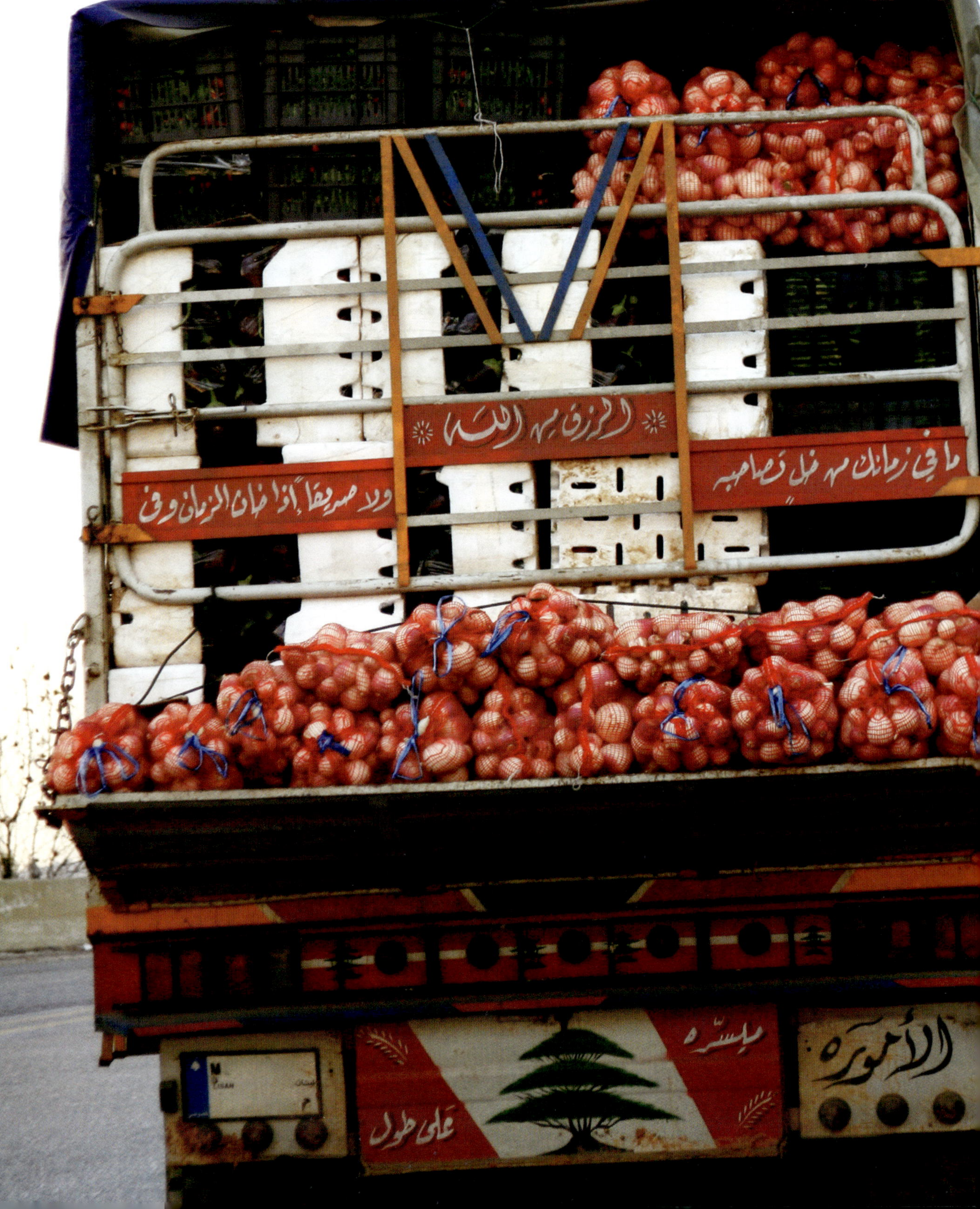
الرزق بيده الله
ما في زمانك من فضل وصاحبه
ولا صديقاً إذا خان الزمان وفى
ميسّره
على طول
الأموره

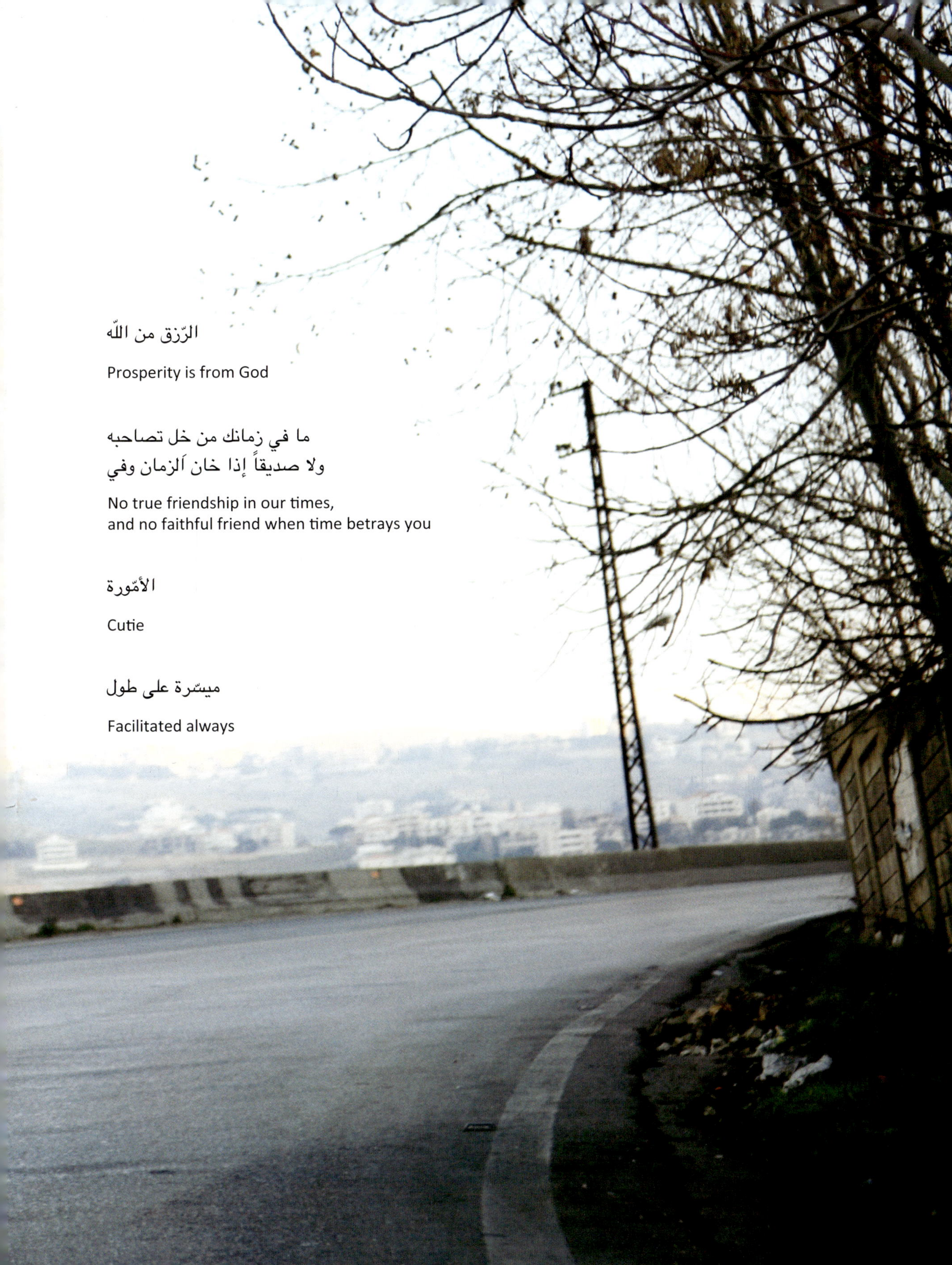

الرّزق من اللّه

Prosperity is from God

ما في زمانك من خل تصاحبه
ولا صديقاً إذا خان اَلزمان وفي

No true friendship in our times,
and no faithful friend when time betrays you

الأمّورة

Cutie

ميسّرة على طول

Facilitated always

Looking back I cannot believe that this journey
has come to an end with this book. I would like
to thank my family for their unconditional love,
patience and support. My friends for believing
in my project and waiting patiently for the book
to come out. Special thanks to my Haya, Maath
Alousi, Hania Dajani, Gerald Butt, Hasan Karaky
and Rita Chalfoun for their invaluable help,
and last but not least, Husam Hammoud
for joining me on the crazy truck chase
all over Lebanon.

انتهى المشوار بنشر هذا الكتاب. أشكر عائلتي لمحبتها،
ودعمها، وصبرها في كل مراحل المشوار، وأصدقائي
لثقتهم بمشروعي، وأخص بالشكر هيا، ومعاذ الألوسي،
وهانيا دجاني، وجيرالد بات، وحسن كركي، وريتا شلفون
لمساعدتي بانتقاء الصور والترجمة.
وأخيراً وليس آخراً الصديق حسام حمود الذي رافقني
في هذه الرحلة نلاحق الكميونات في كل أنحاء لبنان.

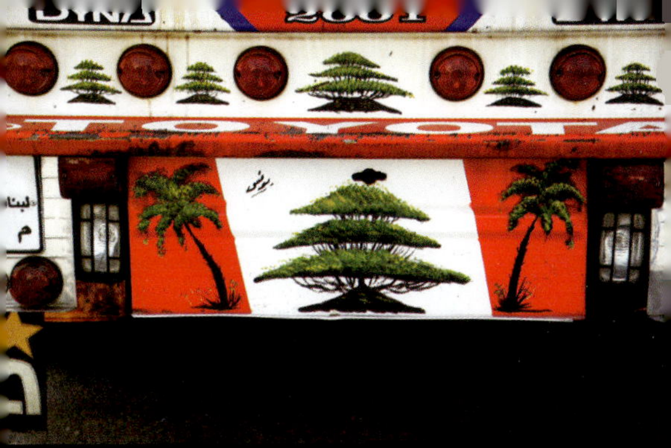

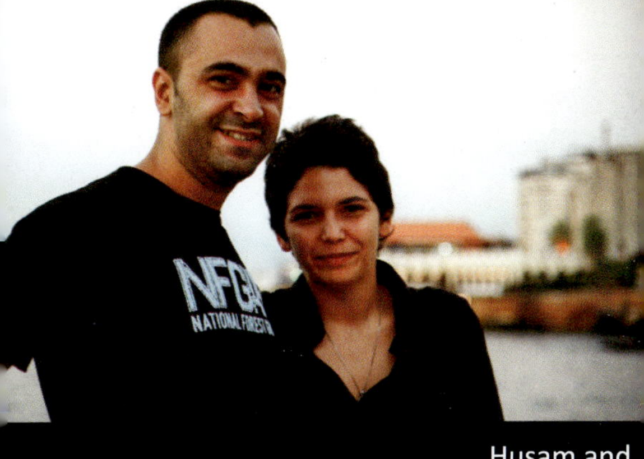

Husam and

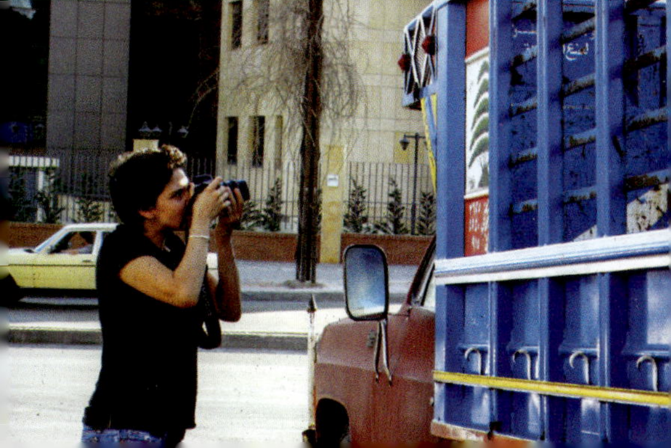

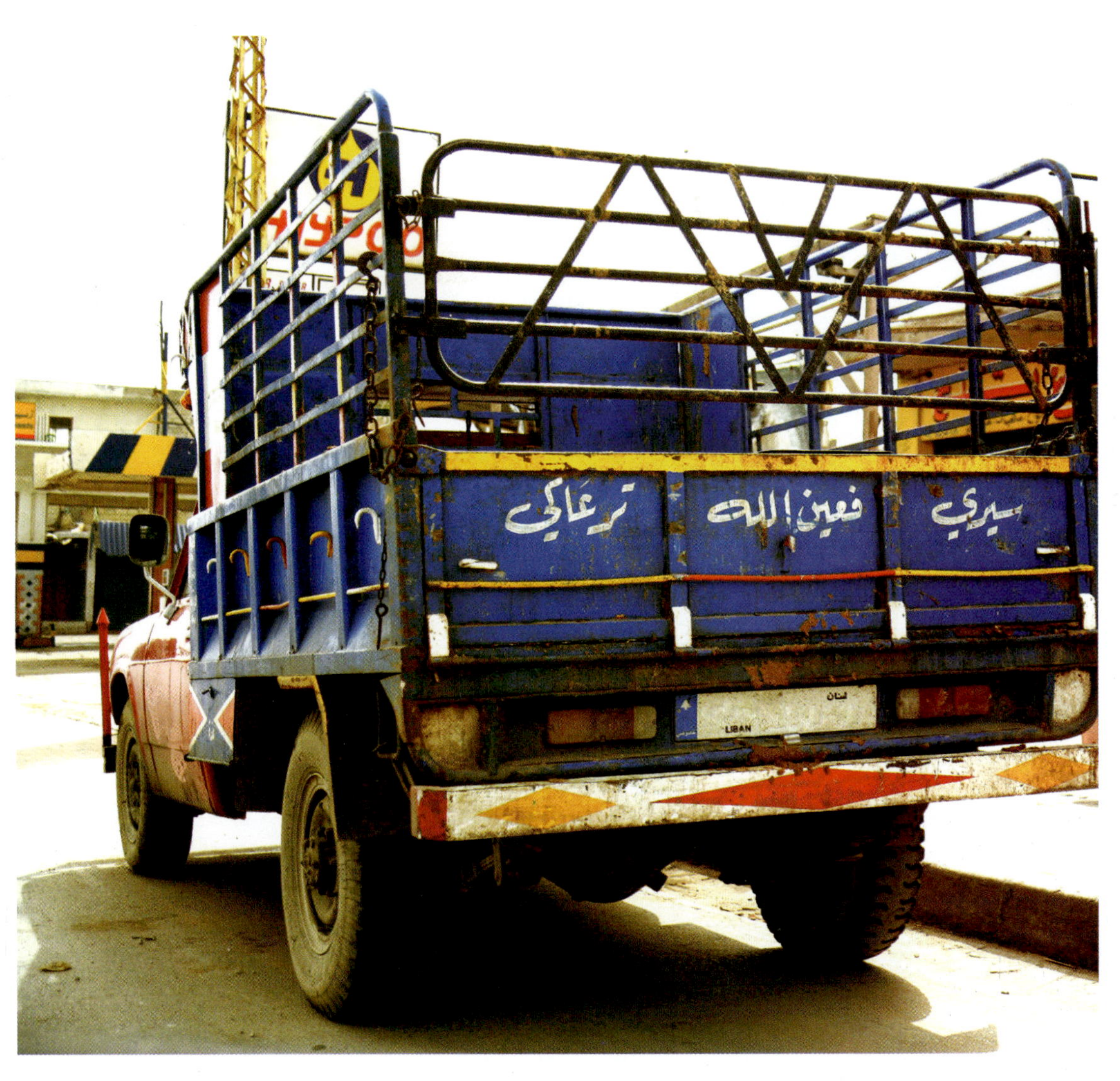

سيري فعين اللّه ترعاكي

Drive and God will watch over you

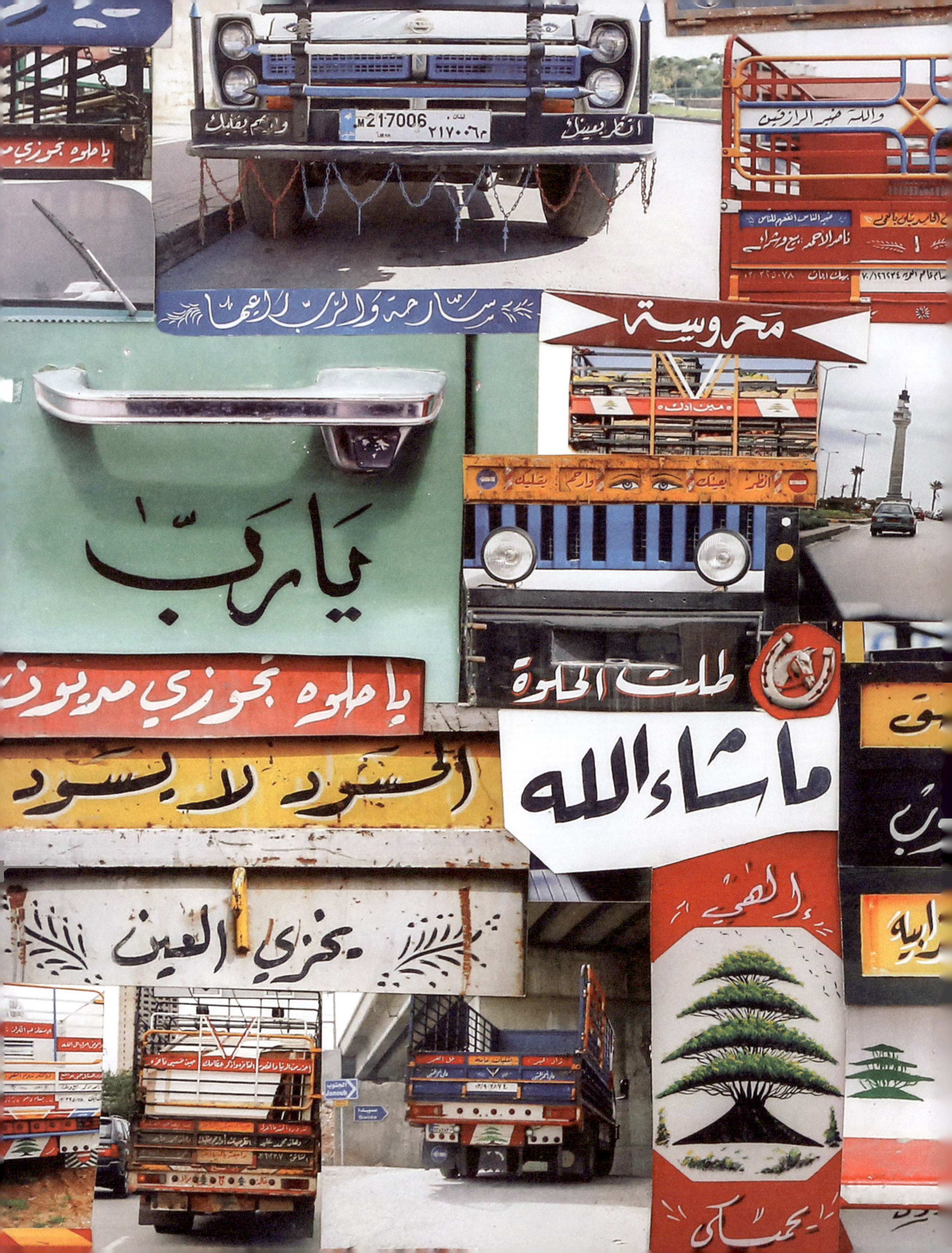